메일린의 기적

Sauvée par un miracle

by Emmanuel Tran

© 2022, Groupe Elidia

Editions Artége

10, rue Mercoeur – 75011 Paris

9, espace Mediterranee – 66000 Perpignan

www.editionsartege.fr

Korean Translation Copyright ©Maumsanchaek Publishing Co., 2025

All rights reserved.

This Korean edition was published by arrangement with

Groupe Elidia Editions Artége (Perpignan)

through Bestun Korea Agency Co., Seoul

메일린의 기적

죽음에서 돌아오다

에마뉘엘 트란

백선희 옮김

마음산책

메일린의 기적

죽음에서 돌아오다

1판 1쇄 인쇄   2025년 1월 25일
1판 1쇄 발행   2025년 1월 30일

지은이   에마뉘엘 트란
옮긴이   백선희
펴낸이   정은숙
펴낸곳   마음산책

담당 편집   이동근
담당 디자인   한우리
담당 마케팅   권혁준 · 최예린
경영지원   박지혜

등록   2000년 7월 28일(제2000-000237호)
주소   (우 04043) 서울시 마포구 잔다리로3안길 20
전화   대표 l 362-1452   편집 l 362-1451   팩스 l 362-1455
홈페이지   www.maumsan.com
블로그   blog.naver.com/maumsanchaek
트위터   twitter.com/maumsanchaek
페이스북   facebook.com/maumsan
인스타그램   instagram.com/maumsanchaek
전자우편   maum@maumsan.com

ISBN   978-89-6090-916-8 03230

* 책값은 뒤표지에 있습니다.

왜 메일린일까? 왜?

나는 이 질문을 접고, 그분의 선택을 받아들이기로 결심했다.

'왜'를 묻기보다는 감사하기로 마음먹은 것이다.

선물은 그렇게 주어지는 게 아니던가.

일러두기

1. 이 책은 프랑스에서 출간된 『Sauvée par un miracle』(Artége, 2022)을 우리말로 옮긴 것이다.
2. 인명·지명 등 독음은 외래어표기법을 따르되 관용적인 표기와 동떨어진 경우 절충하여 실용적 표기를 따랐다.
3. 원주라고 표기된 주석을 제외한 모든 각주는 옮긴이 주다.
4. 곡명·영화명은 〈 〉로, 언론매체명은 《 》로 묶었다.

"회장님, 안녕하세요. 불쑥 전화드렸습니다."

"아! 안녕하세요. 뵙기만 하고 말씀 나누는 것은 처음이네요. 안녕하셨지요?"

수행원 중 한 사람으로 따라갔던 문재인 전 대통령의 바티칸 순방 때 통역을 하시던 신부님과 인사를 나눈 적이 있었다. 마침 저녁기도를 하고 있던 시간에 갑자기 전화가 왔다. 갑작스러운 통화에 미안해하며 신부님은 내게 기업인의 기부에 대해 물어오셨다. 빈말로 돌려서 말하거나 그릇된 희망을 가지시게 하는 것이 도리가 아닐 듯싶어 기업의 자발적 기부를 기대하는 일이 쉽지 않음을 설명드렸다. 조금 너무 직선적으로 솔직하게 답을 드렸나 싶어 미안한 마음이었는데 신부님도 머쓱하셨는지 한숨과 함께 통화를 마치며 내게 말씀을 건네셨다.

"갑작스럽게 불쑥 죄송했습니다. 그런데 회장님, 로마는 언제 한번 안 오세요?" 생각을 할 겨를도 없이 무슨 연유에서인지 불쑥 내 입에서 나도 모르게 말이 튀어나왔다. "정말 갈까요? 다음 달 초에 갈게요."

그렇게 예정에 없던 갑작스러운 로마 방문이 이루어졌다. 다른 할 일이 없는 여행이니 신부님과 이틀을 성당과 성지들을 방문하며 보냈다. 로마를 떠나던 사흘째 날에는 신부님이 일하시는 사무실 구경을 갔다. 복도를 지나는데 벽에 걸린 네 분의 초상 앞에 섰다. 신부님은 그중 한 분을 가리키며 "이분이 폴린 자리코 복녀세요. 가장 최근에 시복이 되신 분입니다. 2012년에 프랑스 리옹에서 세 살짜리 여아 목에 소시지가 걸려 호흡 정지로 뇌사에 이르렀는데 이분께 전구 기도를 한 후에 갑자기 살아났어요. 그 기적으로 시복이 되셨답니다"라고 말씀하셨다.

2012년이면 현대의학으로 못 고치는 병이 없는 요즘일이다. MRI 같은 첨단 장치는 물론 심장 대신 피를 돌리는 장치까지 있는 세상이다. 그래도 한번 죽은 뇌세포는 살려내지 못한다. 그런데 뇌사에서 살아 돌아오는 기적이라니…….

그 순간부터 내 머릿속에서 그 쓰러진 여자아이 메일린의 이미지가 떠나질 않았다. 깨어 있는 낮에는 물론이고 밤에 자다가도 어쩌다 잠이 깨면 메일린의 이미지부터 떠올랐다. 견디다 못해 신부님께 부탁을 드렸다.

"신부님, 그 메일린의 부모에게 연락이 되는지 바티칸에서 알아봐주실래요? 제가 만나봐야겠어요."

너무나 우연한 여행, 우연히 접한 이야기, 그리고 떠나지 않는 아이의 이미지가 하느님께서 행하신 기적의 실체를 보라는 계시 같았다. 게다가 메일린의 엄마는 한국계 입양인이었다. 설명할 수 없는 우연은 그 후에도 계속되었다.

그렇게 수소문한 끝에 아이의 아빠와 연락이 됐다. 미국에서 일한 적이 있다는 아빠는 유창한 영어를 써서 의사소통이 수월했다. 7월에 메일린 가족이 사는 프랑스의 안시로 갔다. 만나기로 한 성당 앞에서 기다리는데 심장이 요동을 쳤다. 이제는 열다섯 살로 성장한 메일린을 멀리서도 한눈에 알아봤다. 얼굴이 하얗고 티 없이 맑은 표정의 메일린을 보니 성모마리아가 메일린의 나이에 이런 모습이셨을까 싶었다.

그때부터 나는 바빠지기 시작했다. 이 아이에게 일어난 기적을 세상에 알리는 것은 하느님의 전능하심과 인간에 대한 사랑을 알리는 일로 내게는 소명이라 생각이 들었다. 메일린의 아빠가 쓴 현장과 사건의 기록을 담은 책이 있어 그 번역과 출판부터 시작하기로 했다. 아이 아빠에게 내가 책의 출간을 의뢰해 진행하고 이 이야기를 다큐멘터리로 만들어도 되겠냐고 물었다.

"제가 더 시간을 내서 하고 싶지만 그러질 못하고 있어요. 메일린에게 주신 하느님의 기적을 세상에 알리는 일을 조금 더 하고 싶거든요. 그런데 한국에서 책이 나오고 다큐도 만들어지면 너무 좋을 것 같아요. 부탁드릴게요."
나와 같은 마음이었다.

서울에 돌아오기를 기다릴 것도 없이 그 자리에서 전화를 들고 마음산책의 정은숙 대표에게 전화를 했다. 그렇게 해서 이 책이 나오게 됐다.

책에는 아이가 쓰러지고 응급실에 실려 간 후 살아나지 못할 것이라는 절망적인 선고를 받는 순간들이 기록되어 있다. 그리고 그 후 찾아온 기적의 이야기들까지.
나는 사건이 일어난 리옹에서부터 관련된 병원들과 장소를 모두 찾아가보았다. 메일린 아빠의 발길을 따라다녔고 그 마음을 느끼려 애썼다. 일상의 삶도 같이 살아갈 수밖에 없는 아빠가 아이를 두고 병원에서 돌아오는 길을 저녁 시간에 맞춰 달렸다. 창밖으로 흘러가는 불빛들, 일상에서 전혀 벗어나지 않은 사람들의 모습들, 일을 끝내고 돌아가는 평화로운 시간의 사람들, 그 안의 하나였던 저자가 어느 순간부터 전혀 상관없는 다른 세계에 내동댕이쳐진 것 같은 그 느낌이 무겁게 다가왔다. 경험하지 못해 공감하지는 못하지만 그 비탄과 절망을 나도 가벼이 받아들이기는 불가능했다. 눈물로 어른거린 그 거리의 모습들과 기계음 속에 누워 있는 천사 같은 아이의 모습이 겹쳐지며 절망의 깊이는 깊어졌다.

그리고 아이는 사고만큼 갑작스럽게 돌아왔다. 어떤 의사도 믿지 않았고 가능성조차 입에 올리지 못한 회생이 눈앞에 벌어졌다. 환희와 신께 드리는 감사와 경외로 이어지는 순간들이 펼쳐졌다. 덩달아 나도 그 길에서 그 장소에서 기쁘고 감사했다.

곧이어 지난 성탄에 방영되었던 다큐멘터리의 촬영도 하게 됐다. 열한 개 도시를 다녔고 바티칸의 핵심 부서 네 곳의 추기경과 주교들을 만나 대화를 했다. 기적에 대해서 이해하려고 했고 정리해보려 했다. 그러나 하느님과 인간의 사이는 그럴 수 없는 사이임을 알았다. 논리적 예측과 추론을 뛰어넘고 해석과 정의조차 불가능한 사랑의 깊이만이 있었다.

나는 이 기적을 찾고 조사하는 답사 과정에서 그 발길 자체로 은총과 축복을 받았다고 생각한다. 무엇보다 이 기적을 따라가며 행복해졌고 감사했다. 사건의 기록을 따라가며 독자들도 그렇기를 소망하며 기도한다.

2025년 1월
박용만

목차

믿음에 너무 늦은 때도,

마음을 열기에 너무 늦은 때도 없다.

가족의 행복

2011년 가을

이상적인 가을날 오후다. 기온은 포근하고, 아직 따가운 햇살이 보졸레 구릉을 비추고 있다. 포도밭은 붉게 물들었고, 늦은 수확을 앞둔 포도송이들이 하루의 마지막 햇살을 만끽하고 있다.

우리의 두 딸, 루안과 메일린은 정원에서 함께 놀고 있다. 아이들은 키 큰 전나무가 낮게 드리운 가지 아래에 작은 오두막을 만들었다. 오두막 안에서 일어나는 일은 하느님만이 아실 것이다. 나탈리와 내게는 출입이 금지된 곳이다. 두 딸끼리 독송미사를 하고, 포옹을 나누고, 웃는 걸 보면 아이들의 이야기가 세상 무엇보다 중요하다는 생각이 든다. 세 살이 채 안 된 메일린은 여섯 살인 루안의 큰 인형 같아서, 루안은 동생이 따라야 할 모든 행동과 태도를 일러준다. 두 아이는 완벽하게 잘 통한다!

자매 사이에 갈등 따위는 존재하지 않고, 언니를 동경하는 메일린에게는 모든 게 즐거움의 대상이다. 우리의 두 공주는 빙글빙글 돌고, 풀밭을 가로지르고, 둘만의 오두막에서 정원의 작은 집 쪽으로 달리다가 그 집 속으로 피신하고는 작은 플라스틱 문이나 덧문을 요란하게 닫는다. 아이들의 웃음과 고함 소리 덕에 우리의 정원과 오후가 흥겨워진다.

아내 나탈리와 나는 데크 깔린 테라스에 펼쳐둔 접이식 의자에 느긋이 앉아서 두 딸이 저녁 목욕을 하기 전에 녹초가 되도록 달리는 걸 바라보며 평온한 행복의 순간을 누린다. 우리 맞은편으로는 보졸레 구릉이 솟아 있고, 왼편으로는 포도밭이, 오른편으로는 오후 끝 무렵의 고요한 골프장이 보인다.

루안은 말수가 적고 비밀스러운 아이다. 잘 모르는 사람들에게는 외향적이지 않지만 친구나 가족과 함께 있을 때는 한껏 웃는 아이다. 그러고 보면 이 아이는 나를 많이 닮았다. 나도 종종 처음엔 차갑고 쌀쌀맞아 보인다는 말을 듣는다.

메일린은 루안과 완전히 반대다. 이 아이는 끊임없이 움직이고 말한다. 제 엄마를 닮았다. 메일린은 어떤 상황에서도 아무나와 거리낌 없이 말한다. 묘하게도 이 아이는 슬픔이나 불행을 느끼는 사람들에게 항상 끌리고, 특

유의 쾌활한 성격으로 그들의 불행을 녹여준다.

일요일은 우리 가족이 함께 누리는 유일한 휴식일이다. 레스토랑 운영 관리자로 일하는 나는 내가 관리하는 레스토랑들에 거의 매일 나가 있어야 한다. 하지만 일요일만큼은 가족끼리 보낼 수 있도록 일정을 비워둔다. 이 휴식일은 우리 모두에게 꼭 필요하다. 나탈리는 심각한 건강 문제로 레스토랑 매니저 일을 내려놓아야만 했다. 하지만 건강이 나아져서 곧 일터로 복귀할 예정이다.

"메일린, 이리 와, 자전거 타자!"

언니의 선택에 몹시 기뻐하며 메일린이 대답한다.

"알았어, 엉니."

루안은 서둘러 새 분홍색 퀵보드를 타고 테라스에서 원을 그리며 돈다. 메일린은 보조 바퀴가 달린 작은 자전거를 탄다. 우리는 포위당했다. 평온은 끝이다. 목욕하기 전까지 아이들의 마지막 모험에 함께해야 한다. 나탈리가 의자에서 일어나 아이들에게 말한다.

"얘들아, 진정해! 밖에 나가서 자전거 타자. 테라스보다 나을 거야. 마뉘, 당신도 같이 가!"

두 살 반이 된 메일린은 힘겹게 작은 페달을 밟기 시작하고, 루안은 자전거를 완벽하게 제어한다.

가벼운 비탈길에서 루안이 전속력으로 내려가자, 나탈리가 하는 수 없이 메일린의 등을 밀며 달리는데, 그래도 메일린은 충분히 빨리 가지 못한다고 투덜거린다! 비탈길을 두 번 더 오르고 나더니 메일린은 방법을 터득한다. 이 용감한 딸은 늘 우리를 놀라게 한다! 무슨 사고라도 일어나기 전에―이날이 일요일이기도 하고, 사방이 휑한 이 시골은 병원과 꽤 멀리 떨어져 있으니―우리는 딸아이들의 흥분을 가라앉히고, 저녁 목욕을 위해 평온히 집으로 돌아온다.

활기 넘치는 어린 딸들이 천진하게 모험을 즐기는 모습을 바라보며, 아이들의 웃음과 즐거움, 장난과 저들만의 말을 음미하며 이렇게 또 맑은 오후를 보낸다. 무엇도 흐트러뜨리지 못할 것 같은 평온한 행복의 시간이다.

2012년 봄

몇 주 전부터 짐을 싸고 있다. 이삿짐이다. 내가 5년 넘게 일하고 있는 요식업체가 프랑스 남동쪽으로 지점 확대를 결정하면서, 정말 기쁘게도, 니스에 새 레스토랑을 열기로 한 것이다. 우리에게는 더없이 반가운 소식이다! 우리는 니스에서 30킬로미터 남짓 떨어진 망드리외로 돌아가서 살기로 바로 결정했다. 망드리외는 나탈리와 내가 처음 만나고 결혼까지 한 곳이다! 우리가 그토록 좋아하는 남쪽으로 돌아가게 된 것이다! 니스에 정착하면 우리 가족은 나탈리의 부모님과 가까이 살 수 있어 좋고, 나탈리도 몇 달의 휴직을 끝내고 더욱 기분 좋게 직장에 복귀할 수 있을 것이다. 나는 전국 출장을 계속 이어갈 테고, 나탈리는 니스 레스토랑의 운영을 도맡을 것이다. 절호의 기회가 왔으니, 학기가 끝나는 7월에 자리를 잡는 것이 이상적이다.

나탈리 덕에 모든 게 준비되었고, 이삿짐도 완벽하게 꾸려져 어떤 짐이 어느 방의 것인지 잘 정리되었다. 남은 6월 한 달 동안에는 딸아이들이 리옹에서 학기를 마칠 수 있도록 학교에서 몇백 미터 떨어진 곳에 가구 딸린 작은 아파트를 구했다. 한 달을 지내는 데 꼭 필요한 물건만 남겨두었다. 정말이지 길지 않은 시간이 될 것이다.

리옹으로 떠나기 전날, 이사 준비가 끝난 우리는 짬을 내어 딸아이들과 즐겁게 논다. 내가 오토바이를 산 뒤로 루안과 메일린이 호기심과 부러움이 섞인 눈길로 오토바이를 바라보곤 해서 나는 아이들의 갈망을 채워주려고 오토바이 뒷좌석에 한 명씩 태우고 한 바퀴를 돌자고 한다. 먼저 루안부터 태우고 골목길과 주택들의 텃밭과 정원을 따라 이어지는 작은 도로로 접어들어, 지나다니는 차가 없는 보졸레 지역 농업용 도로를 한 바퀴 돈다. 루안은 내 뒤에 꼭 붙어서 두 손으로 내 옷을 붙들고 매 순간을 즐긴다. 아이의 즐거움이 향기처럼 헬멧 밖으로 풍겨 나오는 게 느껴진다. 우리가 집으로 돌아오자, 메일린이 저도 한 바퀴 돌겠다고 발을 동동 구른다. 메일린은 더 어려서 연료통과 내 다리 사이에 앉힌다. 헬멧이 너무 커서 헐렁한데도 환한 미소를 보니 아이는 달릴 준비가 되었다! 나는 안전을 위해 몇 가지 지시를 하고는 출발한다! 다시 같은 길을 달리는데 즐거움은 여전하다. 달리는 속도가 충분하지 않은지 메일린이 외친다. "더 빨리 가요, 아빠. 더 빨리!" 아이는 두 팔을 벌린 채 외친다. "더 빨리요, 아빠. 나 날아요!" 아이는 꼭 삶을 끌어안으려는 것처럼 보인다. 우리는 같은 길로 돌아온다. 이것이 뤼스네에서 달린 우리의 마지막 주행이었다.

　내일은 중요한 날이다. 우리가 보졸레의 이 큰 집에서 보내는 마지막 날이다. 삶의 한 페이지가 또 넘어간다. 일이 우리를 암스테르담으로, 파리로 그리고 뤼스네로 이끌었는데, 이제는 햇살 가득하고 기후가 쾌적하며 바다가 있는 알프-마리팀 지역으로 이끌고 있다……. 이제 4주만 지나면 망드리외로 간다. 우리의 삶이 시작된 그곳에서 우리는 즐거움과 평온을 누리는 가족의 삶을 살 것이다.

인생 최악의 날

오늘은 바쁘게 달려야 하는 날이다. 오늘 밤은 리옹의 임시 아파트에서 자는데, 식전주나 함께 하자고 친구 몇 명을 초대했다. 그 전에 마지막 짐을 챙기고, 집을 정리하고, 장도 봐야 한다. 오늘은 친구 사라가 우리 대신 학교에 가서 딸아이들을 데려오기로 했다.

가구는 오늘 아침에 몽땅 보냈다. 아버지가 한 차 가득 짐을 싣고 먼저 내려갔다. 우리는 트렁크 몇 개만 사륜구동 자동차에 실었다. 앞으로 리옹의 6구 중심부에서 4주 동안 살 예정인데, 살기에 아주 쾌적하고 위치도 좋은 동네다. 딸들의 학교도 지척이고, 공원과 카페와 테라스가 있는 리오테 광장도 아주 가깝다. 집 자물쇠를 채우고는 뤼스네의 우리 집을 마지막으로 바라본다⋯⋯. 이곳에서 가족끼리 멋진 오후를 보냈는데⋯⋯. 그러나 늑장 부릴 시간이 없다. 우리는 아파트 근처에 도착한다. 장부터 보러 간다. 장 본 뒤에 친구 집에 들러 딸들을 데려올 생각이다. 저녁에 마실 식전주도 사고, 4주 동안 필요한 물건도 사야 한다. 아이들을 생각해서 작은 비엔나소시지도 산다. 아이들이 좋아할 것이다.

우리는 딸들을 데리고 장 본 걸 들고서 새 거주지를 향해 걷는다. 루안과 메일린은 아파트를 보고 들떴다. 낯선 장소에서 몇 주를 산다는 즐거움 때문일까. 아파트에는 태평한 휴가 분위기가 감돈다.

음식이 준비되고, 손님들이 도착한다. 다른 엄마들과 그들의 딸들이다. 이번 저녁 모임에도 나 혼자만 남자다. 왜 여긴 남자가 하나도 없죠? 모두가 웃는다. 딸들은 방에서 논다. 먹으러 오라고 아이들을 불러도 큰애들은 오지 않는다. 이 모임에서 가장 어린 메일린은 조용히 저녁을 먹을 수 있도록 우리 곁에 둔다. 싫다는 아이를 우리가 고집해서 붙잡아두고 아이에게 작은 소시지를 건넨다. 아이는 그걸 받아서 소파로 간다. 나는 와인병을 하나 들고 와인 따개로 조심스레 따기 시작한다……. 갑자기 메일린이 두 손으로 목을 움켜쥐고 내 등 뒤로 온다. 아이는 말없이 발을 동동 구르며 떼쓰는 아이처럼 발로 땅을 찬다. 하지만 아이의 입에서는 아무 소리도 나오지 않는다. 딸은 숨을 못 쉬고 있다.

아무도 상황을 이해하지 못한다. 별안간 메일린이 힘없이 주저앉고, 내가 팔을 붙들어도 그대로 쓰러진다. 나는 나탈리에게 외친다. "119 불러!"

메일린을 붙잡고 내 앞에 세운 뒤 하임리히법†을 실행한다. 그러곤 굳어 있는 나탈리에게 더 크게 외친다.

"119 불러!"

"아니, 당신이 얼른 꺼내봐." 나탈리가 대답한다.

이내 나탈리는 사태의 위급성을 깨닫고 전화를 건다. 그런데 건물에 가로막혀 네트워크 신호 수신이 완전히 차단되어 있다. 나탈리는 통화 신호가 잡히도록 건물 밖으로 나가 안뜰 쪽으로 향한다. 도무지 끝나지 않을 것 같고, 너무도 빨리 흘러가는 그 시간 동안 나는 메일린의 기관지를 막고 있는 것을 빼내려고 기를 쓴다. 소용없다.

나탈리는 전화기를 손에 든 채 아파트로 돌아와 통화 중인 구급대원들의 지시를 내게 전하려고 애쓴다. 그러나 그들이 말하는 매뉴얼은 나도 알고 있다. 예전에 받은 응급조치 교육 덕에 메일린이 아주 위중한 상태라는 걸 이미 파악하고 있다.

나탈리는 전화가 자꾸만 끊겨서 다시 밖으로 나간다.

---

† 음식이나 이물질로 기도가 폐쇄되어 질식할 위험이 있을 때 흉부를 강하게 압박해서 토해내게 하는 방법.

하임리히법을 다시 시도해보지만 소용없다. 세 번째 시도도 소용없다.

"심장과 폐가 정지된 상태예요. 의식을 잃었어요!"

나는 외친다. 구급대원들이 전화로 듣고 있다는 걸 알기 때문이다.

거듭 외치지만, 아무 소리도 들리지 않는다. 나탈리가 돌아오는 소리가 들린다.

"손바닥으로 등을 쳐보래."

어린아이를 위한 응급처치 방식을 떠올리고는 자리를 잡고 실시한다. 견갑골 사이를 조금 더 중점적으로 친다. 한 번 더 시도해보지만 아무 소용이 없다.

"의식이 없어, 나탈리. 애가 숨을 안 쉬어!"

나는 외치고 또 외친다.

"말해! 아이가 숨을 안 쉰다고…… 119에 말해!"

나는 고함치고 명령한다.

나탈리는 바깥에서 여전히 구급대원과 통화 중이다. 구급대원은 침착하게 말하고, 나탈리는 구급대원이 상황을, 상황의 심각성을 깨닫지 못한다고 생각해서 내가 탄식하며 하는 말을 그대로 반복한다.

"아이가 숨을 안 쉰다고요. 숨을 안 쉬어요!"

아내는 구급대원이 알아듣도록 울부짖고 싶다. 하지만 구급대원은 상황을 이미 파악하고 있다……

더는 아무것도 존재하지 않는다. 배경도, 손님도, 방에 모여 있던 큰애들도, 나탈리도. 내 머릿속에서 모든 게 쏜살같이 달아난다. 구급대원들이 빨리 와야만 한다, 아주 빨리. 그래서 메일린을 데려가야만 한다. 나는 시속 100킬로미터의 속도로 생각한다. 이 아파트는 길 쪽으로 난 건물 입구와 너무 멀어서 구급대원들이 절대로 제때 도착하지 못할 것이다. 메일린의 입은 피가 묻어 붉다. 나는 아이를 품에 안고 나무 계단을 내려간다. 가다가 다시 올라오는 나탈리와 마주치지만 멈춰 설 시간이 없다. 나는 문을 열고 두 번째 계단을 내려가 건물 안에서 진행 중인 공사 흙더미 위에 놓인 나무판 위를 달린다. 길로 통하는 큰 문이 앞에 보인다. 이 정적은 뭐지? 왜 이렇게 조용하지? 사이렌 소리가 들리지 않잖아. 왜 사이렌 소리가 안 들리지?

나는 건물 앞 인도에 메일린을 조심스레 내려놓는다. 아이의 머리와 입을 살펴보는데…… 피가 보인다! 심장마사지를 시작한다. 심장을 누르고, 누르고, 다시 누르지만 아무 소용이 없다……. 이제 기대할 게 없다. 구급대가 올 때까지 달리 해볼 게 없다. 그저 딸아이의 심장을 마사지하는 수밖에 없다. 심장마사지와 함께 인공호흡도 한다. 하나, 둘, 셋. 심장을 누르고, 다시 누른다……. 더는 중요한 게 아무것도 없다. 아무것도, 아무도 중요하지 않다. 온 도시가 고요하다. 구급대가 오기를, 평소에 그토록 날카롭게 울리던 사이렌이 들리기를 온 도시가 기다리는 것 같다. 심장을 누르고, 또 누르지만 조금도 지치지 않는다. 누르고, 또 누르는데, 사이렌 소리가 들린다. 사이렌 소리를 들은 것 같다. 나는 아이의 심장을 누르고, 누르고, 누른다.

나는 아이에게 속삭인다.

"메일린, 됐어. 오고 있어. 구급대가 와서 너를 구해줄 거야. 잘 버텨!"

건물들 사이로 사이렌이 울린다.

"됐습니다, 선생님. 저희가 맡겠습니다."

사이렌은 여전히 아주 멀리서 울리고…… 나는 마사지를 계속한다.

"선생님, 저희가 할게요."

웬 손 하나가 내 어깨에 얹히는 게 느껴진다.

"선생님!"

그 손이 힘주어 움켜쥔다. 나는 물러선다.

"제 딸이에요!" 나는 체념한 어조로 말한다.

희망이 마음속에서 피어나고, 머릿속에서 이런 소리가 울린다. 뭐라도 해봐요.

"저희가 맡겠습니다."

구급대원 한 명이 나를 나탈리 곁으로 데려간다.

"여기 가족과 함께 계세요. 아이는 쳐다보지 마시고요."

구급대원들은 뛰어서 도착했다. 그들은 멀리서 내가 심장마사지를 하는 걸 보았고, 일차선도로에서 구급차가 막히자 뛰기로 결심한 것이다. 구급대원들이 주고받는 말을 알아들을 수도 없고, 그들이 하는 말이 들리지도 않는다. 아무 소리도 들리지 않는다. 이 정적이 곧 멈출까? 나탈리, 나탈리는 어디 있지? 구급대원들은 땅바닥에 놓인 예쁜 딸 곁에서 전력을 다하고 있다. 왜 저렇게 길어질까, 너무 길어지고 있어…….

한 구급대원이 말한다.

"소시지는 토하게 했어요."

즉각 이런 생각이 든다. 토했으면 이제 살아난 건가? 구급대의 추가 인력이 도착한다. 구급대원들에게 더 많은 장비와 인력과 전문가가 필요하다니. 구조가 진행되는 방식이 꺼림칙하다. 저 침묵, 오직 나를 부르는 "선생님"소리나 나를 붙드는 손길만이 깰 수 있을 것 같은 저 영원한 침묵.

"가서 좀 씻으세요, 선생님. 아이의 상태가 안정되는 즉시 이송하겠습니다."

"나탈리, 준비해, 이분들을 따라가야지. 메일린을 데려가신대."

"선생님, 가서 좀 씻으세요."

왜 씻으라는 거지? 아파트 계단을 다시 올라가는데, 무슨 일인지 지켜보던 사람들이 더 가까운 자기 집 욕실을 쓰라고 나를 이끈다. 나는 손을 씻는다. 피투성이다. 이 피는 뭐지? 나의 어린 딸, 메일린의 피다. 핏빛이 물에 씻겨 나간다. 이 사고의 흔적을 지우기가 이렇게도 간단하고 쉽다. 그러면 이제 끝난 걸까? 고개를 들어보니 내 입에도 피가 묻어 있다. 입 주변이 온통 피투성이다.

나는 자동차 열쇠를 가지러 갈 채비를 한다.

"나탈리, 준비됐어?"

아무것도 달라진 게 없다. 그들은 여전히 거기 있다. 왜 아직도 저기 있지? 구급대 차량 주변에서 왜 저렇게 분주히 오고 가는 거지? 저 주사들은 다 뭘까? 왜 안 떠나는 거야? 이송하기엔 아이 상태가 아직도 충분히 안정적이지 않은 건가?

"의식이 가무러집니다."

나탈리는 건물 계단에 앉아 두 손으로 머리를 부여잡은 채 구급대 의사들이 냉정하게 내놓는 그 말을 듣고 있다. 메일린이 죽어가고 있다고? 저렇게, 인도 위에서, 이 짧은 시간 사이에 생명이 무너질 수 있다고? 있을 수 없는 일이다. 그럴 수는 없다. 내 딸이 저렇게 죽을 수는 없다.

"그저 숨이 막혔던 것뿐인데, 그냥 숨이 막혔던 것뿐인데, 그렇게 복잡한 게 아니잖아!" 나탈리가 내게 거듭 말한다.

호위할 경찰관들도 와 있다. 속으로 나는 생각한다. 이건 좋은 신호가 아니야. 사태가 위급하고, 위태롭고, 절대적인 응급 상황임을 분명히 말해주는 신호야……. 나탈리에게는 아무 말도 하지 않는다.

그들은 여전히 거기 있고, 시간은 지체된다……. 현장 소생술은 도무지 끝날 것 같지 않다! 그러다 갑자기!

"갑시다!" 한 구급대원이 외친다.

그 말에 나는 자동차 열쇠를 가지러 아파트로 다시 올라간다. 계단을 네 개씩 건너뛴다. 열쇠를 황급히 움켜쥐고 다시 내려오려는데, 루안이 메일린의 인형을 꼭 쥔 채 눈물 가득 고인 눈으로 나를 바라보며 말한다.

"아빠, 이거요. 메일린이 미누셰트 인형을 달라고 할 거예요."

"갖고 있어, 루안. 이건 나중에 가져다줄게."

나는 우리 차를 찾으러 달려 내려와 나탈리에게 툭 던지듯 말한다.

"당신, 거기서 기다려. 내가 차를 가져올 테니, 준비하고 있어."

경찰관이 나를 만류한다.

"선생님, 아이는 저희가 데려갈 테니, 팜메르앙팡 병원[†]으로 오세요."

"아닙니다, 바로 따라가겠습니다!"

그러자 경찰관은 말한다.

"그럼 주의하세요. 조심해서 운전하시고 저희를 따라오세요."

나는 뛴다. 그 어느 때보다 빨리 뛴다.

"저희와 같이 가세요. 기다려주세요!

일방통행 도로이지만 후진을 한다. 달리 어쩔 도리가 없다.

메일린은 차에 실렸고, 모두가 출발한다. 구급대원들, 의사들, 경찰 사이드카까지. 우리도 달린다……. 온 도시가 조용하고, 몹시 음침하다. 저 사람들이 사이렌을 사용하고 있는 건가? 뒤따라가는 우리 눈에는 차가 충분히 빨리 달리고 있지 않다. 길들과 교차로가 이어지고, 정체된 사거리, 밤, 정적이 이어진다. 그런데 대체 어디로 가는 거지? 이렇게 멀리 갈 건 아니잖아? 나는 구급차 후면만 응시한다. 나탈리가 뭐라 말하는 것 같은데, 아무 소리도 들리지 않는다. 속도 때문에, 아니 촌각을 다퉈야 하는데

[†] 팜메르앙팡 병원은 리옹 인근의 브롱 마을에 자리하고 있다. 팜[femme]은 여성, 메르[mère]는 어머니, 앙팡[enfant]은 어린아이를 뜻한다.

메일린의 생명을 지키기엔 너무 느려 보이는 주행 때문에 정신이 혼미하다. 빨리, 빨리, 더 빨리. 여봐요, 충분히 빨리 달리고 있지 않잖아요!

마침내 도착한다. 나는 구급차 바로 옆에 차를 세운다. 구급대원들이 들것을 꺼낸다. 메일린은 들것에 묶인 채 옴짝달싹하지 않는다. 우리는 이동하는 들것을 따라 아이 곁에서 걷는다. 아이가 그 순간에 견디고 있는 고통이 더 심해질까 겁나서 아이를 만지는 것조차 저어된다.

우리가 당혹해하는 걸 보고서 구급대원이 우리에게 말한다.

"안으셔도 됩니다."

나탈리는 안아도 좋다는 허락이 내려지면 어떻게 할지 미리 생각해두기라도 한 걸까. 아내는 아이의 머리카락을 쓰다듬고 뽀뽀를 쏟아붓는다.

"메일린, 사랑해. 엄마야, 사랑해!"

"메일린, 사랑한다. 힘내, 이겨내, 메일린. 우리 말 들리지? 이겨내!"

들것은 응급실 복도의 눈부신 빛 속으로 나아가더니 문 앞 복도에 우리만 남겨둔 채 처치실 안으로 사라진다. 구급대 의사는 문을 닫으면서 벌써 첫 진단을 내놓는다.

"글래스고혼수척도 3[†], 다중 심폐 정지, 뇌 무산소증."

열거되는 소리가 벽 너머로 끝없이 이어진다. 우리는 더는 그 말을 들을 수가 없다. 문은 닫혔다. 우리는 그곳에서 꼼짝 않는다.

한 간호사가 다시 나와서 문 맞은편 복도에 놓인 의자에 앉아서 기다리면 된다고 일러준다. 우리더러 복도에서 기다리라니, 대체 뭘 기다려야 하는 거지? 저 문 너머에서 우리 딸의 생명이 가물거리고 있는데 저 문만 바라보고 있어야 한다니 끔찍하다. 아이는 시시각각 죽음을 맞닥뜨리고 있는데, 우리는 의자를 하나로 붙인 대기실 긴 벤치에 앉아 있다. 우리는 응급처치실의 문을, 더없이 비인간적인 문을 마주하고 있다. 그리고 기다린다.

한 의료진이 황급히 지나가며 일러준다.

"또 심정지가 와서 병실로 옮기기 전에 안정시키고 있어요."

우리는 당황한 채 서로를 바라본다.

"심정지가 또 오다니? 뭐지?" 나탈리가 내게 묻는다.

"아이의 상태를 안정시키기가 어려운가 봐."

"그냥 숨이 막힌 것뿐인데 왜 또 심정지가 일어나는

[†] 글래스고혼수척도는 급성 뇌 손상을 입은 환자의 의식수준을 평가하는 신경학적 척도로 최저 3점부터 최고 15점까지 점수가 낮을수록 손상 정도가 중하다.

거지?"

"나도 몰라."

더는 무슨 대답을 해야 할지 모르겠다. 정신을 집중할
수도, 생각할 수도 없다. 나탈리와 마찬가지로 나도 더
많은 정보와 더 큰 희망을 기다린다. 우리 사이에 침묵이
자리 잡는다. 온몸에 소름이 돋는다. 두려워서인지, 추워
서인지, 이유 모를 소름이다. 이따금 불쾌한 느낌이 엄습
해 소스라친다. 손이 차갑고 뻣뻣하다. 얼마 후, 마침내,
문이 열린다.

한 의사가 말한다.

"중환자실로 이동합니다. 이제부터 그곳 의료진이 맡을
겁니다. 복도 끝 엘리베이터를 타고 9층에서 내리세요."

우리는 9층에 도착해서 조금 헤맨다. 누군가 우리를 빈
침대 하나가 놓인 병실로 안내한다. 그곳은 환자 가족들
을 위해 마련된, 중환자실에 바로 붙어 있는 병실 중 하
나다. 공동 대기실과 중환자실 사이에 자리한 완충지대
다. 우리는 추가 정보를 듣지 못한 채 소식을 기다린다.

한 의사가 일러준다.

"저희가 따님을 돌보고 있습니다. 여기 계시면 이따가
다시 와서 상태를 알려드리겠습니다."

부모로서 우리의 정신과 마음은 몰이해와 의문과 불
안 사이에서 갈피를 잡지 못한다. 작은 병실에 두려운 정

적이 내려앉는다. 우리는 자리를 잡고 앉는다. 나탈리는 침대에, 나는 의자에. 우리는 각자 자기 자리에서 사고의 매 순간을 세세히 되짚는다. 우리가 뭘 잊었을까? 뭐가 부족했을까? 뭘 놓쳤을까? 나는 일어나서 우리에 갇힌 늑대처럼 몇 발짝 걷는다. 나는 움직이고, 벗어나고, 대답을 찾고 싶다. 나탈리는 여전히 꼼짝하지 않는다. 굳어 있다. 나는 아내 옆에 앉아서 아내를 꼭 끌어안는다. 하지만 그 자세는 편치 않다. 서서 움직이고 싶은 욕구가 다시 내면에서 인다.

나탈리는 거듭 말한다.

"왜, 대체 왜 이렇게 복잡한 거지? 아이가 그저 잘못 삼킨 것뿐이잖아!"

나는 할 말이 없다.

"좋아, 목요일엔 병원에서 나가겠지. 다음 주말인 라비 생일은 어쩔 수 없고, 월요일에 학교[†]는 갈 수 있을 거야" 하고 아내는 덧붙인다.

나는 그저 고개를 끄덕여 가벼운 동의를, 회피성 대답을 표할 뿐, 아무 말도 하지 못한다.

의사 한 명이 지나간다. 합병증이 있다고 그가 서둘

[†] 프랑스어로 초등학교는 école primaire이고, 유치원은 école maternelle로 둘 다 학교(école)라고 불린다. 여기서 말하는 학교를 국내 학제로 비춰보면 유치원에 해당한다.

러 설명한다. 메일린은 여러 차례 심정지가 왔고, 폐색전증도 생겼다. 안정적이지 못하다. 아이의 생명을 유지하기가 쉽지 않다. 이 모든 걸 우리는 도무지 이해하기 힘들다!

"그렇지만 그저 잘못 삼킨 것뿐이잖아!" 나탈리가 다시 말한다.

밤은 길고, 아무 소리 없이 고요하지만, 우리는 잠들지 못한다. 잠이 올 리 없다. 머릿속이 어지럽다. 온갖 물음들이 뒤얽히면서 커다란 공허가 우리 안에 생겨난다. 뱃속에서 통증이 느껴진다. 나는 갈피를 잃는다. 세상도 더는 존재하지 않고, 시간도 중요하지 않다. 더는 아무것도 중요하지 않다. 우리의 눈은 더는 보지 못하고, 이미지들도 더는 존재하지 않고, 오직 고통뿐이다……. 허상처럼 보이는 현실 속을 떠다니는 느낌이다.

마침내, 의사들이 상황을 말해주러 온다. 이날 밤 당직 의사가 등받이 없는 작은 의자를 들고 와서 의자 다리가 바닥을 긁는 소리를 안 내려고 조심스레 앉는 걸 보며 우리는 메일린의 위중한 상태를 감지한다. 의사는 자기소개를 하더니 분석을 내놓는다.

"복잡한 상황입니다. 저희가 할 수 있는 건 모두 했습니다."

"그게 무슨 말이죠? 할 수 있는 건 모두라니, 무슨 뜻인지 이해할 수가 없어요."

"아이가 오늘 밤을 넘길 수 있을지 확신이 들지 않습니다. 아이의 심장이 견딜 수 있을지……."

그러더니 의사는 조용히, 침착하게 말을 잇는다. 꼭 필요한 존중은 지키되, 너무도 초연해서 거의 비현실적으로 보일 정도다. 의료진들은 아이의 상태를 안정시키기 위해, 아이가 다시 침몰하지 않도록 할 수 있는 모든 걸 했다. 메일린은 심정지가 여러 번 왔고, 뇌는 정지된 상태이며, 경련 증세는 이 사고에 대처할 뇌의 능력이 포화 상태임을 보여주는 증거라고 했다. 의사는 아이를 구하기 위해 자신이 실시한 처치를 계속 늘어놓는다.

"메일린에게는 아트로핀과 아드레날린을 주사하고 있습니다. 심장이 다시 뛰게 하려고 맥박을 분당 205까지 올려두었습니다. 폐색전이 있어 폐의 물을 비워야 해요. 강제로 공기를 주입하고 있죠. 아이를 곧 보실 텐데, 아이의 몸이 경련을 일으키는 걸 보더라도 걱정하지 마세요. 폐를 살리기 위한 처치의 결과이니까요."

우리는 메일린이 사고에서 빠져나오지 못했다는 걸 깨닫는다. 아니, 나는 이해했지만 나탈리는 이해하지 못했거나 이 첫 진단을 무의식적으로 거부하는 듯 보인다. 대체 어떻게 여기까지 이르렀을까? 그저 뭘 잘못 삼킨 것뿐인데 어떻게 이토록 심각해졌을까? 이런 의문들이 우리 머릿속에서 폭발한다. 하지만 그걸 말로 표현해낼 수가 없다. 뇌는 이 많은 의문을 이해하지 못하고 버그 걸린 것처럼 그저 버벅거린다.

"원하시면 지금 아이를 보러 가실 수 있어요."

"네, 고맙습니다."

메일린의 병실은 중환자실의 중앙 안내 데스크 바로 앞에 있다. 의사는 병실로 안내하면서 유리문을 열어주고는 메일린과 우리만 남기고 자리를 피해준다. 말이 나오지 않는다. 침대에 누운 메일린을 보자 우리는 충격을 받고, 공포에 사로잡혀, 무력하게, 꼼짝없이 마비되고 만다.

아이는 경련에 대비해 침대에 묶여 있다. 한쪽 벽면 전체를 차지하는 온갖 전자 의료기기들, 약물 주입 펌프며 각종 센서, 제어 스크린, 튜브 들이 그 벽에서 나와 메일린 쪽으로 향하고 있다. 그것들은 사방에서 환자복 아래로 파고든다. 소매로, 코로, 다리로. 아이는 철저히 연결되어 있다. 어찌 그보다 더 연결될 수 있을까? 침대머리에는 더 이상 튜브가 꽂힐 자리가 없다. 온갖 카테터가 왼쪽과 오른쪽에서 우리 딸의 보드라운 살갗을 찢고 있다. 호흡기는 아이의 입을 틀어막고, 머리엔 끈끈한 패치들이 붙어 있다…… 가련한 내 딸 메일린! 사방에서 소리가 난다. 다양한 음질의 신호음이 곳곳에서 울린다. 왼쪽 호흡기에서는 믿기 힘들 만큼 요란한 소음이 들린다. 펌프가 아이의 폐에서 피를 빼내는 소리다. 인공호흡기의 압력으로 폐에 공기가 주입되면서 아이의 작은 몸은 전율한다. 참으로 난폭하다. 아이가 어떻게 버텨낼 수 있을까?

저 환자감시장치 모니터가 가리키는 분당 맥박수가 210이나 된다! 이렇게 작은 심장이 저걸 어떻게 견딜까? 이토록 연약한 몸을 깨우려고 저런 폭력을 쓰다니 상상하기 힘들다. 의사는 병실에 들어서기 전에 우리에게 예고했다. 하지만 어떻게 이런 일이 가능하지?

아이의 모습을 보니 견딜 수가 없다. 고통이 덮쳐온다. 눈물은 말라버렸다. 더는 눈물이 나지 않는다. 어쩌다 이 사태에 이르렀는지 이해하지 못한 채 꼼짝할 수가 없다. 우리는 아이의 침대 양쪽으로 선다. 나탈리가 먼저 말한다.

"메일린, 엄마 아빠야. 우리 말 들리지, 메일린? 우리가 왔어. 사랑해, 메일린. 우리가 내내 여기 있을 거야, 알았지?"

나는 말한다.

"메일린, 이겨내야 해, 알았지? 강해져야 해!"

1분 1분이 길기만 하다. 병실에서 우리는 부피도 없고 표정도 없는 부동의 그림자들 같다. 한참을 그렇게 서 있다가, 기다리기 위해 *우리의* 병실로 다시 향한다. 얼마나 기다려야 할까?

*

이른 아침에 의사가 다시 우리를 보러 들른다.

"메일린이 지금은 안정되어 보입니다. 집으로 돌아가셔서 좀 주무세요."

나는 대답한다.

"잠이 오지도 않을 겁니다. 아이를 여기 혼자 두고 싶지 않아요."

"잠을 자두셔야 합니다. 힘이 있어야 필요할 때 쓸 수 있지요."

마비 상태에서 빠져나와 앞으로의 일정을 짜야 한다. 가족과 친구들, 그리고 학교에도 알려야 한다. 나탈리는 학기가 끝나기 전에 메일린이 학교로 돌아가는 걸 아직도 확고한 사실처럼 여긴다. 나의 절친이자 메일린의 대부인 스테판에게 가장 먼저 소식을 알린다. 휴대폰에 메시지를 쓰는데 손가락이 떨린다. 고통과 불안이 천천히 글자를 한 자 한 자 써나가는 손가락에 제동을 건다. 메시지를 보낸 건 아침 7시도 채 되지 않은 시간이다. "스테판, 메일린에게 일이 좀 생겼어. 심각해. 우리는 병원에

와 있어." 몇 초 뒤, 내 전화기가 울린다. 스테판이다. 나는 상황을 짧게 설명한다. 나의 불안과 피로가 사태의 심각성을 폭로한다.

"금방 갈게, 마뉘."

"스테판, 고맙지만 괜찮아. 내가 소식 전할게."

"아냐 마뉘, 갈게."

스테판이 이미 결정을 내려서 무엇으로도 만류할 수 없으리라는 게 느껴진다. 스테판 부부는 수백 킬로미터 떨어진 마르세유에 살고 있다.

쉬어야 한다고 거듭 말하는 의사들의 말을 받아들여 우리는 집으로 돌아가기로 한다. 게다가 루안도 보살펴야 한다. 우리는 좀비처럼 차에 오른다. 날이 밝고 있다. 힘든 날이 될 것이다. 꼭 차가 혼자서 굴러가는 것 같다. 어떤 길도, 배경도 기억나지 않는다. 우리는 말을 잃고, 텅 비고, 기진맥진했다. 아니, 불안이 우리를 긴장 상태로 내몰아 피곤한지도 모른다. 우리는 더는 무엇을 느끼는지 알지 못한다. 아파트 건물 앞에, 길 쪽으로 난 묵직한 문 앞에 도착한다. 바닥에 아직 남아 있는 피를 보니 지난밤의 장면이 떠오른다. 메일린을 뉘었던 자리. 우리는 눈길을 돌린 채 복도와 계단으로 나아간다. 몇 시간 전만 해도 기쁨의 장소였다가 비극의 장소가 되어버린 아파트로 들어서려니 두려움이 엄습한다.

아파트는 텅 비고 고요하다. 루안은 친구인 바네사의 집에 가 있다. 마룻바닥에 아직 피가 배어 있다. 닦아야 한다. 저 피가 왜 났을까? 왜 메일린의 코와 입에서 피가 흘렀을까? 메일린이 작은 소시지와 함께 통에 담겨 나오는 플라스틱 꼬치 하나를 삼켰을지 모르겠다는 생각이 든다. 꼬치 수를 헤아려본다. 아니다, 그건 아니다. 꼬치 수는 그대로다. 통은 그냥 개봉만 된 상태다. 꼬치들은 사용되지 않았다. 모든 유리잔, 소시지, 햄은 여전히 식탁 위에 그대로 남아 있다. 마치 그날 저녁, 이 아파트에서 시간이 멈춰버린 것처럼 와인병에는 와인 따개가 그대로 꽂혀 있다. 모든 게 술에 절은 파티 끝 무렵 풍경처럼 보이지만, 실은 아무것도 시작되지 않았다.

얼른 샤워만 하고 병원으로 돌아가자! 한 사람이 씻는 동안 남은 사람은 아파트 안에서 배회하며 그 끔찍한 밤의 흔적을 지우려 애쓴다. 소파에 앉아본다. 이미지들이 돌아와 우리의 얼굴을 후려친다. 그날 자리했던 모든 사람이 제자리에서 제 일을 하고, 큰애들은 방에 있고, 메일린만 여기 남은 광경이 다시 눈앞에 떠오른다. 너무 괴롭다. 일상을 새로 짜야 하는데, 다행히 우리는 누구에게 기댈 수 있는지 안다. 낮에는 루안을 맡겨야 하고, 저녁에는 다시 데려와야 한다. 그래서 바네사의 집으로 가서 끔찍한 소식을 전하고, 루안에게도 말해야 한다.

바네사의 집 문이 반쯤 열리기 무섭게 루안이 나오며 묻는다.

"메일린이 죽었어요?"

아니라고 대답하지만, 마음속에선 슬픔과 사랑과 두려움이 응어리져 올라온다.

*

우리는 다시 차를 타고 병원으로 향한다. 그런데 그 병원이 어디였지? 지난밤엔 모든 일이 너무도 다급히 돌아갔다. 자동차 내비게이션으로 찾아봐야겠다. 알지 못하는 목적지를 향해 갈 때마다, 딸들과 함께 유쾌한 발견을 향해 갈 때마다 우리는 내비게이션을 썼다. 오늘은 지옥의 주소를, 우리가 가고 싶지 않은 장소, 그 존재를 잊고 싶은 장소의 주소를 입력하는 느낌이 든다. 병원에 도착한 우리는 소아중환자실로 가서 다시 기다려야 한다. 계속 기다려야만 한다.

갑자기 스테판과 오드레가 오는 게 보인다. 벌써! 어떻게 이렇게 빨리 올 수 있었지? 두 사람과 서로 아무 말도 못 하고 그저 끌어안기만 한다. 스테판과 오드레는 우리가 이 끔찍한 날을 보내는 걸 도우려고 곁에 와 있다. 이게 우정의 힘이고, 메일린을 향한 둘의 사랑을 보여주는 증거다. 이들은 우리의 결의에, 희망을 지키고 서 있으려는 우리의 집요함에 감탄했노라고 훗날 털어놓는다. 하지만 자식이 삶과 죽음의 문턱에서 싸우고 있는데, 달리 어쩌겠나?

우리는 대기실에서 다른 두 가족과 함께 머문다. 그 가족들 역시 자식의 상태에 대한 의사의 대답을 기다린다. 소아과 응급실이라는 데가 이렇구나, 하고 스테판은 생각한다. 눈물을 흘리며 연이어 도착하는 부모들에게 그곳은 지상의 지옥이다. 절망에 찬 부모들을 시간이 멈춰버린 듯 보이는 그 복도로 오게 한 비극적 상황을 서서히 알게 되는 곳이다. 슬픔이 모두의 머리 위를 맴도는데, 그 슬픔과 거리를 두게 해주는 건 오직 사랑뿐이다.

마침내 우리는 메일린을 다시 만난다. 여전히 예쁜 아이는 잠든 듯이 꼼짝하지 않는다. 아이 뒤쪽에는 그 놀라운 기계 벽이 자리하고 있다. 어떻게 저 많은 기기를 메일린의 작은 몸에 연결했을까? 우리 눈에는 그것밖에 보이지 않는다. 온통 전자식이고 요란한 소리를 내는 그 육중한 침대머리. 그 소란 앞에서 우리는 침묵한다. 침묵 가운데 그저 눈물만 흐른다……. 가련한 내 딸, 어여쁜 내 딸.

메일린은 폐가 회복될 때까지 인위적인 혼수상태에 놓였다. 의사들은 그 상태가 열흘까지 갈 수 있다고 한다.

열흘이라니! 나탈리에게 그 시간은 영원이다! 월요일에 있을 첫 소풍을 놓치겠네, 하고 아내는 생각한다. 이번만큼은 따라가야 하는데! 아내는 메일린을 따라 그 소풍에 갈 생각에 좋아했었다. 하지만 이때만 해도 우리는 이제 시작일 뿐이라는 걸 짐작조차 못 했고, 실제로 열흘 만이었다면 얼마나 좋았을지 알지 못했다!

우리는 메일린의 상태에 대한 최신 소식을 듣고 침울한 얼굴로 대기실로 돌아간다. "말도 안 돼!" 우리는 그날 내내 이 말을 수백 번 반복한다! 이 짧은 말로 우리에게 제시된 상황을 거부하기라도 하려는 듯이. 머릿속에서 온갖 생각이 맴돈다. 나는 대기실에서 한 사람 한 사람을 관찰한다. 사람에 따라 반응이 무척 다르다. 어떤 이들에게서는 연민이, 또 어떤 이들에게서는 물음이, 거부가, 부인否認이, 때로는 두려움이, 의료진을 향한 분노가 느껴진다. 의료진도 우리 딸을 살리려고 모든 전문 능력을 쏟지만 불행히도 어쩌지 못한다. 심장마사지를 하면서 감정 없이 차갑고, 너무 냉정했던 나 자신도 원망스럽다. 왜 나는 감정을 드러내지 않았을까? 왜 나는 그 행동을 사랑 없이 그토록 기계적으로 했을까? 왜 그저 몰두하기만 했을까? 왜 아무 소리도 듣지 못했을까? 그 순간에 왜 나는 우리를 잇는 사랑을 잊었을까? 이런 감정은 평생 나를 떠나지 않을 것이다.

나탈리는 말이 없다. 나는 외치고, 울부짖고 싶다. 아내와 나는 많이 다르지만, 고통은 같다. 상상할 수도 없는 그 무게를 우리는 서로 나눌 수가 없다. 같은 고통이기 때문이다!

*

이 비극이 일어난 첫날 밤에 집으로 돌아오면서 나탈리와 나는 포기하지 않아야 한다는 걸 깨달았다. 움츠러들거나 좌절하지 말아야 한다. 믿어야 한다. 우리를 기다리고 있는 루안에게 설명해야만 한다. 우리는 루안을 데리러 바네사의 집으로 간다. 초인종을 누르자마자 큰딸의 불안한 얼굴이 문틈으로 보인다. 우리는 불안이나 고통을 드러내지 않으려고 최선을 다한다. 루안이 쏟아내는 이런저런 질문에 우리는 모든 게 괜찮다고 대답해야만 한다. 메일린은 지금 잠들어 있다. 쉬고 있고, 나아지면 집으로 돌아올 것이다. 어떡해서든 아이를 설득하려 한 우리의 시도가 거짓 같아 보이진 않았는지 모르겠다. 아이의 눈 속에 의심의 빛이 선명히 보이는데.

희망과 절망 사이에서 매일의 싸움

2012년 6월

아파트에 셋뿐이다. 메일린이 빠졌다. 아파트는 텅 비고 적막해 보인다. 딸들이 함께 웃는 소리가 더는 들리지 않는, 귀 먹먹한 침묵이다. 떠드는 소리도, 아이들에게 진정하라고 꾸짖는 소리도 더는 들리지 않는다. 아이들이 함께 있을 땐 정말 시끄러웠는데. 이제는 무엇을 할 욕구도 의미도 없다. 뭘 먹고 싶은 마음이 없어서 자려고 누웠지만 왜 자야 하고, 어떻게 잔단 말인가? 우리는 울고 또 운다. 침묵 속에 서로를 부둥켜안고서. 눈물이 마르지 않아 코를 훌쩍이는 소리만이 이따금 정적을 깨뜨린다. 넘쳐나는 애정의 증거만이 우리를 삶과 이어주는 유일한 끈으로, 고통 속에서나 희망 속에서나 우리가 하나임을 일깨운다. 견디기 힘든 침묵은 여전하다. 그 무엇도 우리를 위로할 수 없고, 누구도 이해할 수 없다. 나탈리는 옆

드린 채 아무와도 말하지 않고, 아무에게도 소식을 전하지 않는다. 그 때문에 나는 불안하다. 평소에는 끊임없이 말하던 사람이기 때문이다. 나는 아내의 어린 시절 친구인 카린에게 전화를 걸기로 마음먹는다. 카린이 나탈리의 부모님을 모시고 알프-마리팀에서 올 수 있도록.

이걸 견딜 만큼 우리가 충분히 강할까? 우리에게 지인들의 지지가 필요하다는 느낌이 들면서 동시에 우리가 강하다는 느낌도 든다. 우리는 쇠약해질 수 없다. 메일린을 놓아버릴 수 없다. 그건 생각도 할 수 없는 일이다. 우리는 메일린을 위해, 그리고 루안을 위해 버텨야만 한다. 우리에겐 선택의 여지가 없다.

하루, 이틀, 사흘……. 우리는 중환자실 의료진이 전해줄 소식을 기다린다. 메일린의 머리맡을 지키면서 우리의 온 신경은 마음 놓이는 말을 얻어내기 위해 항상 곤두서 있다. 우리에겐 그런 말이 필요하다. 사고가 있고 이틀 뒤에 실시한 첫 검사 결과는 불행히도 좋지 않다. 하지만 좋아질 것이다. 분명하다. 우리는 그렇게 믿는다. 이렇게 무한히 계속될 수는 없다! 한 주 뒤에 나올 다음 결과를 기다려야 한다. 의사들은―우리를 안심시키려고―메일린이 아시아 출신이어서 나흘 후면 결과가 나올 수도 있다고 말한다. 아시아인들의 신체 기관은 유럽인들보다 배출물을 내놓는 시간이 더 걸린다는 것이다. 우리는 믿음을 줄 수 있을 모든 구실, 모든 분석을 받아들인다. 하지만 그것의 정확성을 언제까지 확신할 수 있을까? 우리는 서로를 안심시키려고 애쓴다. 내가 의심하기 시작하면 나탈리가 단호한 얼굴로 거듭 말한다.

"메일린이 아직 저기 있잖아."

우리는 딸에게 말하며 용기를 북돋운다.

"메일린, 이제 집으로 가야지. 우린 네가 필요해. 언니가 걱정하고 있어. 우리 모두가 걱정하고 있단다. 이제 깨어나야지. 자, 메일린, 깨어나렴!"

나흘 뒤, 의사들이 와서 메일린의 폐는 잘 회복이 되었다고 알려준다. 기도에 삽입했던 관을 빼내려고 시도하는데, 아이가 경련에 뇌전증까지 여러 차례 일으켜 다시 삽관한다. 의사들은 아이가 혼수상태에서 빠져나오도록 진정제 투여를 중단하기로 결정한다. 후유증이 어느 정도인지 알아보기 위한 일종의 테스트다. 아이가 깨어나야 모든 걸 알게 될 것이다. 의사들은 아이가 깨어났을 때 어떤 상태인지를 봐야 진단을 내릴 수 있을 거라고 거듭 말한다. 하지만 무엇 하나 원칙대로 진행되지 않는다. 또 한 단계가 좌절되었다……. 크디큰 절망이다!

그 후 매일 병원 복도를 오가는 서성거림이 시작된다. 나탈리와 나는 다른 부모들, 깨져버린 운명들, 보류된 삶들과 마주친다. 주변의 병실들은 모두 똑같다. 똑같은 문,

똑같이 고통받는 아이들을 둔 부모들, 그리고 똑같은 괴로움. 오늘은 옆방 아이가 더는 보이지 않는다. 부모들의 비명에서 절망이 들린다. 추가적인 두려움이 생겨난다. 저런 일이 우리에게 일어나면 어쩌지? 메일린이 깨어나지 않으면 어쩌지? 살아남지 못하면? 반면에, 나탈리는 자기 아이를 위해 치약과 칫솔을 들고 가는 어느 아빠와 마주치면 질투심 같은 감정을 느낀다고 내게 털어놓는다. "저분은 운이 좋네. 아이가 이를 닦는다는 건 의식이 있다는 얘기잖아……." 이런 생각을 하는 우리를 자책하면서도 어쩔 수가 없다.

*

며칠 뒤 메일린이 드디어 눈을 뜬다! 아이는 운다. 끔찍한 고통에서 나오는 쉰 울음소리다. 아이는 무언가를 말하려는 듯, 할 말을 찾는 듯, 외치려는 듯 보인다. 마치 모든 게 아이가 울부짖는 걸 가로막아 아이 스스로 극복할 수 없는 고통 가운데 침묵의 세계에서 빠져나오려 애쓰는 것 같다. 저건 메일린의 울음이 아니다! 너무 오랫동안 아무 말도 하지 않아서 아이의 성대는 진동하는 습관을 잃었다. 그래서 저토록 다른 목소리를 내는 것이다.

메일린이 깨어났다는 걸 알리려고 서둘러 간호사를 부

른다. 젊은 간호사가 오더니 당황스러울 정도로 무심하게 메일린의 침대로 다가간다. 우리는 말없이, 꼼짝 않고, 아이가 깨어났음을 알리는 약속된 신호를 기다린다. 간호사는 작은 램프를 메일린의 눈앞에서 흔들어본다. 우리는 풋내기 꼴로 동정을 살피며 간호사가 첫마디를 꺼내기도 전에 우리에게 대답이 될 수 있을 만한 무언가를 사소한 디테일까지 다 포착하려고 탐색한다.

"아닙니다. 아직 혼수상태입니다."

"그렇지만 울잖아요!"

간호사는 메일린의 눈앞에서 손가락을 튕겨 보이며 말한다.

"의식이 없는 게 보이시죠. 이건 그저 신경의 반응일 뿐입니다."

손가락을 튕기다니 간호사는 어떻게 저럴 수 있을까? 우리는 소아중환자실이라는 이 부서에서 일하는 사람이 고통받는 아이들과 가족들에게 보인 냉담함에, 몰이해에 충격받고 몸이 굳는다. 생명이 이토록 배려받지 못할 수 있을까?

그렇지만 메일린의 눈이 달라진 건 분명하다. 아이의 의식이 없다는 걸 확인하니 두려움과 체념과 무력감이 느껴진다. 아이의 눈길이 비어 있어 우리는 아이를 더는 알아볼 수가 없다. 아이의 눈 속에서 보이는 건 짙고 촉

촉하며 불투명한 검은 어둠뿐이다. 아이의 영혼 깊이 다가선 느낌이 들었었는데, 거기엔 공허뿐, 더는 아무것도 없다. 아내와 나의 눈길이 짧은 찰나에 마주친다. 겁에 질린 결집이다. 우리의 말도 절망 속에서 완전히 동시에 울린다.

"아이가 떠났어."

폐부 깊이 찌르는 고통이다. 고통이라는 말로는 약하다. 우리가 결코 상상하지 못했던 이 감정을 묘사할 말이 없다. 산 채로 심장이 뜯기는, 견딜 길 없는 고통이어서 반응할 수도, 말할 수도, 울부짖을 수도, 움직일 수도 없다. 이 고통은 당신의 몸을 비우고, 당신의 몸속 깊이 알 수 없는 어딘가를 단도로 찌른다. 삶에서 가장 혹독한 시련을 겪은 사람들만이 알 수 있을 그런 고통이다.

얼마 전에 나탈리는 고통에 몸이 꿰뚫리고 절망한 어머니로서 마음 깊은 곳에서 올라오는 아주 즉흥적인 기도를 했다고 내게 털어놓았다. "제게서 누군가를 데려가셔야 한다면 차라리 마뉘를 데려가시고 메일린은 남겨주세요!" 이 외침을 어찌 이해하지 못할까. 나는 아내를 원망하지 않는다. 자기 자식을 구하기 위해서라면 무엇이든 하지 않을 사람이 누가 있겠는가?

매일 저녁, 집으로 돌아가는 것이 고통이다. 우리는 무엇도 우리를 진정시킬 수 없는 단계를 지나고 있다. 어떤 말도, 어떤 애정 어린 몸짓도 우리의 고통을 달래주지 못한다. 희망은 산산조각 났다. 끝났다. 우리의 한 부분이 죽었다. 돌이킬 수 없이. 우리의 삶은 영원한 고통이다. 우리는 완전한 침묵 가운데 아파트를 향해 걷는다. 그 침묵은 모든 형태의 삶에 대한 포기다. 더는 어떤 노력도 의미가 없다. 그 어떤 노력도.

그럼에도 루안을 만나 함께 저녁을 먹을 때마다 우리는 루안과 더불어 가족의 삶을 유지하기 위해 그 죽음의 침묵을 깨뜨려야만 한다. 우리는 딸이 사는 삶의 세세한 것들에 귀 기울이기 위해 고통에서 빠져나오려는 막대한 노력을 기울여야만 한다. 우리와 마찬가지로 끔찍한 시련을 겪고 있는 어린 딸이 낮 동안 발견한 것들, 학교에서 배운 것들, 소녀의 즐거움을 함께 나눠야 한다. 정상적이던 삶이 현재의 어둠 위에 정지된 것 같은 기이한 느낌이 든다. 루안은 저기 분명히 현존하고 있다. 이 아이까지 고통받지는 않아야 하고, 아이가 상황의 심각성을 인지하지 말아야 한다. 그 무게를 감당하기에는 아직 너무 어리다. 다행히 우리에겐 친구가 많아서 우리가 온종일 메일린을 지켜보는 동안 루안이 다른 걸 생각하도록 돌봐줄 수 있다.

*

어느 날 밤, 나는 이상한 꿈을 꾼다.

나는 파리의 어느 식당에 혼자 있다. 자리마다 사람이 꽉 찼다. 분위기는 따뜻하다. 소란스러운 서빙, 크게 떠들며 웃는 손님들, 장소의 울림이 느껴진다. 나는 자리에 홀로 앉아 주문한 음식을 맛본다. 그런데 누군가가 함께 있는 듯한 기이한 느낌이 든다. 갑자기, 소리가 잦아든 것 같다. 소리는 여전히 있지만 억눌린 듯하다. 주변을 둘러보니 손님들은 여전히 먹고, 저들끼리 떠들고 웃고 있지만, 배경음이 사라졌다. 얼마 후 빛이 슬며시 약해지더니 배경이 몽땅 지워진다. 모든 게 깜깜해진다. 내 몸만이 빛나는 것 같다. 아니 나의 피부색만이 그 어둠 속에 존재하는 것처럼 보인다. 그러더니 갑자기, 굳건한 어둠 한가운데에서 빛이 강렬해진다. 그 빛이 불꽃에서부터 나오는 게 보인다. 무서우면서 동시에 의아스러운 불꽃이 내 앞에 나타난다. 내 손에 불이 붙는다. 손이 타고 있는데 전혀 통증은 없다. 그저 불타고 있을 뿐이다. 별안간, 강하지만 위협적이지도 무섭지도 않은 웬 맑은 목소리가 내게 말한다.

"그 손을 딸의 머리에 얹어라."

그 목소리는 어느 곳에서도 나오지 않으면서 동시에 모든 곳에서 나온다. 그 말은 명료하게 들리고, 그 목소리는 놀랍도록 현존한다. 마치 주변에 아무것도 존재하지 않는 것 같다. 굳건한 동시에 마음을 가라앉히는 어조다. 이 불꽃이 어떻게 메일린의 손상 입은 머리를 치유할 수 있을까? 그리고 내 손이 아직 타고 있는데 어떻게 저런 이미지들, 저런 생각들이 내 머리에 떠오를까? 내게 무슨 일이 일어난 걸까? 다시 목소리가 들린다.

"겁내지 말라. 나를 믿고, 그 손을 메일린의 머리에 얹어라."

그 말이 마음 깊이 파고들어 어떤 의심도 들지 않는다. 단어 하나하나에 초자연적인 힘이 실린 듯한 그 말들은 진리다. 신뢰와 내맡김과 마음의 평화가 느껴진다.

"아이는 구원받을 것이다."

내 손의 불꽃을 응시하고 있는데 별안간 어둠이 빛을 대체하더니 식당의 소음과 대화 소리가 다시 커진다……

잠시 후, 나는 리옹의 우리 아파트 침실의 침대에 앉아 있다. 나탈리는 드디어 잠들었다. 며칠째 우리를 집어삼킨 수면 부족이 아내를 무너뜨린 것이다. 나는 도무지 이해할 수가 없다. 지금껏 이처럼 강렬하고, 이처럼 혼란스러운 꿈을 꾼 적이 없다. 내 손을 바라본다. 아무렇지도 않다. 이 일화가 사실인지 확인할 필요가 있다. 그 목소리가 나의 마음속 깊이 흔적을 남겨, 의심의 절대적 소멸과 완전한 신뢰가 느껴진다. 나는 그 꿈에서 아무런 영향을 받지 않은 채 그냥 빠져나온 게 아니다. 이 경험은 너무도 생생하다…….

"당신 안 자?"

나탈리가 갑자기 내게 묻는다.

"아니. 지금 메일린을 보러 가야겠어."

나는 일어나서 한밤중에 나의 어린 딸을 보러 나선다. 아이를 보고, 말해야만 했다. 다시 아이에게 용기를 북돋워야 했다. 이 이상한 꿈속에서 목소리가 일러준 대로 내 손을 메일린의 머리에 얹는 행동은 끝내 하지 못한다. 오래도록 망설였지만, 그럴 수 있을 것 같은 느낌이 들지 않는다. 그 행동이 어떻게 아이를 낫게 할 수 있겠는가? 아무래도 불가능하다. 그래서 나는 그저 밤새도록 아이 곁을 지킨다. 아이에게 병원 밖에서 일어나는 일에 대해, 집에서의 생활에 대해, 아이가 남긴 빈자리에 대해 말한다. 그리고 이른 아침에 집으로 돌아온다.

병원에서 돌아오자 나탈리가 내게 묻는다. "아이는 괜찮아?" 매번 우리 중 한 사람이 혼자서 메일린의 머리맡을 지킬 때마다 끊임없이 듣게 될 질문이다.

"응. 내가 어젯밤에 꾼 꿈을 얘기해줄게."

나는 그 기이한 꿈 이야기를 시작한다. 사건들, 느낌들, 그 목소리의 어조를 가능한 한 자세히 얘기한다.

"당신, 그냥 꿈을 꾼 것뿐이야!"

"아냐, 그건 꿈이 아니야. 전혀 꿈같지 않았어. 너무도 생생했어."

"그래, 그랬겠지만, 그래도 꿈이야!"

그 말에 나는 아내에게 그 목소리의 힘을 설명하거나 이해시킬 생각을 하지 못한다. 아내는 이해하지 못할 것이다. 나는 여전히 내 머릿속에서 울리는 그 말과 함께 잠자리에 든다. 절대 잊지 못할 목소리다.

병적인 루틴

매일매일이 이어지고, 그날들은 불행히도 서로 닮았다. 메일린이 병원에 온 지 9일째다. 병원으로 오고 가는 여정, 메일린을 지켜보며 동기부여를 하는 밤들, 하교한 루안과 보내는 저녁 시간, 루안이 반 친구들과 함께 먹는 점심 이야기, 일상의 과업은 끝이 없다. 친구들은 우리에게 긴장을 푸는 시간을 가지라고 거듭 말한다. 나탈리에게는 친구 사라와 여자끼리 커피라도 마시는 시간을 가지라고 한다. 내 친구 토마는 나에게 *남자끼리* 시간을 보내자고 제안해온다. 하지만 그러기가 힘들다. 그런 시간이 우리에게 좋은 효과를 내는 것 같아도 겉으로만 그렇다. 매번 아파트로 돌아올 때마다 마음이 찢어진다. 즐거운 순간은 아파트 문이 다시 닫히자마자 날아가버리는 것 같다. 우리 딸 중 하나가 부재한다는 사실이 순간순간을 지배한다.

지인들의 전화도 더는 중요하지 않다. 학교 학부모들이 소식을 물어오는 데도 점점 더 대처하기가 힘들다. 이런 사고 앞에서 행복한 출구를 찾는 사람들의 온갖 질문들을 마주하고 대처하기가 쉽지 않다. 그들에게 뭐라 대답할까? 진실은 너무 끔찍하다. 말하기도 너무 힘들고, 살아내기도 너무 힘들다. 기미가 보이지 않으니 잠재적인 호전을 확신할 수도 없다. 날이 갈수록 나는 메일린의 변화 없는 상태를 끊임없이 떠올리게 하는 그 모든 질문을 피하고 싶다. 그 전화들로부터 빠져나와 나의 불안을, 우리 두 사람을 갉아먹는 그 불행을 날려버리고 타개하고 싶다. 우리는 이 모든 상황에도 불구하고 겸허하고 의연하게 버티려고 애쓴다. 하지만 균형이 항상 유지되는 건 아니다. 가정생활과 우리 부부의 토대는 혹독한 현실, 좌절, 절망에 밤낮으로 휘둘린다.

검사가 자꾸만 늘어난다—초음파, CT, 뇌전도 검사, MRI, 체성감각 유발전위 검사, 회복력 검사……. 이틀, 엿새, 열흘째에도……. 그럴 때마다 우리는 무호흡증에 걸린 사람들처럼 숨죽인 채 결과를 기다린다. 검사를 위해 병실에서 아이를 밖으로 내보낼 때 우리는 전극이 잘 연결되어 있는지, 작고 동그란 패치들이 아이의 살갗에 확실히 붙어 있는지를 확인한다……. 우리로서도 어쩔 수 없는 반사적 행동이다.

살을 나눈 자식에 대한 사랑이 우리를 의료진과 잘 지내도록 이끈다. 그들이 우리의 고통을 인식하고, 메일린에게 모든 기회를 줄 수 있도록. 우리는 겨우 세 살 반인 어린 딸의 운명을 바꿀 수 있는 그들을 향해 고통의 장벽 너머로 호의 어린 작은 메시지들을 보낸다. 그러나 지금까지의 모든 결과가 의사들에게는 명백하다. 아이에게 더는 해줄 게 없으며, 아이가 "회복 가능성을 전혀" 보이지 않으며, "기저핵이 손상되었다"라는 것이다. 이 말은 사지 협응력이 망가졌고, 아이의 뇌가 전반적으로 손상을 입었으며, 뇌전도 검사 결과가 좋지 않다는 뜻이다. 그리고 무엇보다 의사들은 "양측 N20의 소실"을 관측했는데, 이는 명백히 최악의 소식이다.

이 모든 전문용어는 아이가 자율신경기능이상 증세를 보이는 혼수상태에 있으며, 거기서 결코 빠져나오지 못하리라는 걸 우리에게 설명하기 위한 것이다.

"그러니까 제가 한 행동은 아무 소용이 없었네요!"

무력감이 든다. 아이를 되살리기 위해 쏟은 그 모든 노력, 하임리히법, 심장마사지, 구급대의 도움의 손길을 가능한 한 빨리 받도록 아이를 품에 안고 길까지 내려간 것……. 그 모든 장면이 다시 떠오른다. 그 모든 게 아무 소용 없었단 말인가?

중환자실 책임자가 말한다.

"도움이 되었죠. 아이가 저렇게 살아 있으니까요. 선생님은 하실 수 있는 모든 걸 하셨어요. 선생님이 그러지 않으셨더라면 아이는 살아 있지 못했을 겁니다."

"그렇지만 아무짝에도 도움이 되지 않았잖아요!"

나는 화도 나고, 짜증도 나고, 지쳤다. 너무도 화가 나고 무력한 느낌이다. 메일린이 곧 죽는다는데, 우리가 아무것도 할 수 없다니.

메일린의 회복 가능성에 대한 마지막 검사 결과를 기다리던 나탈리와 나는 결과를 알기 전에 이 병원을 빨리 탈출하기로 마음먹는다. 그저 한 번이라도 휴식을 취하고 숨을 돌리기 위해 달아나고 싶은 것이다. 우리는 의사들이 알려줄 결과를 기다리고 싶지도 않고, 또다시 나쁜 소식을 듣고 싶지도 않다. 엘리베이터를 기다리고 있는데 불행히도 의사가 불러서 하는 수 없이 우리는 의사를 따라 진료실로 들어간다. 당연히 나쁜 진단이다.

바로 그 순간, 우리는 의사들과 의학이 아무리 선한 의지를 보여도 한계가 있어서 의학적인 관점에서는 메일린을 위해 어떤 것도 할 수 없다는 걸 깨닫는다. 그렇다면 우리에게 무엇이 남았을까? 아무것도. 아니면 아주 작은 무언가가 남았거나. 나는 세례는 받지 않았지만 살면서 기도하기 위해 여러 차례 성당에 들어가보았다. 이전까지 나의 신앙은 불분명했다. 이 사건으로 기도는 내 마음을 가라앉히는 유일한 길이 되기 시작했다. 기도는 우리가 마지막으로 의지할 곳, 최후의 안식처가 된다. 나는 밤낮으로 기도하고, 메일린 곁에서, 차를 타고 가다가, 나탈리가 바로 곁에 있어도 침대에 누운 채, 온갖 상황에서 기도한다. 내 의도를 뛰어넘어 그 시간은 평정의 순간이고, 힘을 얻는 장소이며, 희망과 지지를 통한 즉각적인 치료가 된다.

나탈리가 성모마리아께 기도를 많이 한 건 나중에 알게 되었다. 십자가에서 아들을 잃은 어머니. 성모마리아라면 나탈리가 어머니로서 겪는 고통과 자식을 잃을지 모른다는 두려움을 이해할 수 있으리라. 나탈리와 나는 막다른 길에 다다른 느낌이어서 오직 하느님과 하느님의 힘만이 우리 기도를 들어줄 수 있다고 믿기 시작했다.

신기하게 루안도 기도가 큰 구원이, 아니면 적어도 위안이 될 수 있다고 느끼기 시작한다. 우리는 루안과 메일린을 리옹의 쿠르 디오 학교에 등록했는데, 이 가톨릭 학교는 우리 가족의 가치뿐만 아니라 우리가 추구하는 교육에도 부합했다. 나탈리가 아주 어려서부터 가톨릭 교육을 받아와서 딸들과도 그것을 공유하는 것이 우리에겐 당연해 보였다. 우리가 기도만이 유일한 구원이 될지 모르겠다고 인식한 바로 그날, 하교 시간에 루안을 데리러 갔더니 학교 교장이 우리를 따로 부른다.

"오늘 루안이 슬퍼했어요. 학교에서 아무도 메일린을 위해 기도하지 않는다고 생각했나 봅니다. 아시겠지만 저희가 메일린을 위해 연대 기도를 준비해뒀는데 말이지요."

교장은 담임선생님이 루안의 손을 잡고 모든 반을 찾아다니며 루안이 동생을 잃을까 겁낸다고 얘기했으며, 학교 아이들은 모두가 메일린이 끔찍한 사고에서 살아남도록 기도하겠다고 말했다고 전한다. 우리는 루안을 바라보며, 이 아이 역시 끔찍한 비극을 겪고 있다는 걸 제대로 깨닫는다. 집에서 *그럭저럭 정상적인* 환경을 유지함으로써 이 흉측한 상황에서 아이를 지켜줄 수 있으리라고 생각했는데, 무엇보다 시급한 건 루안을 사로잡고 있는 불안과 고통을 배려하는 것이다. 쉬운 일은 아니다. 루안이 모든 걸 속으로 삼키는 아이이기 때문이다. 우리는 감정을 자제하면서 슬픔과 불안을 극복하고 아이를 안심시켜야 한다. 의사들의 조언에 따라 우리는 이 시련을 극복하는 데 도움을 줄 병원 심리상담사에게 루안을 데려갔다. 처음에 루안은 메일린이 겪고 있는 일을 설명해주는 작은 만화책을 한 권 받았다. 사고와 치료, 그리고 *깨어나지* 못할지도 모른다는 가능성에 대해 얘기해주는 만화였다. 몇 번 만나는 동안 심리상담사는 아이가 플레이모빌을 가지고 놀게 했다. 잠재적 두려움, 불안, 또는 그 밖의 감정들을 탐지하기 위해서였다. 그러나 루안은 여전히 비밀을 지킨다. 의사는 사고로 인한 쇼크를 언급한다. 우리가 루안의 고통에도 귀 기울여 아이가 어린 나이에 맞는 삶을 살 수 있도록 신경을 써야 한다. 쉬운 일은 아니다. 우리 자신도 고통을 주체하지 못하는 데다, 병원에는 언제 우리 곁을 떠날지 모르는 어린 딸이 있고, 각자의 삶을 살아야 하고, 곁에서 지켜봐줄 부모가 필요한 또 다른 딸을 둔 고통 속에서 이러지도 저러지도 못하는 처지이기 때문이다.

수명 종료 계획

사고 후 10일째

메일린은 이제 호흡기도 떼고, 기도에 삽관했던 튜브도 뺐다. 여러 차례 장치를 제거하려다 경련이 일어나 중단했는데 마지막 시도에서 성공했다. 아이의 폐는 다시 자연스럽게 작동을 시작했다. 심장도 완벽하게 기능했다. 아이의 몸에 잔뜩 달렸던 의료 장치들도 사라졌다. 카테터 몇 개와 콧줄만 남았다. 아이는 예쁘다.

오늘도 의사들과 면담이 있다. 이런 면담과 보고는 우리를 지치게 한다. 매번 메일린을 보러 올 때마다 의사들을 만나야 할까 봐 겁이 난다. 그들은 정말 호의적인가? 의사들은 치료를 중단할 숙명적인 날을, 메일린의 마지막 날을 우리가 준비하길 바란다. 정말이지 그런 걸 준비할 수 있단 말인가? 자식의 죽음을?

이번에는 상황이 훨씬 심각해 보인다. 모든 의료진이

모인 것 같다. 중환자실의 팀장, 팀장을 보좌하는 의사, 간호사……. 우리 앞의 빈 탁자 모서리에는 휴지 상자가 하나 놓여 있다. 우리 이전에 얼마나 많은 사람이 그 휴지를 사용했을지 알고 싶지 않다. 이 의자에 앉아 얼마나 많은 이가 눈물을 흘렸을까? 장식 따위는 중요치 않다. 우리가 며칠 전부터 겁냈던 이 모임의 무게가 느껴진다. 이 방에 왜 이렇게 많은 사람이 모였을까? 우리는 이 모임의 중요성을 알기에 도망치지 않을 것이다. 한마디 한마디가 우리 머릿속에서 울릴 것이다. 말 하나하나가 비현실적인 무게로 우리 몸을 짓누를 테고 숨 쉬기 힘들 정도로 폐를 압박할 것이다. 우리는 각 문장의 의미를 완벽하게 이해했다는 확신이 들 때까지 그 말 하나하나를 찬찬히 분석할 것이다. 견딜 수 없는 그 말들을.

의사들은 관례적인 얘기를 하고는 이어 말한다.

"레오네티법—평생 내게 스트레스를 안길 명칭이다—에 따르면 이런 상황과 임상적 및 생체적 결과를 볼 때 감염이나 기타 요인이 발생할 경우, 소생 조치를 시도하지 않을 수 있습니다."

우리는 할 말을 잃는다.

"저희는 영양 공급 중단을 제안합니다. 심장이 멈추기까지 보통 며칠이 걸립니다만, 고용량의 모르핀 때문에 아마 더 빨리 세상을 떠나게 될 겁니다……. 지금 환자가 생명을 유지하고 있는 건 오직 모르핀 때문이니까요."

말이 나오지 않는다. 고통과 슬픔이 덮쳐온다. 한동안 침묵에 사로잡혀 우리는 대답하지 못한다. 의사들의 말을 이해하지 못해서가 아니라, 그들의 말과 방식에 충격받고 아연해서다. 얼마 지나자, 물음들이 쏟아진다. 왜? 어떻게? 그렇지만…… 그렇지만…… 어떻게…….

"그러면 메일린은 굶어 죽는 겁니까?"

"아뇨, 환자는 허기를 전혀 느끼지 못할 겁니다. 고통받지 않을 겁니다. 아이가 아무것도 느끼지 못하도록 저희가 조치할 수도 있고요."

"그렇지만, 굶어 죽는 거잖아요! 사람이 몇 시간 만에 굶어 죽진 않잖아요. 며칠은 걸리죠! 아이는 쇠약해지고 모습이 변하겠죠. 끔찍해요. 있을 수 없는 일이에요!"

왜 나는 저렇게 말했을까? 마치 저들의 말에 내가 이미 설득이라도 된 것처럼. 저렇게 말하지 말았어야 해! 저들은 저런 결정을 어떻게 그리도 냉정하게 말할 수 있는 걸까? 저 말을 하려고 세 명이나 필요했던 건가? 셋이서 우리의 반응을 살피고, 논평하고, 아이의 삶을 그만 끝내라고 우리를 거듭 또 거듭 설득하려고……?

그러자 두 번째 의사가 검사 결과를 다시 분석하며 양측 N20의 소실에 대해 말한다! 정말이지 그것이 무슨 의미인지 모르겠지만, N20이 모든 걸 이기는 모양이다! 환자가 살지 죽을지를 그 파장이 결정하는 듯 보인다.

"그런데 계속 말씀하시는 그 N20이 대체 뭡니까?"

"그것은 대뇌 기저핵을 관통하면서 뇌의 정보를 신체에 전달해주는 파장입니다. 환자가 이 파장을 한쪽만 잃으면 그래도 살 수는 있어요. 후유증은 있겠지만 생존은 할 수 있지요. 메일린의 경우엔 양쪽이 소실된 상태입니다."

"그렇군요. 그런데 그게 변할 수도 있나요?"

"네, 물론이죠."

순간 우리 마음속에서 희망의 감정이 생겨났으나, 다음 문장에 바로 쓸려 나간다.

"그렇지만 그 변화는 부정적일 수밖에 없어요. 악화될 뿐이죠. N20은 절대로 돌이킬 수 없고, 나빠지기만 할 뿐입니다."

"좋아요. 우리 아이에게 그 N20이 없다면, 더 나빠진다는 건 어떤 의미죠?"

중환자실 팀장이 말한다.

"며칠 또는 몇 주 뒤에 사망할 겁니다."

"그렇다면 서두를 이유가 없잖아요."

메일린의 운명이 그렇게 확실하다면 우리에게는 사건이 닥치는 걸 지켜볼 시간이 필요하다. 모든 건 제때가 있는 법. 이 사건이 일어난 것도 그리 오래전이 아니니 아이에게 시간을 주자. 의사들은 우리가 영양 공급을 중단하지 않겠다고 결정하더라도 메일린이 몇 주, 혹은 최대 몇 달 안에 사망할 것이라고 한다. 그 모든 고통을 뇌가 견디지 못할 것이라고 한다. 설령 그때 그런 일이 닥치더라도 그건 우리가 결정한 일이 아니잖나. 우리는…… 그런 책임을 질 수가 없다. 어떻게 부모에게 그런 결정을 요구할 수 있나? 우리가 생명을 준 아이에게서 생명을 빼앗을 수는 없다. 아이가 자라고 강해지라고 먹여 온 우리가 영양 공급을 끊을 수는 없다. 이건 본능에 어긋나는 일이다. 쏟아지는 눈물을 참을 수가 없다. 억누를 수가 없다. 간호사도 우리만큼이나 이 상황에 괴로워하는 것 같다. 간호사는 덮쳐오는 아픔을 감추려고 조심스레 돌아선다. 간호사의 다감한 모습을 보니 위로가 된다.

우리는 모든 말을 잘 알아들었지만, 우리에게 제시된 제안을 거부했다. 나탈리가 회의의 주도권을 잡았다.

"우리는 그렇게 빨리 인정할 수가 없어요. 아뇨, 그럴 순 없습니다. 잘 이해한 건지 확신을 갖기 위해 담당 의사를 만나보겠어요."

다음 날, 우리는 다시 한번 거창한 연설, 무분별한 임상적 고집과 맞닥뜨린다. 의사는 쉽고 알아들을 수 있는 말을 사용해 우리에게 메일린은 *살아 있지만* 자기만의 세계에 있다고 설명한다.

"아이는 앞으로 두 분과 절대로 소통하지 못할 겁니다. 변화는 거의 불가능하고, 어쨌든 그 가능성은 대단히 미약할 것입니다."

의사는 검사 결과를 다시 훑는다. 중환자실에 도착했을 당시 메일린의 임상 상태, 글래스고혼수척도 3, 첫 검사들, 뇌전도, 며칠 뒤 악화된 검사 결과, 양쪽 N20의 소실, 회복 가능성의 부재.

"네, 저희도 압니다. 그 결과들에 대해서는 완벽하게 숙지하고 있습니다. 하지만 아이가 울잖습니까. 이게 아무것도 아닌 건 아니잖아요!"

하지만 이번에도 우리가 들은 대답이라곤 혼수상태에 놓인 환자들이 울거나 웃을 수는 있지만, 그런 행동이 결코 혼수상태에서 빠져나왔다는 징후는 아니라는 말뿐이다. 몸이 반사신경에 따라 반응할 뿐, 의지나 의식이 있는 반응이 아니라는 것이다. 메일린이 울지만, 그건 아이가 이미 살아 있지 않은 것이나 마찬가지로 그저 신경의 반응일 뿐이라는 가능성을 받아들이기 힘들다. 상상할 수조차 없다.

사실과 데이터에 토대를 둔 이 면담 후에도 의사는 여전히 수명 종료 계획에 대해 생각해보라고 촉구한다. 그 계획과 프로토콜이 아이를 훨씬 평온한 마지막에 이르게 해줄 것이라면서. 어떻게 그걸 수명 종료 계획이라고 부

를 수 있지? 그건 계획이 아니다! 계획이란 암담한 상황
에서 벗어나 더 나은 무언가를 얻기 위한 일련의 대책과
선택과 결정을 의미하지 않나. 끔찍한 상황을 향해, 견딜
수 없는 결과를 향해 가는 계획을 대체 누가 세울까? 그
게 무슨 계획이란 말인가? 왜 저토록 단어들을 잘못 선택
할까? 왜 부모의 고통은 고려하지 않을까?

의사들이여, 그런 말로, 그토록 간단하고 초보적인 태
도로 자신을 방어하며 부모들의 삶에 최악의 소식을 알
리길 그만두시라. 눈물이라도 흘린다면 당신들이 훨씬
인간적이고 자비로운 사람들로 보일 것이다.

*

중환자실 의료진은 그 끔찍한 면담에서 수명 종료 계
획을 알린 후에, 상황을 받아들이는 데 도움이 될 거라며
우리에게 병원의 심리상담사를 만나볼 것을 권한다. 이
미 루안을 지켜보고 있는 상담사를 우리도 우리 자신을
위해 만나보기로 한다. 우리에게 정말 이런 도움이, 이런
상담이 필요할까? 무엇보다 우리에게 필요한 건 우리 딸
을 되찾는 것이다. 그것뿐이다! 두 딸이 우리 삶의 연료
다. 둘 중 하나를 잃는 걸 체념하고 받아들일 수는 없다.
지금이든 그 언제든.

심리상담사를 딱 한 번 만나보고 나니 상담이 우리에게 아무런 도움이 되지 않는다는 결론이 난다. 우리는 상담을 계속하지 않기로 마음먹는다. 누구도 우리의 고통을 이해할 수 없고 가라앉힐 수도 없다. 우리가 다른 이들보다 조금 더 굳건한 걸까? 아마도 그렇지 않을 테지만, 우리는 이 병원의 다른 누군가가 끼어들어 메일린의 임박한 죽음에 대해 우리를 설득하는 말을 듣고 싶지 않다. 아이의 위중한 임상적 상태는 우리도 인식하고 있지만, 제발이지 우리가 우리의 속도로 나아가게 내버려두면 좋겠다. 우리는 오직 한 가지만 청한다. 수면제. 잠을 자야만 한다. 기진맥진해도 도무지 잠을 잘 수가 없다. 야간의 병원 방문, 악몽, 사라지지 않는 흉부 압박이 우리를 지치게 한다. 버티려면 휴식을 취해야만 한다.

메일린이 돌아오게 하려면 아이를 계속 응원하고 용기를 북돋워야 한다고, 우리는 여전히 굳게 믿고 있다. 우리 없이 아이 혼자서는 해내지 못할 것이다! 우리는 몸도 돌보고 기운을 회복하기 위해 병원을 교대로 방문하기로 결심한다. 그러나 이내 메일린 곁에 둘이 함께 있을 필요를 느낀다. 아이가 보고 싶어서 놓아줄 수가 없다. 우리는 계속 함께하면서 서로가 가진 활력을 길어낸다. 메일린에게 부족한 활력을. 우리 몸은 나중에 챙길 것이다.

"얘야, 기운 내. 돌아와야 해. 길을 찾아. 우리 말을, 우리 노래를 듣고 돌아와. 깨어나렴. 깨어나!"

나탈리는 이렇게 생각한다. '하느님께서 메일린과 며칠 더 지내게 해주신 건 내가 메일린이 떠나는 걸 지켜본다는 생각에 익숙해지도록 돕기 위해서일까. 사고 당일이었다면 너무 빠르고 잔인했을 테니까?' 그런가 하면 나는 하느님께서 내 딸을 데려가야 했다면 왜 사고 당일에 데려가지 않고 이토록 고통스러운 기다림의 날들을 우리에게 견디게 했을까, 하고 생각한다.

우리는 병원을 떠나 우리의 친구 사라와 바네사가 번갈아가며 돌봐주는 루안 곁으로 돌아간다. 루안도 너무 오랫동안 혼자 둘 수는 없다. 하지만 메일린을 혼자 남겨둘 때마다 매번 가슴이 찢어진다. 아이는 혼자서 싸워야만 한다. 며칠 전부터 습관처럼 우리는 말없이 주차장을 향해 걸어가서 자동차를 타고 집을 향해 달려간다. 병원과 집을 오갈 때마다 매번 뮤즈의 음악이 우리의 대화를 대신한다. 이 앨범의 모든 노래가 우리에게 다시 희망을 안긴다. 이날 저녁엔 〈Follow Me 나를 따라와〉라는 노래가 불행한 생각들을 모두 집어삼킨다. 그 가사와 음악은 우리의 끔찍한 상황을 비추는 거울 같다. 노래 가사는 싸움을 계속하라고, 메일린이 살아서 우리 곁에 돌아오도록 끝없이 싸우라고 용기를 북돋운다.

어둠이 내려와

네 주위를 에워쌀 때

넘어지고

두렵고

길을 잃어도

용기를 내

내가 달려가 너를 안아줄게

기운이 다해도

잘못된 것 같고

생명이 빠져나간 것 같아도

[…]

네 빛이 꺼지고

곁에 아무도 없고

죽은 사람처럼 버림받아도

[…]

너를 해치게 두지 않을 거야, 결코

마음이 무너져도

[…]

날 따라와

날 믿어

내가 영원히 지켜줄게, 내 사랑

나의 사랑을 느껴봐.†

---

†   뮤즈의 노래 〈Follow Me〉 가사 중 일부.

다른 선택: 사랑과 기도

하루하루가 흘러가지만, 고통과 슬픔, 무기력과 희망은 남았다. 이제 더는 리옹에 남아 있을 수가 없다. 메일린이 깨어나는 걸 지켜보고 기다릴 수 있도록, 이사를 위해 신청했던 휴가를 연장해달라고 요청해두었는데, 병원 생활이 너무 길어지고 있다. 내 직무를 수행하려면 일정을 조율해야 한다. 주중에는 파리에 머물고, 주말에는 예전처럼 리옹으로 돌아와야 한다. 어쩔 수 없이 일터로 돌아가야 한다는 걸 상상하기 힘들지만, 선택의 여지가 없다. 만기는 서서히, 그러나 분명히 닥친다. 나탈리가 매일 병실에 들어서면 메일린이 울기 시작하다가 엄마 목소리를 듣고서 울음을 그친다고 한다. 아이가 돌아온 게 분명하다. 아이는 아직 떠나지 않았다. 의사들은 그저 혼수상태에서 일어나는 반사행동일 뿐이라고 거듭 말한다. 왜 누구도 우리를 이해하려 들지 않고, 우리의 말에 귀 기울이지 않고, 우리의 말을 그저 믿어주지 않을까? 자기 자식에 대한 엄마의 지각만으로도 아이의 상태를 다시 검토해볼 만하지 않나? 우리 말을 들으려고도 하지 않는 게 그저 놀랍다.

이즈음, 학교의 종교 활동에 깊이 관여하고 있는 엘리자베트 데스케락이라는 한 어머니가 폴린 자리코[†]의 전구轉求로 메일린의 치유를 기원하는 9일 기도에 모든 학생이 동참하게 하자고 교장에게 제안한다. 이 어머니는 두 아이를 잃은 경험이 있어서 메일린에게 일어난 일에 유달리 마음 아파한다. 그래서 아이의 사고 소식을 듣고는 상당히 빨리 폴린 자리코에게 메일린을 부탁할 생각을 한다. 리옹 출신인 폴린 자리코는 신앙 전교 활동의 기초를 닦은 여성인데, 2012년은 그녀의 소천 150주년을 기념하는 성년이다.

교장선생님이 동의하면서 9일 기도는 6월 15일에 시작된다. 엘리자베트를 개인적으로 알지 못하는 우리는 그저 담임선생님을 통해 전달받은 편지로 그 소식을 듣는다. 9일 기도는 어떤 특정한 목표를 두고 9일 동안 바치는 기

[†] 폴린 마리 자리코(1799-1862)는 리옹 출신의 도미니코 수도회 평신도로 전교 활동에 소명을 느껴 전교회를 설립하고 '살아 있는 묵주기도'를 바쳐 교황청 전교기구의 기초를 다지는 데 크게 기여해 1963년 교황 요한 23세에게 가경자로 선포된 인물이다.

도다. 우리는 한 번도 해본 적 없는 기도 방식이다. 하지만 안 될 것 없잖나. 뭐든 좋다. 메일린을 구하려는 우리의 희망을 키울 수 있다면 무엇이든. 아이를 실제로 구할 수만 있다면 무엇이든. 실질적으로 구할 수만 있다면. 사랑과 연민이 가득한 그 기도 과정은 아름답다. 우리도 매일 저녁 각자 처한 자리에서 9일 기도를 올린다. 가족의 모든 일원이, 학부모들이, 리옹의 가톨릭 공동체가 우리가 알지 못하는 가운데 우리와 함께 메일린을 위해 이 9일 기도에 동참한다. 참여자 중에는 완전히 낯선 이들도 있다. 이때만 해도 우리는 이 연대 기도의 규모가 어느 정도인지 알지 못했다. 고통에 매몰된 채 병원 방문을 이어가며 우리의 힘을 메일린의 회복과 루안의 곁을 지켜주는 데 적절히 배분하고 그날그날 살아가느라 우리 주변에서 일어나는 일을 잘 알지 못했다.

*

우리는 메일린의 변화 없는 상태가 계속 염려되어 아이가 병마와 잘 싸워서 깨어날 수 있도록 우리의 힘을 아이에게 전할 방법을 찾고 싶었다. 그래서 병자성사를 생각했다. 리옹에 아는 사람이 없었기에 9일 기도를 시작한 엘리자베트에게 우리를 이끌어달라고 청했다. 그녀는 노

트르담 선교단 소속의 앙투안 형제와 베로니크 자매에게
우리를 부탁했다. 이들이 메일린의 병자성사를 맡아주기
로 했다. 아이에게 이 성사를 받게 하는 결정을 내리기까
지 우리는 오래도록 망설였다. 병자성사를 받는다는 건
아이가 떠날 수 있다는 가능성을 어느 정도 받아들인다
는 의미이기 때문이다. 하지만 삶과 죽음 사이에 낀 어린
딸이 혹시라도 하느님 곁으로 돌아가야 한다면 이 성사
가 그걸 잘 준비하게 해줄 최고의 방법이라고 우리는 생
각했다. 또한 이는 메일린의 앞날에 대한 결정을 온전히
하느님께 맡기는 방법이기도 하다. 우리는 하느님께 아
이를 주저 없이 맡기련다.

　병자성사의 날이다. 루안은 이날 오후 학교에 있다. 병
실에 메일린과 함께 네 사람—신부님, 수녀님, 나탈리,
나—만 자리한 이 순간이 우리에겐 무한한 슬픔의 순간
이자, 메일린에게 꼭 필요해 보이는 동반의 순간이기도
하다. 두 종교인이 딸의 병실로 들어서는 걸 보니 겁이
덜컥 난다.

　성사를 집전하는 동안 신부님이 이따금 우리를 바라보
며 말한다.

　"그런데 이 소녀는 살아 있어요. 왜 저들은 그걸 못 보
죠? 아이는 죽지 않을 겁니다!"

　"저희도 압니다, 신부님. 저희도 그렇게 믿고 있어요."

그 어느 때보다 깊고 강력한 우리의 기도를 아이가 들었을까? 메일린, 너를 성모마리아의 품과 하느님의 뜻에 맡길게.

*

메일린이 혼수상태에서 빠져나와 우리 곁으로 돌아오도록 돕기 위해 무엇을 더 해야 할지 모르겠다. 주말에 리옹으로 돌아오면 의사들과의 면담이 잡혀 있고, 여전히 의사들은 그만 아이를 떠나보내라고 설득한다. 기운 빠지는 일이다. 너무 이르다. 여전히 너무 이르다. 그런데 저들은 언제쯤이면 *안 된다*는 걸 깨달을까! 왜 저토록 고집할까? 이건 거북한 정도가 아니라 무례하기까지 하다. 나탈리는 여전히 아이가 곁에 있다고 느낀다. 병동 의사들과 우리의 관계는 심히 달라졌다. 우리는 이제 아이의 생명을 끝내길 거부한다. 의사들과 마주치면 우리는 예의 바르게 인사를 할 뿐, 그것으로 충분하다. 예전에 대화 나눌 일을 피하려고 의사들을 피해 도망치던 날들과는 달라졌다.

이제 메일린의 상태는 안정적이다. 중환자실에 있을 필요가 없다. 우리가 남프랑스로 떠날 때까지 아이는 소아신경과로 옮겨진다. 불행히도 아이는 이따금 발작을 일으킨다. 그럴 때면 사지를 제어하지 못하고 발버둥을 친다. 움직임이 통제되지 않는 정도가 아니라 제멋대로다. 두 팔이 몸 뒤로 접히면서 말 그대로 몸을 들어 올리고, 두 다리는 오른쪽, 왼쪽으로 놀랍도록 격렬하게 버둥거린다. 팔다리는 병원 침대 난간에 부딪혀 멍투성이다. 하는 수 없이 아이가 침대에 온몸을 부딪치는 일이 없도록 간호사들이 배내옷처럼 시트로 아이의 몸을 감싸둔다. 아이는 심지어 종종 콧줄을 잡아 빼기도 한다.

아이는 중환자실에 있을 때보다 더 자주 우는데, 내면 깊은 곳에서 올라오는 듯한 그 울음은 조난을 외치고 불행을 소리치는 비명 같다. 세 살 반짜리 어린 딸의 울음 같지 않다. 수년 동안 담배를 피운 환자의 폐에서 나올 법한 쉰 소리다. 간호사들은 아이를 진정시키려고 진통제를 주사하는데, 아이는 통증을 느끼지 못한다. 적어도 의사들 말로는 그렇다. 나탈리는 아이가 자신에게 닥친 일을 이해하지 못하고, 스스로를 납득시키지 못해서 답답해한다고 생각한다. 아이는 자기 몸에 갇혔다고, 혼자라고 느끼는 것 같다. 얼마나 끔찍할까.

의료진은 메일린이 기분 좋은 환경에 있을 수 있도록, 그래서 우리 바람대로 메일린이 깨어나는 데 도움이 될 수 있도록 뭐든지 병실로 가져와도 좋다고 허락했다. 이전까지는 기계, 튜브, 생명 유지 기구들만 아이 곁을 지

메일린의 기적

에마뉘엘 트란
백선희 옮김

기적은 존재할까요? 과학이 발전하면서, 합리성의 언어로 설명하기 어려운 기적은 점점 설 자리를 잃고 있습니다. 『메일린의 기적』은 여전히 기적이 존재한다는 것을 실증하는 책입니다. 음식이 목에 걸려 뇌에 수 분 동안 산소가 공급되지 못하는 바람에 끝내 식물인간 판정을 받았던 소녀 메일린은 기도와 영성의 힘으로 놀라운 회복을 이뤄냅니다. 바티칸은 까다로운 검증을 거쳐 이 기적을 공인했습니다.

메일린의 아버지인 저자 에마뉘엘 트란은 신에 대한 믿음을 요구하거나 여기 기적이 존재한다고 소리 높여 외치지 않습니다. 그저 아버지로서 경험한 딸 메일린의 경이로운 회복을 담담하게 회고할 뿐이지요. 그렇기에 더욱 기적의 현존을 실감하게 됩니다.

가족을 포함한 주변 사람들은 메일린을 위해 기도하고, 응원하고, 배려합니다. 메일린이 다니던 학교의 학부모는 성녀 폴린 자리코에게 전구 기도를 하기 위해 사람들을 모으고, 사고 당시 출동했던 구급대원은 병상에 있는 메일린을 종종 찾아와 긍정적인 기운을 불어넣습니다. 이 책은 메일린의 믿기 힘든 회복뿐 아니라 주위 사람들의 넘치는 사랑 또한 기적이라고 이야기합니다.

기적을 증명하는 이 책과 함께 생의 신비로움을 느껴보시길 바랍니다.

마음산책 드림

키고 있었다. 이제는 아이의 병실을 꾸밀 수 있게 되었다. 우리는 병원에 딸의 방을 만들었다. 사랑이 존재하지 않는 장소에 아이의 물건들을 가져왔다. 혹시 모르잖나, 아이가 깨어나면 제 인형인 미누셰트를 찾을지도. 적어도 그건 가져다 놓아야 한다!

병원에서 기꺼이 빌려준 CD 플레이어도 가져다 놓고, 디즈니 음악이나 바네사 파라디의 노래를 틀어준다. 사고 전에 메일린은 〈몬스터 싱어: 매직 인 파리(이하 몬스터 싱어)〉라는 애니메이션의 주제곡인 〈La Seine센강〉을 큰 소리로 부르곤 했다.

"메일린, 네가 좋아하는 음악을 가져왔어. 근데 이제 깨어나야 해! 여기 있으면 안 돼. 집으로 가야지. 메일린, 우린 네가 필요해. 우리 모두 널 정말 사랑해."

검사 결과에 따르면 메일린은 소리를 듣는다. 들리는 소리를 이해하는지는 알 수 없지만 소리가 들리긴 한다는 것이다. 그리고 또한 무언가를 보는 것 같지만, 무엇을 보는지는 알 수 없다. 마치 모든 게 목적 없이 작동하는 듯하다……. 아무것도 뇌와 실제로 연결되지 않는다. 꼭 아이 몸속에 심각한 버그가 발생한 것처럼.

*

　우리의 사연을 조금이나마 알게 된 사람들이 메일린을 위해 기도한다는 메시지를 속속 보내온다. 세계 곳곳에서 이어지는 이 숱한 영적 행위들은 믿기 힘들 만큼 놀랍다! 아시아, 라틴아메리카, 예루살렘에서까지도! 종종, 그리고 나중에 한참 세월이 흐르고 나서도, 이런 의문이 들었다. 왜 이토록 많은 이들이 메일린을 생각하고, 메일린을 위해 기도할까? 세상에는 매일 영양실조와 폭력으로, 메일린이 겪은 것보다 더 참담한 상황에서 죽어가며 도움의 손길을 구하는 수많은 아이들이 있는데, 왜 이토록 많은 사랑의 메시지가 메일린에게 쏟아질까? 칸에 사는 친구 가비는 티베트에서 메일린을 위한 기도를 이어가게 해도 되겠느냐고 묻는다. 우리는 그러지 못할 이유가 없다고 생각한다. 나의 아버지 미셸은 베트남인 공동체에도 지지를 부탁한다. 어느 '샤먼'은 메일린을 구하기 위해 주술을 행하고 전통적인 기도를 올리겠다고 한다. 그것마저도 우리는 반대하지 않는다. 꼭 믿어서가 아니라, 그 모든 긍정적인 생각이 메일린에게 해가 되지는 않을 것이기에!

*

　루안의 생일이 훌쩍 다가왔다. 아이는 6월 23일에 열기로 한 파티를 목 빠지게 기다렸다. 그래서 예정대로 진행하기로 했다. 힘든 일이지만, 의연해야 한다. 루안에게도 상황에서 좀 벗어날 기회가 될 터였다. 아이에게는 그럴 필요가 있었다. 파티는 완벽했다. 거의 완벽했다. 우리에게도 이전과 너무 달라진 삶에서 약간의 변화를 찾는 시간이었다. 루안은 학교 친구들과 함께 웃으며 놀았고, 아파트 안에서 뛰어다녔다. 파티 진행자와 신이 난 아이들을 바라보면서 유쾌한 동시에 고통스러운 평온이 느껴졌다. 그 모든 소란이 사고의 기억을 가리는 가면 같았다. 루안은 너무도 예쁘고 생기 넘쳤다. 아이가 모델처럼 걸으며 보여주는 쇼는 정말 재미났지만, 그 무엇에도 우리는 웃지 못했다. 미소는 지었으나, 마음은 담지 못했다.

　나탈리와 나는 메일린의 상황과 상태에 대해 절대 서로 말하지 않는다. 나탈리는 속내를 결코 털어놓지 않는다. 아내는 강한 사람이지만 깊이 상처 입었다. 아이에 관해 아무에게도, 가장 친한 친구에게도—아내의 친구는 그런 아내를 이해하지 못해도 아내의 선택은 존중한다—, 다른 누구에게도 털어놓지 못한다. 나탈리는 나도 똑같이 상처 입은 걸 알지만, 스스로 너무 고통스러워 어떤 위로의 말도 하지 못한다. 나는 루안 친구의 아버지이기도 한 내 친구 토마에게 속내를 털어놓는다. 그는 나를 한결같이 지지해주는 충직한 친구다. 강인하고 남자답고 전사 같은 그의 말은 내 머릿속에서 울리며 나의 명예와 투지를, 도전하는 사람으로서의 면모를 일깨운다. 그러나 속내를 털어놓는 배출의 순간들도 너무나 현존하고, 너무나 강력하고, 너무나 무거운 고통을 어쩌지는 못한다. 일부 상처 입은 사람들이 친구들로부터 얻기를 기대하는 지지와 스스로 활력을 길어내고, 피로를 회복하고, 사고와 사고 후유증을 받아들이는 데 필요한 고독 사이에는 구별하기 어려운 아주 미묘한 경계가 있다. 사람들이 우리에게 도움을 주는 순간들, 귀 기울임, 대화는 루틴을 깨는 이로운 단절인 동시에 너무 잦아서 피곤한 순간이기도 하다.

*

어느 날 저녁, 나탈리는 메일린 곁을 떠나 집으로 돌아가려던 참에 막 메일린을 돌보고 나오던 물리치료사와 마주친다. 물리치료사는 아이가 관절의 유연성을 잃지 않도록 아이의 몸을 움직여준다. 으레 던지던 질문들을 하고 난 뒤 나탈리는 의사들의 분석에 대한 꺼림칙한 속 마음을 드러낸다. 검사 결과를 의심해서가 아니라 의사들이 숫자 너머의 가능성을 보지 못하기 때문이라며, 메일린이 엄마가 와 있는 걸 느끼는 것 같다고 슬쩍 내비친다……. 그러자 물리치료사는 말한다.

"어머님의 딸이니 어머님만이 아시지요. 우리 그 누구보다, 의료진 그 누구보다 더 잘 아시죠. 본능대로 따르세요. 저도 아이가 '곁에 있다'고 생각해요."

다시 의혹이 드는데, 이번 의혹은 메일린의 생명을 꺼뜨릴 방법에 대한 모든 논의를 종식하는 엄청난 무게를 지닌 것이다. 우리는 어떻게든 다시 힘과 활력을 되찾게 해줄 희망의 원천을 찾아야 한다. 물리치료사가 저렇게 생각할 만한 이유가 있는 걸까? 아니면 그저 인간적인 태도를 보이려는 걸까? 아니면 그녀 역시 뭔가를 느끼는 한 사람의 엄마일까? 그 말이 나탈리와 나에게 희망으로 남으리라는 건 확실하다. 우리는 회복이 가능하다고 믿을 수 있다. 정말 가능할까? 제발 그럴 수만 있으면 좋으련만!

*

며칠 뒤, 새 병실로 메일린을 보러 왔는데, 못 보던 작은 인형 하나가 아이의 얼굴 가까이 놓여 있는 게 보인다. 마침 간호보조사가 왔기에 그 인형에 관해 묻는다. 혹시 병원의 다른 아이가 잃어버린 건 아닌가 해서.

"아뇨, 메일린의 것이에요. 구급대원이 가져왔어요."

"어느 구급대원이요?"

"사고 때 출동한 구급대원 말이에요. 이따금 병원에 들러 메일린을 보러 와요. 한 번도 못 만나셨어요?"

그러고 보니 중환자실에서 그 구급대원을 만난 적이 있는데, 그는 우리에게 대단히 감동적인 편지를 건넸다. 메일린의 사고로 무척 마음이 아프며, 정기적으로 소식을 듣고 있다는 내용이었다. 이 구급대원과는 나중에 가서야 다시 만날 것이다.

우리는 이 모든 행위에 무척 놀랐다. 딸에게 쏟아지는 많은 사랑에 지금까지도 놀란다. 전혀 알지 못하는 우리의 메일린에게 그 많은 이들이 관심과 연민, 염려와 사랑을 보이다니. 메일린은 늘 모든 사람에게 애교를 부리곤 했다. 슬픔을 겪고 있는 사람들에게 다가가고, 금세 그들에게 미소와 행복을 전하는 재주가 있었다. 아이는 이미 자기 길을 걸어오면서 많은 이들에게 무조건적인 사랑을 보여왔다. 어쩌면 그 사랑이 돌아오는 걸까? 그럴지도 모른다!

씁쓸한 학년말

2012년 6월 말

6월 말이 되었다. 시간도 우리처럼 능장을 부리는 것 같다. 루안은 마침내 모든 기기를 뗀 동생을 보게 되었다. 루안은 잠시 침대를 동생과 함께 나눠 쓰기라도 하듯이 곁에 누워 동생을 품에 안는다. 나탈리는 메일린을 무릎 위에 앉히거나 품에 안는다. 여리고 사랑스러운 아이는 그 자세에서 평온해지는 것 같다. 아이가 병원에 온 지도 벌써 거의 한 달째다. 한 달 내내 병원을 오가고, 루안을 데리러 학교에 들르고, 점심과 저녁 식사를 셋이서만 하며 보냈다. 공원을 찾는 일도, 테트 도르 공원에서 작은 어린이용 전기자동차를 타고 돌던 일도 끝이었다. 딸들과 함께 보내던 시간은 사라졌고, 병원을 오가는 시간만 남았다. 우리 셋 모두에게 힘든 시간이다. 우리는 메일린이 어서 혼수상태에서 빠져나오길 바라지만, 아무 소식이 없다……. 이런 상황에서 출구를 상상하게 해줄 어떤 의학적 징후도 보이지 않는다. 왜 더는 아무 소식이 없을까? 생명 종료 계획을 우리는 원치 않는다! 오늘도, 내일도, 그 어느 때도!

나탈리는 메일린의 사고 전 마지막 사진과 동영상을 자꾸만 들여다본다. 불과 얼마 전까지만 해도 우리의 삶이 저랬고, 메일린도 활력이 넘쳤는데, 지금은…… 어쩌면 앞으로 더는 저런 순간이 없지 않을까. 저 모든 걸 아이는 더 이상 못하지 않을까. 모든 게 달라졌다. 이렇게, 한순간에.

*

학년말이 되면서 아이들의 다양한 공연도 다가왔다. 슬픔과 괴로움을 축제의 기쁨이며 행복과 절충하기가 힘들다. 우선, 루안의 학년말 춤 공연이 있다. 루안은 그동안 연습을 많이 했고, 춤 의상도 아주 마음에 들어 한다. 메일린은 언니의 연습을 매주 지켜보곤 했다. 다시 한번 우리는 감정을 억누르고, 되도록 루안이 학기를 *정상적으로* 끝내길 바라는 마음으로 공연에 참석한다.

그리고 학교 축제도 있다. 학년말 축제 때마다 학교 부속사제가 미사를 집전한다. 메일린의 사고가 전교생을 충격에 빠뜨려 이 미사 때 모두가 메일린을 생각한다. 그리고 루안도 생각해준다. 이 축제일은 마침 9일 기도의 마지막 날이기도 하다. 9일 기도를 모두가 함께 마무리 짓고, 하나됨을 느낄 수 있어 참으로 감동적이다.

주님,

당신께서는 인간들이 생명을 얻고 번성하게 하시려고 이 땅에 오셨습니다. 당신의 그 과업에 폴린 마리 자리코님도 오롯이 헌신하셨습니다. 그분은 영생을 알지 못하는 수많은 이들을 위해 신앙 전교회를 설립했습니다. 거룩하신 폴린 마리 자리코님, 그리스도의 왕국을 전파하는 데 온 삶을 바치셨고 하느님과 인간들을 섬겨오신 당신의 전구를 통해 하느님께서 메일린에게 은총을 베풀어주시길 겸허히 빕니다.

폴린 마리 자리코님, 저희의 기도를 들어주소서!
저희의 기도에 응답해주소서!

눈물이 쏟아진다. 억누를 길이 없다.

축제가 시작되고, 아이들은 사방에서 뛰어다니며 노는데, 오늘 우리에게는 딸이 하나뿐이다. 두 딸 중 한 명만이 오랫동안 웃고 즐긴다. 각 반이 차례로 나와서 무용을 선보인다. 나이가 어린 반부터 시작하는데, 메일린은 빠졌다……. 우리는 마음이 아프다……. 아이가 놓친 이 모든 첫 경험들. 학년말 소풍과 축제……. 이날은 우리가 메일린을 보러 병원에 들르지 않은 유일한 날이다. 우리는 곧 이사하기 전에 루안이 이 마지막 학교 축제를 시간에 구애받지 않고 한껏 즐기길 바랐다. 마음이 아프다. 하지만 그날그날의 아픔이면 충분하다. 앞으로 살면서 매일 아픔을 겪게 될 테니.

*

우리는 하루하루를 있는 그대로 받아들이고, 의료서비스며 의료진의 의견과 요청을 멀리하고, 루안을 위해 삶이 가능한 한 정상적으로 *이어지도록* 최선을 다한다. 루안은 하루하루를 롤러코스터처럼 산다. 학교에서 보내는 시간은 그 나이대의 천진난만함, 친구들의 보호를 받는 세계, 그리고 어린 동생에 대한 걱정 사이에서 흘러간다. 루안은 모든 걸 메일린과 공유해왔다. 웃음, 장난, 익살, 정원의 커다란 전나무 가지 아래에서 나누는 이야기, 부활절 계란 찾기, 체리 따기……. 이 모든 걸 아이가 그리워한다는 게 얼굴에 드러난다.

파리에서도 하루는 느리게 흘러간다. 일은 계속된다. 속절없이. 나는 우리를 기다리는 끔찍한 미래를 생각해서 장례 절차들을 떠올리기 시작한다. 최악에 대비하는 것이다……. 분홍색 헬로 키티 관. 메일린은 헬로 키티를 아주 좋아했다. 나는 아이를 영혼 없는 허연 관에 묻고 싶지 않다. 내 딸은 재미난 아이여서 그런 걸 좋아하지 않을 것이다. 헬로 키티가 아이에게 더 어울린다. 장의사에게 전화를 걸 때마다 상처가 덧난다. 눈물이 끊임없이 솟는다…….

그리고 칸의 새 학교에 연락해서 메일린의 등록을 취소해야만 한다. 혹시나 해서 가능한 한 늦게까지 기다리고 있었는데…… 다른 아이에게 돌아갈 수도 있을 자리를 우리가 붙들고 있는 건지 모른다……. 학교 교장은 끔찍한 소식을 듣고 충격받고 안타까워한다.

리옹의 학교 교장은 메일린이 학교에서 한 작업과 활동을 전해주러 나탈리를 찾아온다. 우리는 자료를 받고는 힐끗 쳐다본 뒤 메일린이 평소처럼 들떠서 자랑스러운 표정으로 그것을 직접 우리에게 보여주지 못한다는 사실에 고통받지 않으려고 외면한다. 이해, 메일린은 어머니날을 위해 팔찌 하나를 준비했다. 팔찌는 잘 포장되어 선물될 준비가 되어 있었다. 사고는 주말인 어머니날 며칠 전 화요일에 일어났다. 예전에 받은 어머니날 선물들은 늘 우리를 미소 짓고 웃게 했다. 나탈리는 이제 그런 선물을 받을 수만 있다면 목숨이라도 내놓을 것이다.

선생님들과 교장선생님은 정말이지 다정했다. 말은 조심스러웠고, 생각은 언제나 함께였고, 지지는 굳건했다. 학부모들이 보낸 수많은 편지는 대개 나탈리와 내가 느끼는 바를 그대로 담고 있어 가슴이 뭉클했다. 학교의 온갖 반 아이들이 보낸 그림도 받았는데, 말장난 같은 우스개가 적힌 쪽지들이 담긴 작은 주머니나 가장 친한 친구인 네일라가 보낸 인형 같은 선물도 곁들여 있었다. 루르드[†]를 다녀온 아이들은 메일린을 위해 성수를 가져왔다. 이 모든 걸 우리는 소중히 보관했다. 어느 날 메일린이 깨어나면 학교에서 자신이 얼마나 사랑받았는지 볼 수 있도록.

*

메일린은 니스의 랑발 병원으로 옮겨지고—우리가 이사 가는 곳으로 아이도 옮겨 가야 했다—우리는 망드리외로 떠나기 직전, 메일린을 위해 티베트 승려들에게 도움을 청했던 친구 가비가 메시지를 받았다고 알려온다.

"마뉘, 스님들이 티베트에서 메일린의 기를 느꼈다고

[†]   프랑스 남서부의 성모 발현지로 그곳의 샘물이 질병을 치유하는 기적의 물로 알려져 매년 약 500만 명이 순례자와 관광객이 찾는 성지로 자리 잡았다.

말해. 메일린이 지금 입원한 곳에서 떠나기만 하면 살아
날 거래!"

　나는 가비에게 고마움을 전했다. 고마운 메시지이지만
그것에서 믿음이나 희망을 더 얻진 못했다. 우리가 받는
믿음과 희망의 메시지들은 일상의 시간 밖에 자리한 *심
리 상자* 속에 자동으로 들어가 소중히 간직되는 것 같다.
우리는 머리를 온통 핸들에만 몰두하고 있다. 두 딸을 보
살피고, 의료진을 만나고, 니스로 곧 떠나는 일에만 집중
한다. 우리는 지쳤으나 쉴 시간이 없다. 우리가 받은 모
든 메시지는 훗날, 우리가 그것들을 정말 받을 준비가 되
었을 때 마음을 따뜻하게 덥혀줄 것이다. 우리가 그 *심리
상자*를, 주변의 수많은 사람이 보내온 그 희망의 저장고
를 열 마음이 들었을 때.

*

　출발일이다. 메일린은 구급차로 니스의 랑발 병원에 이
송될 예정이다. 떠나기 전날에 간호사들이 우리에게 메
일린을 직접 병실에서 데리고 병원 현관까지 나오라고
권해서 우리는 깜짝 놀랐다. 그들이 메일린을 휠체어에
앉혔다. 우리가 직접 메일린을 밖으로 데리고 나올 수 있
으리라고는 결코 생각하지 못했다. 잠깐이나마 가족끼리

함께 걸어서 얼마나 기뻤는지 모른다! 메일린은 한 달째 바깥 공기를 마셔보지 못했다! 그렇게 아이를 병원 밖으로 데리고 나가며 내내 말할 수 있다는 것만으로도 너무 좋았다! 그건 메일린을 새로운 방식으로 자극하는 기회이기도 했다. 아이를 깨어나게 할 스위치 같은 말이 있을까? 우리는 마치 몇 년째 그런 모습인 것처럼 가족사진을 찍는다. 불안과 승리의 감정이 교차한다. 하지만 당장 중요한 건, 우리가 여전히 넷이라는 사실이다!

기적

2012년 7월 2일 월요일

메일린이 구급차를 타고 니스로 이송되는 동안 우리는 망드리외로 떠나기 위해 리옹의 아파트에서 이사 준비를 마친다. 최악의 날을 지켜본 아파트다. 집주인 부부가 우리에게 인사하며 우리 상황에 안타까움을 표한다. 그들은 건물 계단까지 내려와 비극의 무대였던 문틀에 서서 작별의 말을 전한다. 사고 직후 집주인들이 닦았지만, 인도 바닥에는 핏자국이 여전히 비친다. 우리는 메일린을 생각한다. 아이는 구급차에 어떻게 타고 있을까? 아이가 떠나는 걸 지켜보지 못한 채 우리도 새로운 삶을 향해 달려간다. 사고 때문에 아직 보러 갈 시간이 없었던 새 아파트를 곧 보게 될 것이다. 우리를 기다리는 곳은 마음 놓이는 장소다. 망드리외, 나탈리와 나의 사랑이 시작되었고, 우리가 결혼했으며, 가족끼리 다시 살고 싶었던 도시.

새 아파트를 둘러보고 난 뒤 우리는 메일린을 만나러 니스의 랑발 병원으로 간다. 나탈리와 루안과 나는 병원 홀에서 구급차를 기다린다. 간호사들이 도착하고, 메일린 이 들것에 실린 채 나타난다. 꼼짝 않고 누운 모습은 전 날 리옹에서 본 그대로지만, 우리는 뭔가를 감지한다. 아 이는 달라져 있다. 말로 묘사하기는 어렵지만 아이는 분 명히 달라졌다. 아이의 눈, 눈동자는 빛났고, 생명력이 비 쳤다. 메일린의 몸에 다시 생명이 깃들었다. 어떻게 이런 일이 가능하지? 이런 변화가 어떻게 가능할까? 의심의 여지가 없다. 메일린이 돌아온 것이다.

"메일린이 정말 우리 곁으로 돌아왔어!" 나탈리가 외 친다.

상상하기 힘든 일이다! 기적이다! 마치 누군가가 *생명 스위치*를 켠 것만 같다! 누구도 접근할 수 없는 천상의 스위치를! 어떻게 이렇게 간단할 수 있을까?

나는 간호사들과 간병인들에게 물었다.

"이송 때 무슨 일이 있었어요?"

"영양 공급 장치가 작동되지 않았어요. 그렇지만 그것 말고 특별한 일은 없었어요. 아이가 허기지거나 탈수될 정도의 시간은 아니었어요."

그런 문제는 아무래도 상관없다. 중요한 건 이송하는

동안 무슨 일이 일어났느냐는 것이다. 이송하는 동안 분명히 무슨 일이 일어났다. 틀림없다! 내가 무슨 일이 있었느냐고 다시 묻자, 간호사들은 기분이 상한 모양이었다. 하지만 우리는 무슨 일이 있었는지 정말이지 알고 싶었다……. 아이가 저렇게 달라졌는데 어떻게 저들은 보지 못할까? 오늘 우리가 본 것은 엄청난 승리이자, 삶이 깜짝 선물과 기적의 꾸러미를 마련해두었을지도 모른다는 사실을 확인하는 희망이고 기쁨이다.

차를 타고 집으로 돌아가는 우리의 마음은 한결 가볍다. 무척 생생한 메일린을 본 충격이 가시지 않아 우리는 서로 이런 질문을 던진다.

"아이가 얼마나 달라졌는지 당신 봤지? 봤지?"

차창 밖 도로는 고요히 지나가지만, 우리 머릿속에서는 온갖 의문이 맴돈다. 어떻게 이런 일이 가능하지? 어떻게 간호사들은 아무것도 보지 못했을까? 그들은 그저 운송업자들일 뿐이었다. 저들은 배달하는 소포에 대해 관심이 없고, 우리는 그런 그들을 원망할 수가 없다. 우리가 그 구급차에 탔더라면 좋았을 텐데, 아이를 지켜보았더라면 좋았을 텐데. 믿기 힘든 일이다. 도무지 믿기 힘들다. 누구도 우리 말을 믿지 못할 것이다.

랑발에서 다시 희망을

2012년 7월

메일린은 병원 5층에 자리를 잡았다. 병실 창문이 '영국인 산책로'† 쪽으로 나 있어 바다가 보인다. 혼자 쓰는 병실이어서 다른 환자들을 방해할 걱정 없이 자주 들를 수 있다. 간호사들이 아이의 침대에 폭신한 이불을 둘러놓았다. 경련과 근육긴장이 계속 일어나면 몸 곳곳에 멍이 들기 때문이다. 그럴 때면 아이의 머리가 연신 뒤로 젖히고, 손가락이 보통 때와는 반대로 꺾이고, 입에서는 침이 흘러 불행히도 최악의 시나리오를, 중증 장애를 떠올리게 한다. 그렇지만 아이의 눈은 살아 있어 우리에게 포기하지 말아야 한다고 환기시킨다. 그 미약한 생명

---

† 니스의 해변 산책로를 조성하고 정비하는 데 영국인들이 기부를 많이 하면서 붙은 이름.

의 빛은 머릿속 깊은 곳에 박힌 듯 멀어 보인다. 아무리 미약해도 그 빛을 우리는 본다. 우리에게 그 빛은 희망의 원천, 그리고 무엇보다 생명의 원천이다! 우리는 리옹 병원에서 했듯이 아이의 병실을 꾸미고, 아이가 좋아하는 노래를 틀어주기 위해 CD 플레이어도 잊지 않고 가져다 둔다. 아이의 병실 체류가 길어질지 모른다고 생각하기에 아이에게 최고의 환경을 갖춰주어야 한다.

의료진과의 만남이 재개된다. 이번엔 새로운 의료진과의 만남이다. 리옹에서든 랑발에서든 아이의 수명 종료 계획에는 동의할 생각이 없다. 그래서 의사와의 새로운 만남이 두렵다. 새 의료진도 우리에게 수명 종료 계획을 받아들이라며, 메일린의 평온한 죽음을 위한 다양한 대책을 제시하려고 고집할까?

랑발의 R 박사가 메일린이 머무는 5층의 작은 방에서 우리를 맞아준다. 모든 의사처럼 그도 한 무리의 학생과 전문의를 동반한다. 그가 우리에게 한 사람씩 소개해주는데, 우리는 건성으로 듣는다. 우리는 의사의 분석을 기다린다. 이번에도 시간 낭비는 없다. 그는 학자적인 방식으로 요점만, 사실만 말한다. 감정이입도, 쓸데없는 말도 없이 오직 핵심만 말한다. 그런데 놀랍게도 그는 이런 사실 확인으로 말을 시작한다.

"메일린의 기록을 보면 임상 상태와 일치하지 않습

니다."

그리고 이어서 말한다.

"여기 오기 전에 전화로 전해 들은 아이의 상태와 제가 관찰한 모습이 일치하지 않네요."

침묵. 우리가 서로를 향해 돌아보았더라면 얼굴에 놀란 표정이 고스란히 드러났을 것이다. 하지만 우리는 이미 대가를 치르면서 감정을 억누르고, 듣고, 단어 하나하나, 문장 하나하나를 천천히 분석하는 법을 배웠다. 의사가 하는 말을 더는 알아들을 수가 없다. 마음속에서 온갖 질문들이 떠오른다. 그렇게 많은 검사를 하고도 어떻게 그럴 수 있지? 그 검사들이 틀렸다는 건가? 의사들이 메일린의 것이 아닌 의료기록을 딸려 보낸 건가? 수명 종료 계획은 어떻게 된 거지?

우리는 R 박사에게 몇 가지 질문을 던진다. 그는 대답한다.

"제 치료를 받는 중에 메일린이 사망하는 일은 없을 겁니다. 그렇다고 모든 게 좋아질 거라는 뜻은 아닙니다. 아이는 중증 장애를 갖게 될 겁니다. 주변 환경도 의식하지 못할 테고, 소통도 못할 겁니다. 혼자서는 아무것도 하지 못할 겁니다. 아마도 아이가 할 수 있는 최선은 눈을 깜빡이는 정도일 테고, 어쩌면 언젠가 몇 숟가락 정도 떠먹을 수 있을지도 모릅니다만…… 그조차 장담할 수는 없습니다. 걷는 건…… 글쎄요…… 어쩌면 몇 미터 정도…….”

그 순간, 나탈리와 나는 서로 깊이 접속한 느낌이 든다. 우리가 경험하고 있는 일이 너무도 강렬해서 서로의 느낌을 나누기 위해 말할 필요조차 없다. 그러니까 메일린은 죽지 않을 것이다. 저들의 치료 중단 선택으로 죽을 일도, 우리에게 대단히 무겁게 떠안겨졌던 영양 공급 중단 결정으로 죽을 일도 없을 것이다. 아이는 일종의 혼수 상태 속에, 우리가 결코 접근하지 못할, 그리고 다른 무엇도 다가가지 못할 불투명한 세계 속에 머물 것이다. 우리는 속으로 곰곰이 생각한다. 길고 무거운 그 순간은 의사가 우리에게 숨을 쉬도록, 숨을 돌리도록, 아니 그저 이 묵직한 정보를 소화하도록 내어준 리듬에 맡겨져 있다.

잠시 후 R 박사가 다시 말을 잇는다.

“잘 인지하셔야 합니다. 감당하기에 아주 버거운 짐이 될 테고, 가족의 삶을 돌이킬 수 없이 바꿔놓을 선택이자 동반하는 사람들을 지치게 할 부담이 될 테니까요.”

R 박사는 더없이 암울한 그림을 묘사한다. 그는 우리에게 죽음에 대비하라는 게 아니라 심각한 장애를 갖게 될 딸과 함께 살 대비를 하라는 것이다. 이 말 역시 같은 계획으로 우리를 이끌려는 위장된 방식일까? 그래도 상

관없다. 그가 그리는 그림은 끔찍해 보이지만 우리에겐 또 하나의 승리다. 그렇다. 분명히, 지독히 어려워지겠지만, 어쨌든 수명 중단 계획은 산산조각 나지 않았나! 우리가 기대한 소식은 아니지만, 어쨌든 우리는 나아가고 있다.

아파트로 돌아오는 길에 우리는 평생 누워 지내는 메일린을 떠올린다. 하지만 아이는 우리와 함께 있을 것이다. 아내와 나는 도로를 달리는 내내 서로의 생각과 놀람과 몰이해와 희망을 나눈다. 이것은 이기적인 감정이고, 과도한 사랑이고, 무분별한 선택일까? 어쨌든, 오늘은 선택할 일이 없었다. 수명 종료 계획은 더 이상 없으니까. 이제 우리의 목표를 바꿔야 할 테고, 많은 것을 단념할 수 있게 되었다. 헬로 키티 관부터 시작해서!

*

하루하루가 강도 높게 이어진다. 니스의 레스토랑은 공사가 거의 끝나간다. 조만간 작업대를 받고 종업원을 구하고 교육해서 개점을 앞당겨야 한다. 하루 동안 할 일이 너무 많아서 기진맥진할 정도다.

우리는 중단없이 메일린을 보러 가기 위해 일정을 짠다. 쉬지 않고 아이를 자극해야 한다. 아이 혼자 병원에 남겨두고 상황이 나아지길 바라며 기다리고만 있을 수는 없고, 그래서도 안 된다. 우리는 인내심이 있다. 메일린은 이미 많이 달라졌고, 우리는 아이의 리듬에 맞춰 매번 작은 승리를 온전히 만끽하고 있다. 벌써 아이가 우리 곁으로 돌아올 것으로 보이는 전조가 느껴진다. 메일린은 아주 작고 은밀하게 "아빠"와 "엄마"를 중얼거리는 것 같다. 음절을 잘게 쪼개서 느릿느릿 발음하는데, 엄청난 노력을 기울이는 듯 보인다. 꼭 그 소리가 아이의 생존을 결정짓는 것만 같다. 우리는 항상 귀를 기울이고, 온 감각을 곤두세운다. 단어 하나하나, 소리 하나하나를 기다리고, 우리가 거듭 말해온 사실, 즉 아이가 곁에 있다는 사실을 확인해줄 단서들을 좇는다.

"당신 들었어?" 나탈리가 내게 묻는다.

"잘 못 들었는데, 아이가 애쓰고 있네. 메일린, 넌 곧 해낼 거야."

"그래, 엄마와 아빠가 너랑 같이 있어. 잘 알지, 메일린." 나탈리가 말한다.

"…"

"자, 메일린, 말해봐, 엄…… 마…… 해봐, 메일린!" 나탈리가 거듭 말한다.

하지만 아이는 약에 취해서 이미 떠나고 없다. 메시지를 포착할 준비가 항상 되어 있어야만 한다. 메일린은 발음을 할 수 있을 때만 반복하기 때문이다. 언젠가 아이가 약에 덜 취한 날에는 조금 더 쉽게 발음할 수 있으리라고 우리는 믿는다.

때때로 우리는 메일린이 잠들기 위해 엄지손가락을 빨려고 손가락을 찾는 걸 본다! 아이가 혼수상태에 있다면 어떻게 그럴 수 있겠나? 메일린은 겨우 세 살 반이고, 엄지손가락은 거의 모든 아이에게 필요한 안정감을 준다. 우리는 사고를 받아들이고, 기억의 문을 닫아걸고, 덧없는 순간들을 하나도 잊지 않기 위해 아이의 사진을 바라보며 아이를 자주 생각한다. 아이의 삶에서 가장 아름다운 이미지들을 잊을까 두려운 것이다.

*

오늘은 메일린이 엄지손가락을 빨았다! 어쩌면 별것 아닌 일인지 모르지만, 우리에겐 엄청난 사건이다. 매 순간 우리의 기도가 망드리외의 새로운 집과 방의 벽에 스며든다.

*

망드리외에 산 지 벌써 3주째다. 루틴이 자리 잡는다.

매일 나는 일터로 가서 레스토랑을 열기 위해 '영국인 산책로'로 간다. 그리고 자외선 차단 필름이 잘못 붙은 메일린의 병실 창문을 매일 올려다본다. 우리가 얼마나 사소한 일들에 매달리는지 모른다! 나는 그렇게 멀리서 아이에게 입맞춤을 보내고는 항상 기도를 잊지 않는다.

매일 오후 우리는 메일린을 보러 병원에 들른다. 그리고 날마다 메일린을 자극하고, 수단과 방법을 바꿔볼 수 있는 외출이나 방문 기회가 생길 때마다 반긴다. 때로는 아이를 데리고 카페로 내려가 루안과 넷이서 가족끼리 혹은 메일린을 보려고 들른 친구들과 간식을 먹기도 한다. 간호사들이 메일린을 무척 좋아해서 우리는 정말 고마움을 느낀다. 어느 날, 한 간호사가 우리에게 메일린과 함께 밖으로 *산책* 나가는 걸 허락했다. 우리는 너무도 기뻤지만, 아이를 어디로 어떻게 데려가야 할지 몰랐다. 그러자 간호사들이 우리를 도와 유아차를 준비해주었다. 조금 투박했지만, 메일린의 제어되지 않는 몸짓에 적합한 유아차였다. 그렇게 우리는 '영국인 산책로'로 처음 외출할 수 있었다. 얼마나 기쁘던지! 동시에 우리는 행인들의 거북한 눈길을 느끼기 시작했다. 연민, 호기심, 관음취미가 섞인 눈길이었다.

루안은 메일린을 자극하는 과정에 함께하면서도 시간이 길다고 느끼는 것 같다. 아직 너무 어려서 오후 시간을 병원과 소독약 냄새 나는 병실에서 보내는 것이 일곱 살 소녀에게는 정말이지 흥미롭지도 유쾌하지도 않은 일이다. 우리는 우리의 온 삶이 대기 상태라는 사실을 잊는다. 일상의 모든 일을 잊고, 그만큼 좋은 부모가 되려고 계속 애쓴다. 하지만 루안의 행복도 잊지 말아야 한다는 걸 깨닫는다. 큰딸과 함께 여름을 누리기도 해야 한다. 메일린을 보러 가는 시간과 루안에게 할애해야 할 시간 사이에서 고심하는 게 힘들다. 우리에게 무엇이 남았나? 두 딸 말고는 아무것도 없다.

우리가 새 아파트에 아직 제대로 자리 잡지 못했다는 걸 깨닫는다. 메일린의 방에는 짐 상자들이 가득하다. 우리가 여기 온 뒤로도 전혀 달라지지 않았다. 그래서 루안과 함께 메일린의 방을 꾸밀 시간을 내기로 마음먹는다. 메일린이 내일 당장이라도 집에 돌아올 것처럼. 꼭 그래야 할 것이다.

기적은 계속되고

2012년 7월 말

날들이 흘러간다. 이제 우리가 간질이면 메일린은 반응하고 웃는다. 조금 특이한 웃음이지만 그래도 웃음은 웃음이다! 얼마나 행복한지!

7월 20일, 우리는 '영국인 산책로'로 외출해서 노래를 부르며 아이의 이모 카린의 생일을 축하한다. 모두 유아차를 둘러싸고 노래를 부른다. 카린 이모를 위해서라기보다는 메일린을 자극하기 위해서다. 이날 메일린은 가상의 케이크의 초를 불어서 끄는 시늉을 한다.

이제 우리는 아이가 저녁마다 우리가 병실을 떠나는 순간을 느낀다는 걸 안다. 아이는 울기 시작한다. 아이가 "엄마", "아빠"라고 말한다는 느낌이 점점 더 자주 든다. 하지만 우리는 감히 입 밖으로 그런 말을 꺼내진 않는다. 의료진들이 우리가 이해하지 못한다고, 아이의 반응은 신경의 반사행동일 뿐이라고 너무도 자주 말했기 때문이다. 우리가 떠나는 걸 아이가 알지 못하도록 아이가 *다른 곳*에 있다고 느껴질 때 병실을 살그머니 떠나온다. 아이에게 작별 인사도 하지 않은 채 떠나고 싶진 않지만…….

물리치료사는 아이가 누운 상태에서 몸을 뒤집을 수 있다고 말하는데, 엄청난 일이다. 그리고 엎드려서는 몸을 일으키려고 두 팔을 민다는 것이다. 아이는 강하고, 활력이 넘치며, 멈출 줄 모른다!

의료진은 메일린이 어느 정도 살아 있는 반응을 보이도록 아이를 일으켜 세우거나 혹은 앉혀보려고 시도한다. 메일린은 점점 더 환경에 반응하지만, 그래도 근육이 기능을 잃었는지 아직 스스로 몸을 지탱하지는 못한다. 몸을 일으키고 사지를 움직이려는 의지는 있는데, 아직 행동을 제어하지는 못한다. 아이가 몸을 잘 지탱하도록 보조 기구를 제작할 계획이 검토된다. R 박사는 방스의 카드랑 솔레르 병원 소속 재활 전문의인 F 박사를 부른다. 그에게 메일린이 앉은 자세를 지탱할 수 있도록 바퀴 달린 골조에 맞춰 코르셋 의자를 제작하게 한다. 의료진은 소재, 바퀴 등 우리가 실제 이점을 알지 못하는 선택사항들을 보여주며 고르게 한다. 우리는 그저 외출에 필요한 바퀴만 바랄 뿐이다. 우리의 첫째 목표는 산책만 할 수 있게 되면 이 병원에서 빠져나가는 것이기 때문이다. 완벽한 틀을 제작하기 위해 온갖 방향으로 아이를 측정하면서 메일린이 키가 자랐다는 사실을 알게 되었다! 다리가 지나칠 정도로 길어졌다. 다리도 팔도 너무 가늘다. 전에는 아이가 무척 포동포동했는데, 근육이 다 빠져버렸다. 혼수상태가 아이의 생체 리듬을 망가뜨려 6주가 채 지나지 않았는데 13센티미터나 자란 것이다. 믿기 힘든 일이다! 우리의 아가가 이렇게나 크다니! 여전히 우리가 알지 못하는 많은 것을 아이의 변화에 따라 차차 알게 될 것이다. 의사는 아이의 사춘기도 일찍 올 수 있을 거라고 말한다!

F 박사는 신체측정을 하는 김에 메일린에게 유연성 및 운동능력과 관계된 몇 가지 테스트도 해본다. 그 검사로 메일린의 장애 정도를 가늠할 수 있을지 모른다. 어떤 검사를 하던 중에 의사가 동료를 향해 돌아서더니 아주 작은 소리로 속삭였다.

"이상하네."

그가 너무 나지막이 말해서 동료 의사는 알아듣지 못했다. 의사가 무엇을 발견했는지 온통 주의를 기울이던 나는 그 말을 들었다. 의사는 다시 말했다.

"이상해."

내가 말을 자르고 물었다.

"뭐가 이상한가요?"

의사는 조금 난감해하며 대답했다.

"이 정도 후유증이라면 이런 걸 못해야 할 텐데요."

"뭘 말인가요?"

"이 검사에 반응하는 것 말입니다."

그가 아이의 다리 주변에서 손으로 어떤 움직임을 반복하면서 특정한 각도로 압박하자—우리가 짐작하기로—저항이 감지된다.

"저는 여전히 아무것도 못 봤는데요."

메일린의 상태는 은밀하고 느리지만 분명히 달라지고 있다. 의사들은 여전히—아니면 언제나 아무것도!—이해하지 못한다. 다시 한번 말하지만, 우리는 여러 의사에게 메일린의 상태가 치명적이지 않음을 입증해 보일 수 있다. 아이는 분명히 우리 곁으로 돌아오고 있고, 자기 뇌를 재정비하고, 움직임과 말을 되찾기 위해 사투를 벌이고 있다. 우리는 그걸 알고, 그걸 느낀다.

며칠 뒤 의자가 도착한다. 분홍색과 보라색 하트가 가득한 합성수지로 만든 고치 같은 틀, 온통 분홍색인 골조에서 다정한 배려가 엿보이는 의자였지만, 새로운 장비를 보자 우리는 마음이 아팠다. 이제는 메일린이 온종일 저 의자에 앉은 모습을 상상해야 한다. 여자아이들이 좋아하는 색깔이지만, 아무리 그래도 그것은 중증 장애 아동을 위한 의자다. 저 의자는 미래가 간단치 않을 것이며, 이 상황이 얼마나 참담한지, 우리가 무엇을 잃었으며, 메일린의 현재 상태가 얼마나 심각한지를 환기시킨다. 나탈리는 쏟아지는 눈물을 참지 못한다. 최악의 소식을 그렇게 듣고도 우리의 심장은 여전히 단련되지 못했다.

의자는 섬유 소재로 제작된 틀에 폭신한 직물 폼이 덮여 있어 장시간 앉아 있어도 편안하도록 만들어졌다. 다리를 발판 대신 유리섬유 틀에 얹도록 제작되어 있다. 아이가 발을 옆으로 빼서 다치는 일이 없도록, 메일린이 움직이지 못하도록 모든 게 대비되어 있다. 심지어 머리 받침까지 있다! 모든 곳—다리, 엉덩이, 상체—에 띠가 달려 있는데, 무엇보다 끔찍한 건 아이가 머리를 움직이지 못하도록 고정하는 띠다. 무시무시한 이미지다. 메일린을 그런 의자에 앉혀서 산책시킨다는 생각은 끔찍이도 견디기 힘들다. 그렇지만 그 의자는 우리가 그토록 기다려왔듯이 아이를 데리고 '영국인 산책로'로 안전하게 외출해서 바깥 공기와 삶을 누릴 수 있게 해줄 수단이다. 공장으로 보내 몇 군데만 손보면 며칠 내로 의자를 받을 수 있을 것이다.

어떻게 이 지경까지 오게 되었을까? 작은 소시지 하나 때문에 어떻게, 왜 우리가 이 같은 타격을 입게 되었을까? 이제 우리는 산소 결핍 시간에 관한 연구를 통해 빠른 시간에 구조하는 것이 얼마나 중요한지 잘 알게 되었다. 재빨리 해야 할 바를 했건만! 그런데도 메일린은 앞으로 걷지 못할 거라고 한다……. 하지만 메일린이 아직 우리 곁에 있기에, 아이와 더불어 희망도 있다……. 우리는 믿는다. 메일린은 더없이 선량하고, 사랑이 넘치며, 그 자체로 희망을 상징한다. 그러니…….

F 박사가 병실에 들러서 자신이 확인한 사실들을 기록할 때 메일린은 나탈리의 품에 안겨 귀한 순간을 누리고 있었다. 전혀 예기치 못한 순간에 갑자기 아이가 웅얼거렸다. "엄마." 아이의 입술은 거의 움직이지 않은 듯 보였지만 그 소리가 우리에겐 핵폭발만큼이나 강력했고, 꼭 전기충격 같았는데, 여전히 의사들에게는 안 들렸을까? 나탈리가 나를 바라보았고, 나는 미소 지었다.

"아가야, 넌 할 수 있어."

나탈리가 돌아보며 F 박사의 눈길을 찾는다. 메일린이 우리 곁에 있다는 사실을 의료진에게 인지시키려는 집요한 시도다. 이미 오래전부터 우리는 그걸 반복하고 있다. 나탈리가 "들으셨어요?"라고 묻기도 전에 박사는 한 문장을 던진다. 있을 수 없고, 비현실적이며, 사실 같지 않은 구원의 문장을.

"네, 들었어요. 아이가 '엄마'라고 말했죠."

마음의 소리가 마침내 누군가에게 들려 다시 희망이 가득 찼다. 도무지 불가능해 보였던 일인데! 눈에 눈물이 차오른다. 이제 의료진은 더 이상 우리에게 미쳤다고, 우리가 이해하지 못하는 거라고, 그저 신경의 반사작용일 뿐이라고 말하지 못할 것이다. 아이는 분명히 여기 있다. 이제 당신들 모두가 그걸 안다!

*

7월에는 날마다 메일린이 새로운 무언가를 해내는 것 같다. 아이의 작은 몸짓 하나가 우리에겐 거대한 희망이고 승리다! 우리는 메일린이 점점 더 잘하는 것, 다시 발견하는 것을 일일이 기록한다. 아이의 변화에 대해서 확실히 알기 위해서이기도 하고, 그걸 기억했다가 기회가 오면 의사에게 전달하기 위해서이기도 하다.

작은 승리들에도 불구하고 슬픈 루틴이 자리 잡는다. 집을 채우던 딸들의 고함 소리와 깔깔거리는 웃음소리를 침묵이 대체했다. 저녁마다 루안을 재울 때, 그리고 메일린의 방문 앞을 지날 때마다 어떻게 메일린을 생각하지 않을 수 있겠는가? 그 모든 밤 동안 우리는 사고를 다시 떠올리고, 중환자실의 아이를 보는 고통, 억누를 수 없는 강렬한 아픔, 숨 막히는 아픔을 맛본다. 이젠 레스토랑이 문을 열어서 낮에 아이에게 몰두하기가 어렵다. 매 순간 어떻게 메일린이 생각나지 않을 수 있겠는가? 지금 아이는 뭘 할까? 잘 있을까? 병원에서 혼자 무섭진 않을까? 많이 우는 건 아닐까?

우리는 병원 방문에 맞춰서 일정을 짠다. 나는 매일 저녁 레스토랑으로 일하러 가기 전에 메일린을 보러 병원에 들른다. 나탈리는 레스토랑에서 나와 오후마다 병실에 들르고, 저녁에는 혼자서 루안을 돌본다. 우리의 일상 리듬은 일터와 병원과 집을 오가며 숨 돌릴 새 없이 이어진다. 매일 우리는 메일린을 병원에 홀로 남겨둔다는 불안을 느낀다. 또한 매일 루안에게 충분한 시간을 할애하지 못한다는 죄책감을 느낀다. 루안도 혼자다!

내가 매일 지나는 길목인 병원과 가리발디 광장 사이 왼편에는 성당이 하나 있다. 그 성당 앞을 매일 지나면서도 시간이 없어서 안에 들어가 묵상하지는 못했다. 나의 하루는 분 단위로 짜여 있다. 그러던 어느 날, 나는 마침내 그 성당에 들어갈 마음을 먹었다. 성당 문을 열고 들어서자, 왼편에 두 팔 벌리고 선 성모마리아상이 마치 나의 기도를 기다리는 것처럼 보였다. 이날 평온한 오후에 나는 다시 한번 성모마리아님께 메일린을 도우러 와주시길 빌었다. 우리가 폴린 마리 자리코의 전구를 통한 9일 기도에 기대어 간구한 청을 하느님께서 들으셨는지 알고 싶었다. 그리고 나탈리와 루안도 지켜달라고 청했다. 늘 그렇듯이 눈물에 젖은 기도였다. 뺨을 타고 눈물이 얼마나 더 흘러야 할까?

*

하루하루가 흘러간다. 일상의 리듬은 메일린의 작은 변화에 맞춰졌다. 아이는 여전히 콧줄을 잡아 빼곤 한다. 리옹에서는 그걸 좋은 징후라고 말했었다. 혼수상태에서 빠져나오는 징후라고 했다. 그런데 그것이 지금은 감염의 위험 요소가 된다. 그래서 콧줄을 제거하고 그 대신 위루관을 설치하는 수술이 잡혔다. 외과의사는 우리를 안심시키려고 가벼운 수술이라고 하지만, 우리로선 메일린이 또 수술을 견뎌야 한다는 사실을 받아들이기가 힘들다.

그럼에도 계속 진전은 있다. 메일린은 활력이, 진정한 본능의 힘이 넘친다. 간호사들은 아이에게 젤리 형태의 물을 주려고 시도했고, 아이는 그걸 삼켰다! 좋은 징후다! 사레들리지 않고 삼킨다는 건 대단히 고무적이다. 정상적으로 먹을 수 있는 능력을 보여주는 것이기 때문이다. 주변을 전혀 인지하지 못하고 침대에 누워 있던 메일린의 이미지는 확실히 멀어졌다. 간호사들은 정기적으로 메일린을 휴게실로 데리고 가서 아이에게 가능한 한 많은 말을 한다. 그들은 침을 바르지 못해서 메마른 메일린의 입술에 우리가 립밤을 발라주는 걸 보았다. 그리고 아이가 모든 여자가 하듯이 립밤을 펴 바르려는 듯 양쪽 입술을 오므려서 문지르는 시늉을 하는 반응도 보았다. 그것은 메일린이 주변에 보인 반응으로서 우리가 간파한 최초의 신호 중 하나다. 아이가 무척 사랑받아서 기쁘다! 의식이 돌아온 순간들이 점점 더 잦아진 듯 보이고, 메일린이 눈으로 잘 보는지는 확실치 않지만, 우리가 하는 말을 이해하는 건 분명하다!

나탈리가 매일 병실에 들어설 때면 메일린은 엄마의 소리를 듣고 눈물을 흘린다. 낮에 간호사들의 말에는 한 번도 울지 않는데 말이다. 어쩌면 고통이 극에 달한 걸까. 버림받았다는 느낌이 든 걸까……. 아이는 참았던 고통을 엄마가 도착했을 때 몽땅 쏟아내는 것 같다. 이 감정은 감당하기 힘들다. 메일린이 사물에 대한 인지에서 진전을 보여 무척 기쁘면서도, 사고로 인해 부모와 떨어진 거리감을 인지한다는 사실을 알게 되니 마음이 아프기도 하다. 중요한 건 아이가 나아지고 있다는 사실이 아닐까? 아이의 상태가 좋은 방향으로 변한다면 사는 게 한결 쉬워지리라 생각했는데……. 그게 전혀 아니다. 메일린이 제 가족과 떨어지면 고통과 슬픔이 떠나지 않으리라는 사실을 깨달았다. 이상하게도, 슬픔과 고통은 가슴 속에서 점점 더 큰 자리를 차지한다. 메일린에게는 가족이 필요한데, 불행히도 오늘 우리는 의료적으로도 물리적으로도 아이와 동반할 수 없는 형편이다. 메일린이 호전되려면 병원 전문의들의 도움이 있어야만 할 것이다. 그래서 우리는 인내심을 배운다. 우리는 그 기간이 되도록 짧기를 바라고, 무엇보다 항구적이지 않기를 바란다. 그걸 위해 매일 기도한다.

*

　오늘 예정에 없던 뇌 MRI 검사가 실시되었다. 매번 그렇듯이 검사가 끝나면 우리는 결과를 들으러 불려 간다. 메일린이 랑발에 온 뒤로, R 박사가 이 병원에서 치료받는 동안 아이가 사망하는 일은 없을 거라고 말한 이후로, 아이가 나아질 수 있다는 걸 입증해 보인 이후로 우리는 혹시나 듣게 될지 모를 나쁜 결과에 대비해야 한다는 중대한 사실을 잊고 지냈다.

　의사는 아이의 뇌가 여전히 전반적으로 손상된 상태라고 통고한다. 메일린의 뇌가 전반적으로 괴사했고, 쪼그라들었으며, 중앙 기저핵까지 손상을 입었다는 것이다……. 이 모든 분석 결과는 결코 회복이 불가능하다는 걸 확인시켜준다. 손상이 너무 심각해서 R 박사는 아이가 앞으로 돌이킬 수 없이 영구적인 식물인간 상태가 될 것이라는 의견을 고수한다. 이상하게도, 의사들은 메일린의 의식 상태는 확증해주지 않는다. 그들은 아이를 더는 랑발 병원에 둘 수 없다며 우리에게 이해를 구한다. 아이에겐 다른 지원, 즉 물리치료와 작업치료가 필요한데, 특정한 전문 시설만이 그걸 해줄 수 있다는 것이다. 그들이 생각하는 가장 가까운 센터는 방돌의 센터로, 여섯 살 이하의 중증 장애 아동들을 돌보는 '협죽도 보육원'이다.

방돌이라니, 거긴 세상 끝이 아닌가! 우리가 사는 곳은 방돌에서 130킬로미터나 떨어져 있다! 이건 우리가 매일 아이를 보지 못하리라는 의미다! 아이가 어떻게 엄마 없이 오랫동안 떨어져 지낼 수 있겠나? 아이에겐 엄마가 너무도 필요한데 말이다. 우리가 곁에 있다는 걸 아이가 조금씩 의식한다고 느끼던 참이었는데, 또다시 아이를 우리에게서 떼어놓으려 하다니. 받아들이기 힘들다. 하지만 우리가 그 정보를 미처 소화할 새도 없이 의사의 말은 끝도 없이 이어진다. 의사는 삶을 이어가는 데 꼭 필요한 결정을 하도록 우리에게 그곳을 한번 방문해보라고 조언한다.

우리가 사는 곳 근처에 중증 장애 아동들을 위한 기관이 있는지 알아보았지만, 아무것도 찾지 못했다. 우리가 사는 지역에는 어린아이들을 위한 건 전혀 마련되어 있지 않다는 걸 금세 깨달았다……. 어쨌든, 방돌이 멀어서 우리에게 꼭 들어맞진 않아도 다른 선택의 여지가 없다.

방돌의 협죽도 보육원

2012년 8월

방돌의 보육원을 찾아간다. 하지만 마지못해서다. 그곳에서 어린 환자들을 어떻게 돌보는지 알아보기 위해 루안을 데리고 하룻밤을 잘 생각이다. 보육원에 도착하자마자 우리는 교육자들이 아이들을 돌보고 있는 어린이용 공원을 보고 기분 좋게 놀란다. 그곳은 전혀 병원 같지 않고, 오히려 유치원 같다. 삶에서 상처를 입은 아이들이 재미있게 노는 것 같다. 우리는 극진한 환대를 받는다. 그곳의 원장을 만났는데, 상담 내용은 메일린에게 닥친 온갖 문제보다는 아이에게 주어질 치료[†]에 더 집중되었다. 그래서 신뢰가 생긴다. 우리는 최근에야 장애의 세

[†]   이런 기관에서 행해지는 치료란 환자들에게 필요한 의료지원을 가리킨다. 작업치료, 기립치료, 물리치료, 또는 약물이나 음식물 투여와 관계된 것이다.

계를 접하게 되었다. 우리는 이 아이들이 일상에서 어떻게 생활하는지 상상하지 못했다. 그래서 준비되지 못한 채 그 모든 걸 정면으로 맞닥뜨리게 된 것이다. 이 모든 일이 너무도 불시에 닥쳤다. 더없이 *완벽했던* 우리의 삶은 순식간에 무너졌다. 우리는 그 사고를 끊임없이 다시 생각한다. 그래봤자 아무 소용 없다는 걸 잘 알면서도. 이제 우리는 아이를 이곳에 둘 것이다. 아이를 방치한다는 느낌이 들지만 불행히도 다른 해결책이 없다.

결국 8월 2일 목요일, 니스로 옮겨온 지 꼭 한 달 만에 메일린은 방돌로 이송된다. 이번에는 나탈리가 구급차에 함께 타고 따라간다. 메일린은 가장 취약한 아이들이 머무는 층에 배치된다. 메일린에게는 영아용 침대처럼 난간이 높은 침대가 제공된다. 온갖 인형이 가득한 공주 침대를 가졌던 아이가 낙상을 막기 위해 금속 구조물에 보호 잠금장치가 부착된 침대를 쓰는 것이다. 벽에는 DVD 플레이어가 딸린 TV가 걸려 있다. 책 몇 권이 선반에 꽂혀 있고, 벽에는 그림 몇 점이 걸려 있으며, 창문은 정원 쪽으로 나 있다. 메일린은 병실을 꼬마 소녀 밀라와 함께 쓴다. 아주 예쁘고 늘 미소 짓고 있는 그 아이는 의사 표현을 머리를 끄덕이는 것으로밖에 하지 못한다. 말도 하지 못하고, 사지도 움직이지 못한다. 그런데 미소만으로도 표현력이 참 풍부해서 모두가 아이를 이해할 수 있다.

밀라는 태어나는 과정에서 뇌에 산소결핍을 겪었다. 이곳의 직원은 모두 정말 다정하다. 이것만으로도 걱정을 하나 덜었다. 이렇게 우리의 새로운 리듬이 시작된다. 망드리외와 방돌을 오가는 여정, 레스토랑 일, 셋이서 집에서 보내는 가족생활. 목요일에는 나탈리가, 일요일과 남은 여름방학에는 온 가족이 함께 보육원을 찾는다.

*

8월의 일요일마다 우리는 메일린이 점심 식사를 하기 전이나 아니면 식사 직후에 보육원에 도착하기 위해 일찍 집을 나선다. 매번 같은 감정이 엄습한다. 가는 동안에는 초조함이, 도착하면 약간의 긴장이 느껴지고, 보육원 안에 들어서면 불안한 마음이 앞선다. 어떤 모습의 메일린을 만나게 될까? 변화가 있었을까?

우리가 도착할 때면 메일린은 때로는 깨어 있고, 때로는 약에 취해 잠들어 있다. 대개 루안은 동생을 향해 달려간다. 그 아름다운 모습을 우리는 눈에 가득 담는다. 우리 눈에는 딸만 보이지, 딸의 장애는 보이지 않는다. 재회하는 순간의 아름다움은 추상적인 무엇이 아니라 내면부터 피부까지 온몸을 관통하는 깊은 감정이다. 그것은 마치 크게 숨을 들이쉴 때처럼 심장을 부풀리는 광적인 감동이다. 우리 안에서 해방된 행복의 물결이 온몸의 털을 곤두서게 하는 것 같다. 그것은 순수한 상태의 행복이다.

우리는 먼저 메일린을 철창 우리 같은 침대에서 빼내어 제 의자에 앉히거나 아니면 바닥에 앉힌다. 아이가 혼자서는 앉아 있지 못하고 넘어지기에 우리 사이에 끼고서 병실에 둔 장난감으로 메일린을 자극하고, 아이가 어린 나이부터 다시 발달을 이어가도록 제 나이에 맞지 않게 된 이야기들을 읽어준다. 영화 〈몬스터 싱어〉도 보여주고, 아이가 좋아하는 노래도 들려준다. 병원에 있을 때처럼 이따금 아이가 우리와 함께 있지 않다고 느낄 때도 있다. 그럴 때는 아이의 얼굴이 달라지고, 아이가 서서히 멀어져 자기 세계에 빠져드는 걸 그저 지켜보고 있을 수밖에 없다. 그럴 때를 틈타 우리는 아이를 남겨두고 떠나온다. 병실 유리 벽을 따라 지나가면서 우리는 아이에게 작별의 입맞춤을 보내고 아이가 고개를 돌리길 희망해보지만 그런 일은 없다. 어쩌면 아이는 우리가 다녀간 것조차 기억하지 못하는 게 아닐까? 우리는 제한된 시간에 대한 아쉬움을 품고 떠난다.

돌아오는 길에는 무거운 마음으로 아이의 미래와 멀리 떨어진 아이의 삶을 걱정한다. 평행한 삶에서 우리의 길이 얼마나 마주치게 될까. 결코 생각조차 할 수 없는 일이지만 지금으로선 아이에게 필요한 재활을, 일상적인 자극과 근육 훈련†을 받게 하려면 다른 해결책이 없다. 마음속에 다시 공허가 자리 잡고, 자동차 안에는 침묵이 내려앉는다.

*

우리의 방돌 방문은 계속되는데, 무엇 하나도 의사들이 분명히 말한 것처럼 흘러가지 않는다. 메일린은 계속 발전한다! 물론 일어나서 달리는 건 아니지만, 아이의 표정이 아주 선명해졌는데, 그것은 아이가 우리 곁에 있다는 반박할 수 없는 증거다. 이제 메일린을 식물인간 상태로 간주한다면 아이의 신체적, 임상적 조건을 부인하는 일이 될 것이다. 불가능해 보였던 많은 것이 이제는 고려할 만하다. 적어도 우리는 내심 그렇게 믿는다. 아이가 도착하고 며칠 뒤, 보육원에서 치료를 맡고 감독하는 의사들을 만난 자리에서 8월 말로 예정됐던 위루관 수술이 결국 취소될 거라고 알려온 것도 그 증거다. 메일린이 퓌레며 사과 조림, 단백질을 첨가한 크림 같은 유동식을 이제

---

† 간호보조사들과 재활치료사들은 아이들이 운동 범위를 잃지 않고, 관절에 경직이 나타나지 않도록 근육과 팔다리를 움직이게 한다.

먹을 수 있다는 걸 보여줬기 때문이다! 그것은 진단에 대한 승리이고 놀라운 선물이다! 얼굴에 테이프로 붙인 튜브와 코로 연결한 콧줄도 끝이다! 메일린은 본래의 얼굴을 되찾게 되었다!

부모와 자식 간의 유대감도 되찾는다. 이제는 작은 숟가락으로 우리가 직접 아이에게 음식을 떠먹일 수 있다. 얼마나 큰 진전인지! 우리는 아이가 먹는 걸 즐거워하도록 숟가락을 비행기처럼 날리다가 아이 입으로 가져가는 기쁨을 되찾는다. 루안도 식사에 가담하는데, 메일린은 언니가 먹여주는 걸 좋아하는 것 같다. 루안과 메일린은 아주 단순한 놀이를 통해 유대감을 다시 맛본다. 메일린이 제 코르셋 의자에 묶인 채 앉아 있긴 해도, 두 자매가 함께 웃으며 노는 걸 보니 정말이지 기쁘다.

그러나 메일린의 진전은 단지 먹는 것에 그치지 않는다! 메일린은 이제 "엄마", "아빠"를 훨씬 쉽게 말할 뿐 아니라, 제가 좋아하는 간호보조사의 이름인 파니를 부르기 위해 "파"도 쉽게 발음한다. 또한 우리가 해보라고 하는 것도 할 수 있다. 혀 내밀기, 이 닦는 시늉하기 같은 단순한 것들이다. 그러면 아이는 "아, 이거요!"라고 말하며 시키는 걸 해보인다. 확실한 건 아이가 그럴 때마다 웃으면서 최선을 다한다는 것이다! 그건 혀를 재활하기에도 좋은 훈련이다.

나탈리가 청한다.

"메일린, 너 이 닦았어? 어떻게 하는지 보여줄래?"

그러면 메일린은 오른손을 들고 칫솔이 있는 것처럼 손가락을 오므리고는 입술을 벌린 채 이를 드러내고서 입 앞에서 오른쪽 왼쪽으로 열정적이게 손을 움직인다. 그럴 때 아이는 정말이지 작은 원숭이 같다!

"브라보, 메일린, 너 정말 대단해! 이제 너 눈도 잘 움직이지? 흠, 한번 볼까. 눈 감아봐. 눈 떠봐. 눈 감아봐. 떠봐……."

메일린은 힘주어 눈을 감느라 머리까지 아래로 움직이고 입까지 앙다문다. 우리는 모두 웃는다. 정말이지 멋진 광경이다.

아이는 계속 발전한다. 우리도 의사들도 이해하기 힘든 일이다. 의사들은 메일린의 리듬을 따라가지 못한다. 아이는 이제 거의 뽀뽀도 할 줄 안다. 뽀뽀를 하려고 입술을 내밀지만 아직 쪽 소리까지 내지는 못한다. 그러기 위해 아이는 세상의 모든 인상이라는 인상은 다 쓴다. 이제 아이는 점점 더 꾸준한 탄력성을 보이는데, 뇌의 산소 결핍으로 아이 몸의 반쪽이 마비되었다는 게 드러났기에, 몸 왼쪽이 뇌의 명령을 따르는 데 훨씬 더 어려움을 겪는다. 하지만 우리는 메일린이 이겨낼 수 있으리라고 믿는다. 하느님께서 이 아이에게 주신 모든 능력, 우리는 그

것이 고갈되지 않길 바란다. 어느 날 아이가 일어서려면 그 능력이 필요할 것이다……. 제발 그럴 수 있기를…….

어느 날, 우리가 병실에 도착해보니 메일린은 앉아서 보육원 의사의 검진을 받고 있다. 의사는 아이의 발바닥과 다리의 반응을 검사한다. 우리는 이번에도 사소한 변화까지 탐색하는데, 좋은 소식을 들을 수만 있다면 완벽할 것 같다.

"놀라워요." 의사가 동료들에게 말한다.

우리는 의사가 무엇을 느끼는지 알지 못한다. 그가 지각하는 걸 정말이지 우리도 느껴보고 싶다. 하지만 이런 상황을 그가 의심하고 이해하지 못한다는 건 전적으로 믿는다.

"아이는 자극에 잘 반응합니다. 이런 사고를 겪고, 온갖 후유증을 앓는 환자라고는 믿기 힘들 만큼 놀라운 탄력성을 보입니다. 놀라워요."

"무슨 말씀이신지?"

"아이의 다리가 반응해요. 괜한 희망을 드리려는 건 아닙니다만, 메일린은 저희가 주는 자극을 느낍니다."

완벽하다! 메일린은 언제나 의지가 확고했다. 아이가 그 장점을 전혀 잃지 않았다는 걸 알겠다. 메일린, 싸워! 우리 셋은 네가 할 수 있다는 걸 알아!

이제 우리는 보육원에서 확실히 자리를 잡았다. 우리는 약품 냄새 나는 병실에 남아 있기보다는 바람을 쐬려고 1층의 운동실과 바깥의 작은 공원 사이를 오간다……

8월 중순, 나탈리는 루안과 둘이서 메일린을 보러 다닌다. 코트다쥐르 지역은 이때가 성수기여서 나는 함께 갈 수 없다. 정말 안타깝다! 메일린, 루안, 나탈리는 1층의 운동실에 자리 잡고, 오후 내내 웃으며 셀피를 찍고, 찍은 사진을 본다. 나탈리의 품에 안긴 메일린은 천국에 있는 것처럼 행복해 보인다.

이제 메일린은 바닥에 눕히면 힘겹게 몸을 뒤집는다. 그러곤 엄청나게 힘들어 보이긴 하지만, 앉을 줄도 안다. 아이는 이제 책상다리를 하고 앉거나 머리를 지탱할 줄도 안다. 믿기 힘들다! 혼수상태에서 빠져나온 지 고작 한 달째인데 앉는 능력을 되찾기 시작하다니! 아이가 자기 능력을 길어내려고 애쓰는 걸 바라보는 것이 우리에겐 엄청난 기쁨이다. 아이가 장애를 극복하고, 하고 싶은 것을 해내려고 온갖 해결책을 찾는 걸 보면서 다시 희망이 생겨났다. 이 정도만 해도 이미 엄청난 위업이라고 모든 의사가 입 모아 말한다. 우리에게는 이 모든 일이 기적이다.

메일린은 점차 사고 이전의 모습을 되찾고 있다. 예전처럼 애정을 표현하려는 욕구를 드러낸다. 자꾸만 뽀뽀하려 한다. 우리의 부재로 인한 결핍 때문은 아니면 좋겠다. 그렇다고 활력이 떨어진 것도 아니어서 아이는 끊임없이 움직인다. 의자에 앉아서도 다리를 움직이고 들어올린다. 뭘 할 수 있는지 보여달라고 하면 우리를 즐겁게 하려고 광대 짓까지 해보인다. 나탈리와 루안은 메일린에게 머리를 빗고 매니큐어를 바르자고 제안한다. 메일린이 머리를 빗는 동작을 해보게 할 기회다. 루안이 메일린을 도와주는 모습이 정말 사랑스럽다. 메일린이 손톱에 매니큐어를 바르도록 나탈리에게 손을 내밀면 나탈리는 아이가 근육경련을 제어하려고 엄청나게 집중하는 걸 느낀다. 게다가 메일린은 그걸 해낸다! 나탈리가 손톱에 색을 바르는 동안 아이는 꼼짝하지 않는다. 나탈리는 그걸 믿을 수가 없다. 매니큐어 칠이 끝나자 메일린은 아주 자랑스러운 얼굴로 매니큐어 발린 예쁜 손톱을 언니에게 보여준다. 그러나 나탈리와 루안이야말로 메일린이 자랑스럽다.

*

어느 날, 다시 놀라운 일이 일어난다. 나탈리가 병실에 들어설 때면 보통 메일린은 엄마를 보고 기뻐서 표정이 밝아지며 하던 행동을 멈추곤 했다. 이번에 아이는 활짝 웃고 나서 침대 난간을 붙잡더니 단번에 일어선다.

"세상에, 메일린, 브라보! 너 정말 대단하다!"

나탈리는 자기 눈을 믿지 못한다. 어떻게 이게 가능하지? 어떻게? 어떻게? 나탈리는 메일린에게 칭찬하며 침대에 아이를 다시 앉히고는 확실히 확인하려고 묻는다.

"메일린, 너 어떻게 일어선 건지 다시 보여줄래?"

그 말이 채 끝나기도 전에 메일린은 침대 난간을 붙잡고 다리에 힘을 주더니 벌떡 일어선다. 먼저 한 것보다 더 빨리.

"메일린, 너 정말 많이 발전했다! 믿을 수가 없어! 브라보!"

"네, 메일린은 정말 놀라워요. 매일 우리를 놀라게 하고, 엄청난 속도로 나아지고 있어요. 정말이지 예외적인 아이에요!"라고 파니가 병실로 들어서며 말한다.

메일린의 얼굴에서 읽히는 건 기쁨의 미소만이 아니라, 매일 나아지는 모습을 엄마에게 보여준다는 참으로 큰 자부심이다. 나탈리는 침대에 선 메일린의 모습을 재빨리 촬영해서 내게 보낸다.

나탈리는 메일린과 함께 1층의 작은 휴게실에서 멋진 오후를 보낸다. 메일린이 혼자서 제 다리를 딛고 서리라고 누가 말할 수 있었겠나? 그런 사람은 아무도 없다! 우리는 언제나처럼 이날도 감사의 기도와 함께 하루를 마무리 짓는다.

*

이제 거의 8월 말이고, 여름방학도 끝나간다. 이번 여름은 병원을 오가느라 정말이지 지치는 시간이었는데, 이상하게도 우리는 피로를 느끼지 못했다. 그렇지만 우리의 밤은 휴식의 시간이 되지 못했다. 우리의 밤은 점점 멀어져서 사라져가는 것 같은 행복했던 기억을 품고 있다. 우리는 사고 이전의 행복한 날들을 더는 기억하지 못할까 봐, 그날들이 우리 기억에서 달아날까 봐 겁난다.

우리의 밤은 직장 일로 지친 몸과 정신의 안식처가 되지 못한다. 밤은 사고의 고통에 사로잡힌 시간이 된다. 앞으로 우리를 기다리는 것이 아니라 *더는 우리가 가지지 못한 것*에 사로잡힌 시간이. 밤은 나탈리도 나도 제어하지 못하는, 위로할 길 없고 마르지 않는 눈물과 동의어가 된다. 당신이 내밀하게 나누려 하지만 반려자가 이미 너무도 아파서 드러낼 수 없는 고통이 된다.

우리의 밤은 기도의 제단이 된다. 기도는 어둠 속에서 울리며 하늘을 가로지르고, 우리는 그 기도들이 들리길 바란다. 기도는 몇 달 사이에 달라졌다. 이제 더는 이유를 묻지도 않고, 아이가 확실히 죽을 운명이라고 느껴졌을 때 나탈리가 했던 것처럼 메일린 대신 나를 데려가 달라고 요구하지도 않는다. 이제는 성모마리아께서 어머니로서 나탈리의 고통을 이해할 수 있길, 폴린 자리코님의 청이 들리길, 하느님께서 메일린을 본래의 모습으로 돌려주시길, 예전의 모습으로 우리 곁에 남겨주시길 거듭 청한다. 또한 하느님께서 우리 모두를, 루안과 메일린, 나탈리와 나를 보호해주시길, 가족을 온전히 지켜주시길 기도한다.

우리는 모든 게 예전으로 돌아가길 강렬히 바란다. 나탈리는 늘 반복해서 빈다. "예전의 삶을 되찾고 싶어요. 메일린을 절반도 아니고, 80퍼센트도 아니고, 100퍼센트로 되찾고 싶습니다!" 나는 애써 객관적으로 보려 한다. "아이가 이 많은 것을 해낼 수 있는 것만으로도 이미 대단해!" 나탈리는 이 정도로는 충분하다고 여기지 않는다! 아내는 전부를 바란다. 우리의 의지만으로는 잊어버리고 잠들 수가 없다. 잠에 빠질 수 있도록 밤마다 수면제를 찾는다.

여름 막바지의 저녁 시간을 활용해 루안과의 관계를 재건하려 한다. 루안 역시 동생의 부재로 고통받고 있다. 사고가 일어났을 때 루안은 채 일곱 살도 되지 않았다.

메일린이 아직 혼수상태에 있을 때 루안은 사람들이 이미 메일린을 잊었다고 생각하고 괴로워했다. 여러 병원을 오가느라, 게다가 방돌로 옮겨 오면서 우리는 바라는 만큼 루안을 돌보지 못했다. 루안은 항상 우리를 따라다녔다. 루안도 리옹의 혼수상태 시절부터 매주 병원을 방문하면서 항상 메일린을 보살폈다. 우리가 바라는 모든 걸 루안에게 해주기란 참으로 어렵다. 메일린이 어서 빨리 이 상황에서 벗어나려면 우리가 곁에 있어야 하기 때문이다. 우리는 루안이 훗날 이해하리라고 기대한다. 지금은 너무 어려서 모든 걸 말하기가 힘들다. 9월에는 루안이 망드리외에 있는 바르보시 영지에서 승마를 시작하도록 준비해두었다. 레스토랑 일을 하는 날과 메일린을 보러 가는 일요일 사이에 아이의 승마 수업 일정을 잡을 수 있었다. 우리에겐 딸이 둘이고, 두 딸 모두 똑같이 소중하다.

매년 그렇듯이 8월 말은 개학과 맞물려 있다. 세상에, 이런 개학이라니! 다시 한번, 이 사고가 초래한 혹독한 현실이 우리의 일상에 얼룩을 남긴다. 새 학기를 위해 사야 할 목록도 하나뿐이고, 가방도 하나, 방문해야 할 학교도 한 곳뿐이다. 전부 칸의 스타니슬라스 초등학교 2학년으로 등교하는 루안을 위한 것뿐이다.

9월의 크고 작은 승리들

2012년 9월 2일 일요일

보육원으로 가는 길은 점점 더 유쾌해진다. 늘 새로운 진전이 기대되기 때문이다. 그러나 보육원을 떠나올 때는 마음이 무거워진다. 메일린에게는 우리가 필요하고, 이 사랑의 관계를, 부모 자식의 관계를 지키려면 아이가 아는 사람들을 자주 봐야만 한다. 이 문제를 친구인 오드레와 스테판에게 얘기하자 스테판이 즉각 반응한다.

"나탈리, 마뉘, 우리가 매주 아이를 보러 가도록 일정을 짜볼게! 오드레는 파트타임으로 일하니까 화요일마다 메일린을 보러 가도록 일정을 조정할 수 있어. 그러면 주간 방문을 늘릴 수 있잖아. 메일린도 아주 좋아할 거야. 내가 걔 대부잖아!"

마르세유에 사는 친구 스테판과 오드레는 사고 첫날부터 언제나 곁을 지켜주었다. 우리가 도움이 필요할 때마다 매번 함께해주었다. 직접 와주기도 했고, 전화로도 고통이든 기적에 대한 희망이든 같이 나누었다. 메일린과 우리를 향한 그들 가족의 넘치는 사랑으로도 늘 함께했다.

우리는 이렇게 9월부터 메일린이 너무 오랫동안 혼자 있지 않도록 일정을 짰다.

메일린이 보육원에 오고 한 달이 지난 9월 2일, 우리는 또 하나의 승리를 더하는 기쁨을 맛본다. 오후에 넷이서 보육원의 작은 공원에 있을 때 메일린은 확고한 결의와 재간을 발휘해 혼자 앉더니 균형을 잡고 지탱한다. 온몸에 전율이 일어 아이에게 큰소리로 "브라보"를 합창하는데, 눈물이 난다. 하지만 이번에는 기쁨의 눈물이다!

우리는 메일린을 눕히고, 아이에게 그 동작을 다시 해보라고 조심스레 부추긴다. 그러자 아이는 단호하게 몸을 오른쪽으로 비틀더니 다리를 펴고는 두 팔을 바닥에 딛고 힘을 준다. 아이는 다시 일어서기 위해 가진 힘을 몽땅 쏟는다. 그러더니 다리를 접어 책상다리를 하고 앉는다. 아이는 오른쪽 팔로 바닥을 딛고 안정감을 유지한다. 계속 근육경련이 일어 방해가 되는데도 말이다. 루안은 아이 주변에 장난감을 놓고서 다른 방식으로 메일린을 부추긴다. 메일린에게는 엄청난 진전이다. 아이는 이제 아무것도 포기하지 않을 것이다! 이날 저녁 집으로 돌아가는 길은 절망의 길도, 낙심의 길도, 슬픔의 길도 아니다.

9월 9일 일요일

일주일 뒤, 습관대로 9월의 햇살과 기분 좋은 온기를 누리려고 찾은 보육원의 작은 공원에서 메일린은 우리에게 새로운 선물을 안긴다. 나탈리가 혹시 모르지 않느냐며 메일린을 걷게 해보자고 제안한다. 우리는 보육원에 방문할 때마다 메일린을 자극해서 발전을 보이도록 부추긴다. 나는 메일린의 뒤에 자리를 잡고 두 손을 아이의 겨드랑이 사이에 낀 채 아이를 붙든다.

"자, 메일린, 넌 해낼 거야!"

루안과 나탈리도 아이에게 용기를 북돋운다.

메일린은 얼굴 가득 미소를 짓고는 두 팔에 힘을 준다. 유연성이라고는 없는 뻣뻣한 손가락으로 티셔츠 아래쪽을 움켜잡은 채 두 팔로 참으로 복제하기 어려운 다리의 움직임을 따라가려는 듯 보인다. 아이는 무질서하지만 그래도 걸음처럼 보이는 움직임을 이어간다. 아이의 무릎은 격렬히 경련하면서 비정상적일 정도로 높이 들어올려졌다가 바닥을 친다. 다리에도 무질서한 근육의 힘이 실려서 발끝만 바닥에 닿는다. 아이의 몸은 움직일 때마다 전기충격을 받는 것 같다.

"브라보! 메일린, 아주 잘했어!"

"우와, 메일린!"

루안도 용기를 북돋운다.

메일린은 몹시 기분이 좋아서 어느 때보다 활짝 미소를 짓는다. 우리는 아이가 기울이는 엄청난 노력과 근육 긴장으로 교란되는 움직임에 맞선 분투를 지켜본다. 아이는 각 움직임을 기계적으로 해체하며 다리를 하나씩 앞으로 내디딘다. 뻣뻣한 두 팔에서 아이의 의지와 힘이 드러난다. 아이는 걷고 있다! 다시 걷기 시작한다! 물론, 아직은 지지 없이 홀로 서 있지 못하지만, 이 시도는 메일린에게 구속된 상태에서 벗어나려는 초인적인 의지가 있음을 확인시켜준다. 메일린에게나 우리에게나 그 노력은 크디큰 희망의 원천이다. 메일린은 의사들이 예고했던 신체적, 정신적 감옥을 차츰 깨뜨리고 있다.

9월 23일 일요일

오늘도 햇살이 아주 좋다. 9월의 마지막 일요일도 쾌적하게 시작된다. 포근한 날씨가 길어질수록 우리의 시간은 코트다쥐르 지역에서 지내는 다른 모든 이의 시간과 닮아갈 것이다.

"있잖아, 루안? 오늘은 메일린과 함께 해변에서 하루를 보낼 거야! 넌 어때?"

나탈리가 행복에 겨운 표정으로 말한다.

"와, 최고예요! 그럼 모래밭에서 놀아도 되죠?"

루안이 묻는다.

"그럼! 얼른 네 수영복 가져와. 가방에 넣게."

나탈리가 말한다.

하루 일정이 완전히 익숙해져서 이제는 습관이 들었다. 우리는 메일린을 데리고 아이를 위한 맞춤 식사[†]를 챙겨서 유아차를 실은 자동차를 타고 방돌의 레스토랑과 상점들 사이를 돌아다닐 계획이다.

"안녕, 메일린!"

루안이 앞장서서 병실에 들어선다.

메일린은 코르셋 의자에 앉은 채 팔다리를 사방으로 움직인다. 루안과 나탈리가 다가가자 메일린은 두 팔로 두 사람의 목을 감싸고 기분 좋은 정도를 살짝 넘어설 만큼의 강한 힘으로 끌어안는다. 하지만 그런 건 아무래도 좋다. 아이가 그토록 들뜨고 활기 넘치는 모습을 보는 것이 얼마나 기쁜지. 아이는 저토록 살아 있다! 아이는 갓

[†] 이제 메일린은 삼키고 씹는 능력에 맞춘 식사를 하는데, 주로 퓌레와 다진 단백질, 그리고 과일을 갈아서 익힌 콩포트를 후식으로 먹는다. ―원주

고 놀던 인형을 우리에게 내밀며 말한다.

"아가!"

우리는 그 예쁜 인형에도 인사를 한다.

"안녕, 아가야!"

아가에게 인사할 권리는 우리 모두에게 있다.

내가 인사를 마무리 짓는다.

"자, 네 아가에게도 뽀뽀."

아이가 이토록 빨리 나아지는 모습을 보는 건 언제나 놀랍고 엄청난 행복이다! 불과 얼마 전만 해도 의사들은 아이가 아무것도 하지 못할 거라고 말했다. 마치 환각을 보는 듯하다.

"오늘은 우리 레스토랑에도 가고, 해변에도 갈 거야."

"그럼 아가도요?"

메일린이 인형을 보여주며 질문한다.

"물론, 아기도 같이."

나탈리가 말한다.

메일린이 펄쩍 뛸 수만 있었다면 아마 보육원에서 나갈 때까지 기뻐서 뛰었을 것이다.

계단을 내려가면서 이번에는 메일린을 품에 안는다. 아이가 평소보다 더 꼿꼿이 몸을 지탱해서 아이의 등을 붙들기가 한결 쉽다. 메일린은 이제 몇 주 전처럼 관절이 멋대로 움직이는 꼭두각시 인형이 아니다. 지금은 그저 근육의 힘이 조금 부족한 아이 같다. 온 가족이 자동차를 타고 방돌 시내로 가기 위해 꼬불꼬불한 좁은 도로를 내려간다. 우리는 늘 하듯이 일요일 산책을 하고, 넷이서 저녁 식사를 먹는다. 그런 다음 카지노 너머의 방돌 해변으로 간다. 커다란 유아차를 끌고 가기에 좋은 조용하고 소박한 해변이다.

우리는 모래밭에 푸타†를 펼치고 모두 함께 자리를 잡는다. 메일린은 그 틈을 타 우리에게 기댄다. 아이는 옆으로 누운 나탈리의 품속에 똬리를 튼다. 엄마와 딸 사이의 보호와 사랑의 순간이 두 사람 모두에게 그리웠다. 그게 눈에 보이고 느껴진다. 그 모습이 참 아름답다. 다가올 일주일을 버틸 수 있게 각자 서로의 감촉을 충전하도록 시간마저 느릿느릿 흘러가는 것 같다. 메일린이 엄마의 사랑을 가득 채우도록. 그러고 나서 딸들은 함께 논다. 메일린은 내 휴대폰을 쥐려고 하는 등, 몇 가지 반사 행동을 회복한다. 우리의 미소와 결속의 눈길에서 행복이 묻어난다. 아이가 보이는 모든 반사 행동이 우리에게는 소중하다. 아이의 모방 행동과 미소에서 유쾌하고 활동적이며, 멈출 줄도 지칠 줄도 모르던 예전의 메일린을

---

† 평직 면이나 벌집 모양으로 직조한 천으로 튀니지 전통 목욕 수건이다. 요즘은 가정에서 일상적으로 다양하게 사용된다. -원주

다시 보리라는 희망이 솟아난다. 어느새 해가 지고 있다.

돌아오기 전에 마지막으로 회전목마를 탄다. 메일린이 회전목마를 꼭 타고 싶어 해서다. 안전을 생각하면 썩 좋은 생각은 아니지만 시도해보기로 한다. 내가 아이를 앉히고, 회전목마가 도는 동안은 나탈리가 내내 아이를 붙잡을 생각이다.

"두 손으로 안전 바를 꼭 잡아, 메일린. 알았지?"

메일린이 안전 바를 붙잡는데, 아이의 작은 손가락은 안전 바의 원통을 반 정도밖에 감지 못한다. 그래도 아이는 두 손으로 안전 바를 있는 힘껏 움켜쥔 채 완벽한 자세로 꼼짝하지 않는다.

"애들아, 예쁘게 웃어봐. 자, 하나, 둘, 셋!"

또 한 장의 사진이 우리에게 증거가 되어줄 것이다!

회전목마가 도는 동안 우리는 거듭 사진을 찍는다! 루안과 메일린은 함께 무척 행복해 보인다. 사진 속 메일린이 보통 *아이*처럼 보여서 정말 기분이 묘하다.

이제 방돌 보육원으로 다시 돌아가야 한다. 끔찍한 순간이 되리라는 걸 우리는 안다. 메일린은 왜 우리가 일요일마다 자기를 남겨두고 떠나는지 이해하지 못하기 때문이다. 정말이지 어처구니없는 상황이다. 가족이 줄 수 있을 사랑치고는 아주 빈약한 사랑만을 주고 나서 딸을 다른 아이들과 함께 이 시설에 남겨둬야 하다니.

우리는 메일린이 우리가 떠나는 걸 깨닫는 순간을 최대한 늦추려 애쓴다. 병실에 도착해서는 분위기를 풀려고 병실 친구인 밀라와 몇 마디 주고받으며 곧 우리가 떠난다는 걸 메일린이 생각하지 못하게 한다.

메일린을 안심시키기 위해서라면 어떤 책략도 좋다. 하지만 분명히 우리의 슬픔이 드러났을 것이다. 그래서 이미 긴장은 고조되고, 메일린은 우리가 곧 떠나서 혼자 남게 되리라는 걸 감지한다. 가슴이 미어진다. 우리는 아이가 좋아하는 영화 〈몬스터 싱어〉를 틀어주고 이 고약한 상황에서 빠져나가려고 애써보지만 통하지 않는다. 우리가 떠난다는 걸 알릴 때 메일린이 보일 반응이 두렵기만 하다.

나탈리는 최대한 부드럽고 다정하게 말한다.

"메일린, 우리는 가야 돼."

그러자 더는 어떤 소통도 불가능하다. 끝이다. 메일린은 슬픔과 부당하게 버림받았다는 감정이 뒤섞인 분노에 사로잡힌다. 마음이 찢어지듯 아프다. 아이는 의자에 앉은 채 발버둥을 치고, 제 고통을 표현하려고 허공에 발길질을 해댄다. 무엇으로도 멈출 수가 없다. 포옹도 뽀뽀도 말도 소용없다. 아무것도. 아이는 우리의 목에 매달린 채 놓아주려 하지 않는다.

파니가 와서 우리가 떠나도록 돕고 메일린을 달래려고

애쓴다. 하지만 메일린은 나탈리의 다리에 매달린 채 슬픔 섞인 비명을 내지른다. 메일린이 너무 거세게 매달리며 혼자 남기를 거부하는 바람에 나탈리는 겨우 빠져나온다. 우리는 떠나야만 한다. 계단, 현관, 정원까지 메일린의 비명 소리가 들린다. 견디기 힘들다.

돌아오는 길은 형벌 같다. 위가 뒤틀린다. 말없이 침묵만 흐른다. 뒷좌석에 앉은 루안도 아무 말이 없다. 눈물이 눈앞을 가려 도로가 흐려져도 그저 침묵한다. 그 침묵은 우리의 머릿속에서 폭발하는 헤아릴 길 없는 의문들을 드러낸다. 똑같은 의문들에 또 다른 의문들이 더해진다. 우리가 얼마나 더 이렇게 버틸 수 있을까? 이런 상황이 얼마나 더 이어져야 할까? 이건 있을 수 없는 일이다! 차에서 나탈리는 보육원에 전화를 걸어 메일린이 진정되었는지 묻는다.

"안녕하세요, 메일린 엄마인데요. 네, 아이가 진정되었는지 알고 싶어서요……."

"….'"

"알겠습니다. 잘됐네요, 잘됐어요. 고맙습니다. 곧 또 뵐게요."

나탈리가 전화를 끊는다.

"괜찮대?"

"응, 괜찮대. 진정은 했는데, 오래 걸렸대. 지난번보다 더 오래."

"이런 상황이 지긋지긋해, 정말이지!"

"이렇게 계속할 순 없어, 마뉘. 상황을 이대로 방치할 순 없어! 매주 아이를 저곳에 혼자 둘 순 없다고. 생각해봐! 이러다가 다른 부모들처럼 점점 덜 자주 아이를 보러 가게 되겠지? 이건 안 돼, 마뉘. 난 더는 이렇게 할 수가 없어. 못 해!"

"우리가 뭘 할 수 있는지 좀 생각해보자고, 나탈리. 생각해보고 해결책을 찾아야겠어."

이날 저녁 식사 후에 나탈리와 나는 메일린을 데려오기 위해 어떤 가능성들이 있는지 의논한다. 고려해볼 만한 해결책이 있을까? 우리는 상황을 파악하려고 애쓴다. 우리야 물론 메일린을 데려오고 싶지만, 보육원에서 아이를 빼내는 일이 어쩌면 재활을 가로막아서 결국 아이에게 굴레를 씌우는 일이 되지는 않을까. 우리는 메일린이 투지 있는 아이라는 걸 안다. 매번 방문할 때마다 아이가 나아지는 걸 본다. 하지만 아직은 충분히 자립적이지 못하고, 매주, 심지어 매일 재활 운동과 물리치료가 필요하다.

"내가 F 박사를 다시 만나볼게. 아이의 코르셋 의자를 만들어주신 분 말이야. 그분에게 메일린이 7월에 본 그 메일린이 아니라는 걸 보여줘야겠어. 그리고 증거를 잔뜩 보내서 의견을 바꾸게 할 거야.”

“무슨 증거? 그분이 우리 애를 잘 기억하긴 하겠지 만⋯⋯.”

“무슨 증거라니? 아이가 혼자서 앉을 수 있고, 혼자서 일어설 수 있고, 말하기 시작했고, 놀고, 한마디로 살아 있다는 증거지! 예전의 메일린이 아니잖아!”

“해봐. 결과는 두고 보자고.”

“사진도 찍고, 영상도 찍어서 보내야겠어. R 박사에게 도 보내야겠어.”

“칫! R 박사는 그런 거 안 볼 거야.”

“그러든 말든. 둘 중 한 사람이라도 대답할 때까지 쉬 지 않고 보낼 거야.”

“그래, 당신 말이 맞아. 어쨌든 해서 잃을 건 없지!”

우리는 다시 메일린을 생각하며 희망과 슬픔이 뒤섞인 계획을 품고 잠자리에 든다. 아이에게나 우리에게나 이 이별은 견디기 힘들어졌다. 아이가 데려가달라고 울부짖 는 와중에 떠나와야 한다는 걸 견딜 수 없다! 아이가 우 리를 어떻게 생각할까? 적어도 이해나 할 수 있을까? 헤 어질 때마다 설명하지만, 우리가 이렇게 할 수밖에 없는 이유를 아이가 이해할까?

9월 말, 우리는 메일린의 새로운 발전에 기뻐한다. 보 육교사들이 아이를 수영장에 데려갔는데, 아이는 몹시 좋아했다. 우리는 파니가 보내준 사진을 받았다. 아이는 어휘도 늘어서 알아듣게 말했고, 나탈리가 보육원의 아이 병실 침대 주변에 걸어둔 사진들에서 사람들도 알아보았다. 근육경련도 줄어서 세밀한 운동능력이 나아졌다. 엄지를 빨기도 하고, 인형들을 끌어안고, 손가락으로 가리키고, 그림을 그릴 줄 알게 됐다. 아이는 디저트를 혼자서 먹으려고 시도했고, 제 성격을 드러내며 턱받이를 안 하겠다고 했다. 차츰 우리의 사랑스러운 메일린을 되찾아가고 있는데, 우리도 그렇고 제 언니도 아이가 몹시 그립다.

2012년 10월, 결정적인 달

10월부터 우리는 메일린을 집으로 데려오기 위해 할 수 있는 모든 걸 해보기로 작정한다. 이제는 가족을 모으는 것이 아이의 행복이나 재활 후속 조치를 위해서도 반드시 해야 할 일로 여겨진다. 우리에게 뛰어넘지 못할 건 아무것도 없다. 최악을 이미 지나왔으니까.

일요일의 방돌 방문은 이제 자리가 잡혔다. 하루 중 일부는 메일린이 계속 발전하고 있다는 걸 확인하기 위해 운동능력과 인지능력을 검사하는 데 할애하고, 나머지 시간은 함께 즐겁게 보낸다. 항구 근처나 바닷가를 산책하고, 회전목마를 타거나 메일린의 상황을 고려해서 이용이 가능한 다른 놀이기구가 있는 공원을 찾는다. 그렇지만 아이에게는 결코 난관이 없다. 우리에게는 매번 외출 때마다 새로운 난관이 나타나지만, 그 난관들은 뛰어넘을 수 있는 것이다. 반드시 그래야만 하고, 앞으로도 그럴 것이다. 단연코!

　10월 초, 일요일 방문 때 운 좋게도 날이 매우 화창하다. 우리는 메일린을 의자에서 일으켜서 바닥에 앉힌 다음 아이가 끊임없이 움직이는 걸 보며 즐거워한다. 나탈리는 의자 테두리 말고는 메일린이 매달릴 만한 손잡이가 전혀 없는 의자에 앉는다. 그래도 아이는 낙담하지 않는다! 메일린은 망설이지 않고 자신 있게 나탈리의 손을 잡는다. 그러고는 놀랍도록 결연히 일어선다. 아이는 다리를 끌어당기는 동시에 밀어서 순식간에 일어선다. 보고도 믿을 수가 없다. 나는 한참 동안 아무 말도 못 한다. 시간이 영원처럼 느껴진다. 나탈리가 아이에게 용기를 북돋우며 침묵을 깨뜨린다.

　"브라보, 메일린! 너 대단해!"

　"놀라워! 다시 해봐, 메일린. 네가 너무 빨라서 내가 제대로 못 봤어!"

　나탈리가 메일린을 바닥에 다시 앉히는 동안 나는 휴대폰을 꺼낸다. 이 모습을 남겨야만 한다. 의사들이 믿지 못할 테니까. 증거가 필요하다. 메일린은 다시 앉더니 역시나 별 어려움 없이 나탈리의 손을 잡고 아까보다 더 빨리 위업을 경신한다. 일어선 메일린의 몸이 오른쪽, 왼쪽, 앞뒤로 흔들린다. 새로운 자세를 유지하기 위해 아이가 기울이는 극한의 노력이 그대로 전해진다. 근육 하나

하나에 집중해서 오른쪽 균형의 상실을 왼쪽 근육의 수축으로 보상하고, 다시 반대로 이어간다. 아이는 서 있고, 자랑스러워한다. 아이는 자신이 뭘 할 수 있는지 보여주면서 엄마에게 미소를 짓는다. 아이가 마치 나아가듯이 다리와 발을 움직이고 싶어 한다는 게 느껴진다. 하지만 당장은 너무 이르다. 아이의 발은 바닥에 못 박힌 듯 꼼짝하지 못한다. 그래도 좋다. 우리가 눈앞에서 보고 있는 건 진짜 기적이다.

나는 상의에서 휴대폰을 꺼내어 가까운 곳에 둔다. 언제라도 영상을 촬영하고 사진을 찍기 위해서다. 무엇 하나 의료진의 예상대로 진행되고 있지 않다는 걸 입증하려면 이 모든 게 무척 중요하다.

"우리 산책하고 나서 레스토랑에 가서 밥 먹을까?"

나탈리가 메일린과 루안을 향해 불쑥 말한다.

"네!"

메일린은 어느새 다시 일어선다. 아이는 나탈리를 붙잡던 한 손을 놓고 손가락으로 바닥을 가리키며 말한다. "신발!" 아이가 '신발'을 발음한다. "신발 신어!"

"메일린, 신발 신고 싶어? 이거? 신발?"하고 나탈리가 묻는다.

"네!" 메일린이 대답한다.

루안이 나를 향해 돌아보더니 아무 말 없이 제 만족감

을 전한다. 루안은 눈을 동그랗게 뜬 채 눈앞의 광경을 믿지 못한다. 나탈리도 반색하면서 환한 미소를 짓는다. 우리가 방문할 때마다 메일린은 우리의 마음을 행복으로 채워준다. 아이는 제 고통에서 벗어나기 위해 매일 분투하면서도 우리의 고통을 잊게 해줄 줄 안다. 아이는 우리 모두에게 영감의 원천이다.

이날 메일린은 우리의 넋을 빼놓는다. 아이의 어휘는 점점 더 풍성해진다. 아이는 "이거 줘", "저기", "미안" 같은 말들을 어휘에 더한다. 그리고 만나는 모든 사람에게 "안녕하세요"라고 말한다. 여기서도 저기서도 온종일 인사를 날린다! 얼마나 기쁜지! 우리는 할 수 있는 한 아이의 행동과 말을 녹화하고, 아이가 서 있는 모습을 사진으로 찍고 촬영한다. 메일린이 이뤄낸 성공에 얼이라도 빠진 걸까? 물론 발전은 놀라웠지만, 이 정도로 충분할까? 우리가 아이를 집으로 데려올 수 있을 만큼 충분할까? 가족에게 집이란 오직 하나뿐이니, 집을 하나 반 가질 수는 없다. 그건 생각조차 할 수 없는 일이다! 우리에게는 우리 넷이 살아가고, 소통하고, 사랑하는 곳이 하나뿐이어야 한다. 다른 곳이 있을 수 없다.

그리고 다시, 이 일요일에 보육원을 떠나오는 일은 또 한 번의 시련이다. 메일린은 울부짖고, 발버둥 치고, 우리 목과 다리에 매달리고, 손에 잡히는 무엇이건 붙들고 놓지 않는다. 우리는 아이를 떼어놓고, 아이가 우리를 붙잡지 못하도록 피해야만 한다. 이런 상황을 더는 견딜 수가 없다.

돌아오면서 분위기를 좀 풀어보려고 나는 말한다.

"그래도 멋진 사진은 얻었잖아……."

"허……." 아직 눈물에 젖은 눈으로 도로만 바라보며 나탈리가 내뱉는다.

"내 말은 그런 뜻이 아니라, R 박사에게 메일린의 변화를 보여줄 증거가 생겼다는 얘기야. 오늘 찍은 것도 보내서 그분이 어떻게 생각하는지 두고 볼 거야."

"그래, 나도 알아. 그냥 너무 슬퍼서 그런 거야. 이런 상황이 끔찍하고, 매번 메일린을 버려두고 와야 한다는 걸 견딜 수가 없어. 더는 못 하겠어."

나탈리는 눈물을 참지 못한다. 눈물이 뺨을 타고 흘러내리자, 아내는 양쪽 손가락을 펴서 재빨리 닦는다.

"나탈리, 우린 해낼 거야. 아이를 혼자 남겨두지 않게 될 거야. 아이를 찾아올 거라고 약속할게."

"알아, 마뉘. 그렇지만 너무 힘들어!"

루안을 재우고 나서 나는 소파에 자리 잡고 R 박사에게 메일을 쓴다.

"됐어, 보냈어. 메일린이 예전처럼 돌이킬 수 없는 항구적인 식물인간 상태로 침대에 누워만 있던 그 꼬마가 아니라는 걸 이 의사가 알도록 사진과 영상도 보냈어…….
그 사람이 그렇게 말했던 거 맞지?"

"맞아. 그래도 호의적으로 대해! 그 사람이 나쁜 인상
을 받지 않았으면 해."

"물론이지. 그저 그 의사가 대답해주길 바랄 뿐이야."

R 박사님께,

용기 내어 메일을 씁니다. 저는 메일린 트란의 아빠입니
다. 저희 아이가 랑발에서 선생님의 치료를 받았습니다.
여러 차례 심장마비와 산소 결핍을 겪고, 그로 인해 돌이
킬 수 없이 영구적인 혼수상태에 빠진 아이였습니다. 그
시절에 아이는 자기 주변을 의식하지 못했는데, 그게 영
구적일 것이라고 예상되었죠. 그런데, 두 달 반 전부터 아
이는 엄청난 노력을 기울이더니 이제는 일어설 수 있고,
혼자 서 있기도 하고, 말도 하고, 걸음도 걸으려 합니다.
첨부된 사진과 영상을 보시면 아이가 예측 밖의 회복을
보이고 있음을 아실 수 있을 겁니다. 저희는 가능한 한 빨
리 아이를 집으로 데려오고 싶습니다. 이 메일을 중요하
게 생각해주시리라 믿고 미리 감사드립니다.

심심한 안부 인사를 전하며,

에마뉘엘 트란

"됐어. 아이가 9월 초에 막 걷기 시작하던 때의 사진과 영상까지 전부 보냈어. 진단에 문제가 있다는 걸 의사가 알게 되면 좋겠어! 그분이 예상했던 거랑은 완전히 다르잖아."

"잘했어." 나탈리가 대답했다.

자고 일어나니 우리 얼굴엔 밤이 남긴 또 한 번의 흔적이 역력하다. 다음 날, 나는 레스토랑으로 가려고 조금 일찍 나선다. 생 장 바티스트 성당에 들러 아기 예수를 안고 있는 그 유명한 성모마리아께 기도하기 위해서다. 오늘도 나는 성모마리아의 발밑에 기도를 남길 생각이다. 폴린 자리코님과 성모마리아님과 예수님께 드리는 감사의 기도를. 메일린을 확실한 죽음에서 구해주신 세 분께. 그러면서 아이가 걷고, 말하고, 무엇보다 집으로 돌아올 수 있도록 계속 힘써달라고 간청한다. 나는 마음속의 모든 부정적인 생각을 성당에 내려놓고 나온다. 이제 짐은 한결 가벼워졌다.

10월 14일 일요일

다시 일주일이 흘렀고, 메일린의 능력은 한층 더 발전했다. 가끔 나는 아이의 진전에 끝이 있을지 아니면 계속 이어져서 제 또래의 아이들을 따라잡길 희망해도 될지 자문한다.

　이번 일요일에는 루틴을 바꿔보기로 마음먹는다. 사실 우리는 루틴이라는 걸 가질 수도 없는 처지였고, 한 번도 가져보지 못했다. 어쨌든 길을 내려가면서 회전목마가 있는 왼쪽으로 가지 않고 오른쪽으로 가보기로 한다. 오늘은 유아차가 유아차보다는 짐수레로 쓰인다! 메일린이 걷기로 결심한 것이다! 우리가 양쪽에서 아이의 손을 잡고, 아이는 걸음을 이어나간다. 관절이 제멋대로 움직이는 꼭두각시처럼 걷지만 아이는 나아간다. 우리는 메일린의 속도에 놀라며 바닷가를 향해 걷는다. 그곳에 있는 놀이기구 하나가 아이의 눈에 띈다. 아이가 언니를 따라 잡으려고…… *달린다!* 그래서 우리도 따라가야만 한다. 이날은 정말이지 특별한 날이다. 삶은 아름답다!

　우리는 레스토랑 테라스와 바다 사이에 자리한 놀이터에 금세 도착한다. 그곳은 낙원이다. 여자아이들이 미끄럼틀, 시소, 흔들 목마, 작은 기차, 해적선 등을 타고 놀고 있다! 메일린은 어디를 봐야 할지 정신이 하나도 없다. 자기 앞에 펼쳐진 모든 걸 바라본다. 다섯 달째 타보지 못한 그 놀이기구들을! 아이는 사다리로 올라가서 미끄럼틀을 타고 싶어 한다. 루안이 앞장서서 메일린에게 길을 일러준다.

　"안 돼, 메일린. 넌 그리로 가면 안 돼. 너무 가팔라! 그 난간에서 손 떼."

하지만 아이는 두 손으로 사다리 난간을 꼭 붙든다. 자신이 사다리를 거쳐 가리라는 걸 내게 이해시키려고 손을 놓지 않는다. 하는 수 없이 나는 뒤에 서서 아이가 사다리를 한 칸 한 칸 오르도록 돕는다. 대단한 끈기다! 아이와 나는 모든 놀이기구를 하나씩 타보고, 겪어보고, 검증한다. 메일린이 놀이기구들 사이를 달려갈 수만 있었더라면 기록적으로 빠른 시간 안에 아마 지치도록 탔을 것이다. 메일린을 안전하게 지켜주려고 우리가 항상 뒤에 서서 붙든다. 하지만 동물 그네는 아이가 혼자서 탈수 있다. 아이가 안전 바를 어찌나 단단히 붙잡던지. 아이의 미소는 많은 걸 말해준다. 카메라의 플래시가 번쩍이고, 그 순간들은 불멸로 남는다.

돌아오는 길에도 갈 때처럼 메일린은 모든 사람에게 인사를 한다. 거의 우스울 정도다. 아이의 인사에 대답하는 사람들이 몇 주 전만 해도 이런 일을 생각조차 할 수 없었다는 사실을 알았으면 어떤 반응을 보였을까. 보육원으로 돌아온 메일린은 엄마에게 토라진 듯 보인다. 마치 무언가를 원망하는 것 같다. 매번 냉정하게 떠나는 우리를 원망하기 시작한 걸까? 메일린은 루안에게 다가가 언니와 놀면서도 이따금 엄마의 손을 뿌리친다. 메일린이 엄마를 뿌리친 적은 한 번도 없었다. 불안한 표정을 한 나탈리가 눈으로 나를 찾는다. 나는 메일린의 몸짓을 대수롭지 않게 여기는 척한다. 그 행동이 눈에 띄지 않아서가 아니다. 그 행동은 명백해 보였지만 나탈리가 충격을 받을 것이기 때문이다. 다시 이별의 시간이 닥친다. 나탈리는 어떤 이유로 메일린이 자기를 돌봐주는 의사들과 함께 여기 있는 것이 나은지 아이에게 설명한다. 메일린은 엄마의 팔을 뿌리치고 고개를 돌린다. 애정 어린 손길도 거부한다. "사랑해"라는 말도 아무 소용이 없다.

나는 은밀히 말한다. "어서, 이럴 때 가야 해." 우리가 떠나려 하자 메일린은 눈물을 뚝뚝 흘리며 울음을 터뜨리고는 나탈리의 팔을 절망적으로 찾는다. 아이는 의자에 묶인 채 두 발로 발판을 찬다. 그리고 울부짖는다. 나탈리는 수없이 뽀뽀를 하지 않고는 아이를 떠날 수가 없어서 아이의 의자 앞에 무릎을 꿇고 오래도록 끌어안는다. 그런 힘은 오직 나탈리에게만 있다. 나탈리만이 우리 가족의 사랑을 온전히 전할 수 있다. 메일린도 그 사랑을 알아서 원망하는 마음에도 불구하고 몇 분 이상 엄마에게 화를 내지는 못한다. 우리는 떠나온다.

이 사건으로 우리는 상처 입었다. 이 사건은 깊은 흉터를 남겼다. 그 흉터는 단지 이번 사건의 결과가 아니라, 모녀간의 사랑이 입은 상처에서 비롯된 것이다. 시간이 흘러도 이어질 비난이 시작된 걸까? 메일린은 이제 이별한계치에 도달한 걸까? 이제 누구도 메일린이 주변을 인지하지 못한다고 주장할 수 없다는 건 분명하다. 아이는 분명히 살아 있고, 방돌은 종착지도, 아이가 자라게 될 곳도 아니다.

"당신 봤지. 아이가 자기를 그곳에 버려둔다고 나를 원망하는 것 같아. 왜 자기 혼자 방돌에 남는지 이해 못 하겠나 봐."

"그건 확실해! 하지만 아이가 당신을 원망하는 건 아냐. 마지막엔 아이가 당신을 찾는 거 봤잖아. 아이는 자기가 더는 못 견디겠다는 걸 우리에게 이해시키려는 거야. 자기를 혼자 두는 걸 더는 못 견디는 거라고. 확실해."

"마뉘, 아이를 그곳에 계속 둘 순 없어. 의사를 압박해야 해. 난 잘 모르겠지만 해결책을 찾긴 해야 해. 이렇게 가만히 있을 순 없어. 있을 수 없는 일이야!"

"아이가 바닷가에서 걸을 때 회전목마에서 찍은 다른 사진들도 있어. 이것들도 보내야겠어. 잠깐만……. 7월에 의자 만들어주러 왔던 그 의사 생각나? 그 의사 이름이 뭐였지?"

"잘 기억이 안 나지만, F…… 뭐였던 것 같은데, 왜?"

"그 사람이 다중 장애 아동 센터에서 근무하는 재활 전문의잖아. 그 의사에게도 사진과 영상을 보내야겠어. 그분도 메일린을 추적 관찰하는 의사들 중 한 사람이었잖

아. 혹시 모르니까!"

"그래, 맞아. 좋은 생각이야!"

F 박사님께,

용기 내어 연락드립니다. 저는 메일린의 아버지입니다. 선생님께서 저희 아이를 랑발에서 진찰하셨고 아이가 몸을 지탱하도록 의자까지 만들어주셨지요. 메일린은 엄청나게 나아졌습니다. 영상과 사진을 첨부했으니 그걸 보시면 아이가 초인적인 노력을 기울였으며, 이제는 선생님께서 지난 7월에 진찰하셨던 그 아이가 아니라는 걸 확인하실 수 있을 겁니다. 첨부한 것들을 잘 좀 봐주시길 부탁드립니다. 저희는 아이를 집으로 데려와야 합니다. 더는 방돌에 아이 혼자 남겨둘 수가 없어요. 아이도 저희만큼 힘들어합니다. 여기서 아이에게 필요한 지원도 찾을 것이고, 저희 시간도 낼 것입니다(지금처럼 말이지요). 저희가 적합한 인력을 찾도록 선생님께서 도와주실 수 있으리라고 생각합니다.

연락을 기다리며, 미리 감사드립니다.

심심한 안부 인사를 전하며,

에마뉘엘 트란

"이분이 메일을 읽으면 좋겠는데. 행운을 빌어야겠어.

만약 대답이 없으면 다시 보낼 거야. 우린 해낼 거야, 나탈리. 해낼 수 있어!"

"오늘 아이가 나를 어떻게 밀치는지 당신 봤지? 더 나빠지지 않을까? 그렇게 생각하지 않아?"

"아냐, 오늘은 기분이 안 좋았던 것 같아. 우리처럼 저도 슬픈 거지. 아이는 달라지지 않았어. 아이에겐 우리가 필요해. 이제 아이가 돌아올 수 있도록 박차를 가해야 해."

"난 메일린이 다른 아이들처럼 집에서 멀리 떨어져서 집도, 부모도 없이 남길 바라지 않아. 아니면 가족이 한 달에 한 번씩 찾아오거나. 아냐, 난 그런 건 원치 않아. 우리 셋이서 휴가를 떠나고 아이 혼자 방돌에 남겨두는 걸 상상해봐. 절대 안 될 일이지. 우리 셋이서는 아무것도 하지 않을 거야. 우린 넷이야, 마뉘."

"나탈리, 그러기 위해 뭐든지 하자고, 뭐든. 알았지? 날 믿어. 아이가 여기로 돌아오도록 무엇이든 다 할 거니까."

10월 15일 월요일

집에 있는 아내가 레스토랑으로 메일 한 통을 보냈다. 나는 말없이 몰두해서 메시지를 읽고 또 읽는다.

메일린은 다음 달에 분명히 돌아갈 수 있을 겁니다! 내일 전화를 드리겠습니다. 물리치료와 관련한 외부 약속에 대해 R 박사님께도 연락드려서 의견을 들어보고, 외부 물리치료사와의 일정 등도 조정해야 할 것입니다.

내가 제대로 이해한 건지 확신이 들지 않는다……. 전달된 메일의 원래 메일을 보고서야 제대로 깨닫는다.

이건 우리 보험회사가 보낸 메일이다. 사실, 우리는 메일린이 집으로 돌아오는 시기를 앞당기기 위해 다양한 해결책을 모색했다. 보육원 원장이 일러주었듯이, 메일린의 치료를 이어가기 위한 재활 지원이 보장되지 않는다면 아이는 우리에게 돌아올 수 없을 것이다. 그래서 우리는 이 일이 최대한 빨리 진행될 수 있도록 모든 수단을 동원했다. 사실 그건 거의 '미션 임파서블'이었다. 개인 재활치료사들이 메일린을 맡지 못하는 이유는 처방전이 필요한데 보육원 의사들이 처방전을 써주지 않으려 하기 때문이다. 그리고 우리는 당연히 아이를 추적 관찰하도록 교육되어 있지 않다. 그런데, 우리가 메일린을 데려가고 싶다면 재활 지원은 반드시 거쳐야 할 법적 의무다. 보험회사는 메일린의 재활을 보장하기 위해 개인 치료사들을 찾아보겠다고 제안했고, 보내온 답변에 따르면 그런 치료사들을 찾았다는 것이다.

나는 바로 전화기를 들고 나탈리에게 전화를 건다. 우리가 바른 길로 가고 있다는 걸 아내로부터 확인받고 싶어서다.

"그러면 이제 우리가 메일린을 데려올 수 있다는 뜻이야?"

"지금 당장은 아니지만 절차가 진행되니, 우선은 보육원에서 하듯이 메일린에게 지원을 제공할 수 있게 될 거야!"

"오, 정말 잘됐어! 기쁜 소식이야! 방돌의 원장에게도 말해야겠어."

"그러게, 모든 일에는 다 때가 있나 봐. 정말 좋은 소식이야!"

"그러니까. F 박사나 R 박사가 반드시 우리에게 연락해와서 우리가 사는 지역의 치료사들을 제안해줘야 해. 방돌에서 아이를 데려오려면 그게 필수적이야."

우리가 의사들을 찾고 R 박사와 F 박사를 압박해서 메일린이 칸과 망드리외에서 재활을 이어갈 수 있게 하려면 무엇을 해야 하는지 완벽하게 이해하고서 나탈리가 대답했다.

"맞아. 우리 모두가 함께하려면 아마 시간이 좀 걸리겠지."

"그러니 우리 사진과 동영상으로 그 사람들을 계속 공

략하자고!"

10월 21일 일요일

이제 메일린은 조금씩 *걸어서*[†], 우리는 일요일의 산책을 조금 더 잘 누릴 수 있다. 우리의 삶은 긍정적으로 변해서 거의 보통의 가족 같다. 놀이터가 있는 공원 쪽으로 걷는데, 가는 길에 오리 낚시 놀이터가 보인다. 근처에 다다르자 아이들은 플라스틱 오리들이 떠다니는 작은 수조 주변으로 달려간다. 메일린은 오리를 잡으려고 물속에 손을 집어넣는다. 늘 그렇게 급하다! 아이들이 노는 동안 그곳에 한참 머무른다. 나는 메일린이 낚싯대를 잡는 걸 돕는다. 두 딸은 각자 낚은 것을 들고 다시 출발한다. 루안은 비눗방울 세트를, 그리고 메일린은 화장 놀이 세트를 낚았다.

우리는 하루를 공원에서 보내며 미소와 웃음, 외침과 비눗방울을 한껏 누린다. 생동감이 넘친다. 이렇게 살아본 게 참으로 오래전 일이다. 우리가 함께 이토록 웃어본 것도 참으로 까마득한 일이다. 지난 몇 달은 조용했다.

[†] 우리가 두 손을 잡고 걷는 메일린의 걸음은 생후 아홉 달 정도 된 아이와 비슷한 걸음이었다. 아이의 몸은 앞으로 많이 기울어졌지만 다리는 제대로 내디뎠다. -원주

마치 감각과 감정을 박탈당하기라도 한 것처럼. 오늘은 다시 사는 느낌이 든다! 이 느낌은 우리가 더는 없이 지내고 싶지 않은 마약이다. 우리에겐 매 순간 복용이 필요하다.

우리는 다시 자동차에 탄다. 보통 가족처럼 아이들은 어린이용 시트에 앉는다. 특별한 시트가 아닌 그냥 어린이용 시트에. 아이들은 뒤에서 웃는다. 우리가 몇 번이나 진정하라고 했는지 모른다. 하지만 그것은 마음에 고스란히 스며드는, 참으로 듣기 좋은 소리다. 루안도 메일린만큼이나 서로의 존재를, 자매의 사랑을, 나이에 걸맞은 천진난만함을 만끽한다.

"마뉘, 방학 동안 메일린을 집으로 데리고 가도 되냐고 물어보면 어떨까?"

"그래, 좋아! 게다가 방학 둘째 주†라면 우리도 일을 안 하도록 조치할 수 있을 거야. 보육원에 돌아가면 물어봐야겠어."

도착하자마자 우리는 마침 그곳에 있던 원장에게 우리의 청을 소심하게 전한다. 그리고 놀랍게도 원장은 허락해준다! 일주일 동안이지만 그것만으로도 이미 더없

---

† 프랑스의 초중고등학교는 11월 1일인 만성절 전후로 2주 가까이 방학한다. 2012년의 만성절 방학은 10월 27일 토요일부터 11월 8일 목요일까지다.

이 좋다! 우리에겐 엄청난 일이다! 기쁨이 마음을 채우
다 못해 넘쳐흐른다! 우리는 메일린의 병실로 가서 저녁
식사와 잠자리 준비를 한다. 아이의 의자 위에 작은 식탁
을 준비하는 동안 아이는 벌써 여러 차례 침대 난간을 붙
잡고 혼자 일어서려 한다. 아이는 일어서더니 다시 앉고,
마치 우리에게 재미난 공연이라도 보여주듯이 활짝 미
소를 띤 채 쉬지 않고 이걸 반복한다. 메일린에게는 모든
게 웃음의 소재가 된다. 사고 전에도 그랬는데, 여전히
그렇다!

파니가 메일린의 저녁 식사를 들고 온다. 원장님이 일
주일 방학 기간 동안 메일린을 우리에게 보내주기로 했
다고 파니에게 알린다. 파니는 기뻐한다. 그녀는 우리의
모든 발걸음을 지지해주고, 우리가 계속하도록 용기를
북돋운다. 그녀는 많은 아이가 온종일 보육원에만 머물
러 있는 걸 보며 안타까워한다. 평소처럼 고통스러운 이
별의 순간을 겪고 우리는 집으로 돌아온다. 나는 컴퓨터
앞에 앉는다.

F 박사님께,
지난주에 저희는 메일린이 어떤 걸 할 수 있는지 보여드
리려고 아이의 사진과 영상을 보내드렸습니다. 새로운 소
식이 있습니다. 아이의 발전은 눈부십니다. 믿기 힘들 정

도입니다. 선생님께서 직접 보시고 판단하시면 좋겠습니다. 몇몇 사진이나 영상에서는 위루관을 통해서 영양 공급을 받아야 하던 아이가 혼자서 먹는 걸 보실 수 있을 겁니다! 아이는 말도 점점 더 잘합니다. 제가 보내드린 자료들을 잘 받으셨는지, 그것들을 잘 읽으셨는지 확인해주시면 정말 고맙겠습니다. 게다가, 방돌의 보육원은 저희에게 만성절 학교 방학 기간 동안 메일린을 데리고 가도 좋다고 허락해주었어요. 그래서 선생님께서 직접 보실 수 있도록 저희 가족이 선생님을 만나 뵈러 갈 수도 있습니다. F 박사님, 저희는 일상에 딸이 필요합니다. 필요하다면 저희가 상황에 맞추겠습니다. 메일린은 꼭 집으로 돌아와야 합니다.

답장을 기다리며,

깊은 감사를 담아

에마뉘엘 트란

10월 30일 화요일

마침내 F 박사의 연락이 왔다! 그는 다음 주 월요일인 11월 5일에 자신이 일하는 방스의 카드랑 솔레르 병원에서 보자고 제안한다. 박사는 아무것도 미리 약속할 수는 없지만, 메일린을 어서 빨리 보고 싶다고 말한다. 좋은 신호다. 레스토랑에서 어서 나탈리에게 전화를 걸어 이 좋은 소식을 전하고 싶다. 마침내 모든 게 구체화되는 것 같다. 드디어 시련이 끝나는 걸까? 예전 삶으로 돌아가게 될까? 물론, 전보다 해결해야 할 문제도 더 많아지고, 일정을 짜야 할 일도 더 많겠지만 이별은 끝이다! 전부 다 이루어진 건 아니지만, 우리는 모든 패를, 아니, 거의 모든 패를 손에 쥐고 있다. 메일린은 불가능한 건 아무것도 없으며, 모든 게 이뤄지리라는 걸 우리에게 입증해 보였다. 이제 며칠만 있으면 온 가족이 집에 함께 모인다.

저녁에 우리 셋은 식탁에서 수다쟁이처럼 조잘댄다. 가장 중요한 주제들부터 이야기한다. 메일린이 아직 제 방을 보지 못했으니, 방을 깜짝 선물처럼 멋지게 꾸미기 위해 해야 할 일, 우리가 함께 집에 돌아오면 할 일을 정리한다. 아이와 달라진 아이를 마주해야 할 우리를 위해 집에서 개조해야 할 것들, 앞으로 행복을 함께 누리고 즐거움을 나누기 위해 해야 할 것들도 정리한다.

하느님 아버지, 성모마리아님, 폴린님, 오늘 저희는 중요한 소식을 알게 되었습니다. 저희가 마침내 메일린을 F 박사에게 보여줄 수 있게 되었습니다. 그가 아이의 달라진 모습을 인지하리라는 걸 의심하지 않습니다. 메일린에게 깃든 힘, 폴린 자리코님의 전구를 통해 당신께서 아이에게 주신 그 힘을 그가 보리라는 것도 의심할 여지가 없습니다. 저희는 곧 영구적으로 메일린을 집에 데려올 수 있기를 희망합니다. 그러기 위해 당신께서 힘써주시기를 간청합니다. 다시 감사드리며, 거듭 감사드릴 것입니다. 폴린님, 감사합니다.

아직 5일이 남았다!

다음 날, 나탈리는 방학 동안 메일린을 집으로 데려올 수 있게 해줄 법적 서류를 마무리 짓기 위해 방돌로 간다. 메일린에게 사고가 생길 경우 보육원에는 책임이 없다는 서류와 이송에 필요한 서류들에 서명해야 한다. 우리는 다음 주 토요일에 아이를 데려올 때는 사고 이전처럼 직접 자동차에 태워서 데려올 생각이다. 보육원에서 집으로 오기만 하면 된다. 메일린은 우리의 딸이니, 우리 차를 타고 우리와 함께 올 것이다. 아이의 차량용 시트는 차고에 말끔히 준비되어 있으니, 토요일에 싣기만 하면 된다……. 반드시!

이제 4일이 남았다!

우리의 마음은 훨씬 가벼워졌고, 밤도 한결 행복하며, 일하는 낮 시간도 짧아진 느낌이다. 메일린을 데려오기 하루 전날, 우리는 산타클로스 할아버지를 기다리는 아이들처럼 한껏 들떴다.

2012년 11월, 해방

2012년 11월 3일 토요일

드디어 그날이다! 방돌로 떠나기 전에 우리는 꼭 휴가라도 떠나듯 준비물을 점검한다. 그리고 이루 말할 수 없는 행복감을 느끼며 길을 나선다. 방은 마치 메일린이 바로 전날에 떠난 것처럼 준비되어 있다. 시트에서는 향긋한 냄새가 나고, 장난감들도 잘 정돈되어 있다—처음으로, 모든 게 그대로다. 이 방은 아이에게 새로운 곳이다. 메일린은 아직 자기 방에 발을 들여놓을 기회를 갖지 못했다. 하지만 아이가 눈 깜짝할 새에 이곳을 제 방으로 여기도록 할 지표들이 곳곳에 자리하고 있다. 우리는 아이가 이곳에서 행복하기를 바란다!

우리는 빨리 도착하고, 빨리 떠나온다. 지체할 시간이 없다. 집에서 할 일이 훨씬 더 많기 때문이다! 그다지 필요 없는 건 전부 남겨두고, 빨랫거리만 챙겨서 모두에게

평소처럼 공손한 말을 하고 작별인사도 한다……. 우리
는 살아야 한다! 매 순간을, 우리 가족의 삶을, 세상이 처
음 열린 것처럼 살아야 한다. 매 순간이 주님의 선물인
것처럼 살아야 한다. 행여 그것이 몇 시간의 신기루일지
라도! 이별로 인해 고통받고 가슴 찢어지던 귀가의 침묵
은 사라졌다. 뒷좌석에서 아이들이 재잘거린다. 메일린에
게 우리의 새로운 생활공간과 방을 보여주기 위해 아파
트를 향해 달린다.

"메일린, 여기가 우리의 새집이야!"

나탈리가 유아차에 탄 메일린과 함께 아파트로 들어서
면서 외친다.

"메일린, 가자. 내 방에 가서 놀자. 자, 가자!"

루안이 점퍼를 옷걸이에 걸기 무섭게 말하며 메일린의
손을 잡으려 한다.

"천천히 해 루안, 기다려봐……. 내가 메일린을 네 방에
데려다줄게."

나탈리가 대답한다.

두 딸은 함께 놀려고 바닥에 자리 잡는다.

"메일린, 무슨 놀이 할까? 바비 인형, 플레이모빌, 아기
인형……."

루안은 장난감 수납장에 머리를 반쯤 집어넣고서 자기
방에 있는 온갖 장난감을 꺼내어 메일린에게 보여준다.

장난감이 끝없이 나온다. 장난감들이 이 손에서 저 손으로 날아다니고, 수납장의 정리함이 방바닥에 나뒹군다. 모든 게 무질서하게 쌓인다. 참으로 오랜만에 보는 광경이다. 새로운 분위기가 루안의 방을 채우는 게 느껴진다. 아득하지만 친근한 분위기다. 우리는 그 울림, 그 외침, 그 소음을 거의 잊고 지냈다. 아이들더러 조용히 놀라고 수도 없이 말하지 않았던가. 오늘 우리는 저 기쁨의 외침, 저 행복의 비명, 바닥을 긁는 장난감 소리를 다시 들려달라고 청하고 있다. 우리는 저 모든 걸 원하되, 열 배로 원한다!

"자, 이젠 저희끼리 놀게 그만 가세요!"

루안이 방문을 닫으며 우리에게 말한다.

우리는 학교 방학 때 메일린을 데려오기 위해 벌인 투쟁에 매우 흡족해하고, 앞으로 집에서 보낼 일주일, 산책과 외출을 상상하며 마냥 기쁜 마음으로 거실의 소파에 앉는다. 많은 가족에게 하찮아 보일 모든 것, 우리가 더는 넷이서 공유하지 못하리라고 생각했던 모든 것을 상상하며.

귀여운 소음을 듣는 즐거움을 멈출 수가 없다. 우리는 눈에 띄지 않게 루안의 방으로 이어지는 복도로 가서 아무 문제가 없는지 확인하려고 문을 반쯤 연다. 두 아이는 자매여서 몇 시간 동안이고 함께 노는 데 길들어 있지만, 메일린의 불안정한 상태 때문에 우리는 여전히 긴장을 놓지 못한다. 어떤 일도 닥치지 않길 원한다. 아이를 위해서도 우리를 위해서도. 우리는 보육원에서 우리더러 아이를 돌볼 줄 모르니 다시 아이를 데려가겠다고 말하는 걸 상상할 수 없다. 물론 그런 일은 일어나지 않겠지만, 우리가 오랫동안 감내해야 했던 그 결핍을 다시 겪을 수는 없다. 그런 건 생각조차 할 수 없다.

문을 열었다가 금세 아이들에게 들킨 우리에게 루안이 묻는다.

"아빠, 만화영화 〈바비〉 보게 DVD 좀 틀어주세요."

"그래, 다 놀았어?"

"네, 메일린이 텔레비전으로 〈바비〉 보고 싶대요!"

"알았어. 침대에 자리 잡아봐. 그리고 조용히 있어! 알았지?"

"네!" 메일린이 대답한다.

두 아이는 어느새 침대에 자리 잡고서—어떻게 한 건지는 모르겠다!—서로 꼭 끌어안은 채로 영화가 시작되길 기다린다. 둘은 더없이 예쁘고 행복해 보인다. 메일린과 루안이 오직 둘이서만 공유하고 웃고 사랑하는 시간을 누린 건 정말 오랜만이다.

메일린은 잔뜩 흥분했다. 루안이 메일린에게 침대에서 떨어지지 않으려면 진정하고 너무 움직이지 말아야 한다고 설명한다. 침대 양쪽으로 베일이 늘어져 있어 진짜 공주 침대 같다. 두 아이가 영화에 최면이 걸리자, 방 안에 다시 침묵이 깔린다. 그러나 그 침묵은 악몽 같던 저녁 이후 여섯 달 가까이 경험한 침묵과는 전혀 다르다. 생기 가득한 침묵, 침대 속 두 딸의 움직임으로, 아이들의 미소로, 아이들의 숨결로, 아이들 눈꺼풀의 깜빡임으로 활기를 띤 침묵이다. 우리 귀에는 이 모든 게 들린다. 심지어 거실에 있어도.

다시 함께 모인 이 첫날, 두 딸은 뭘 해도 재미있었을 것이다. 장난감 하나하나를 다 가지고 놀았을 것이다. 여섯 달 동안 하지 못했던 걸 따라잡으려는 듯이 이야기도 지어내고, 장난감을 바닥에 떨어뜨리기도 하고, 인형의 팔다리를 분리하거나 그 밖에 아이들이 즐겨하는 다른 식의 형벌로 장난감을 닳게 했을 것이다. 시간은 미친 듯한 속도로 낟알이 떨어지듯 흘러간다. 집 안의 생동감은 여전하고, 시간에 맞서 우리는 아무것도 할 수가 없다. 지난 여섯 달 동안에 우리는 시간을 제어하고 조종하고 싶었지만 불가능했다. 시간은 지독히도 느리게 흐르며 우리 모두를 혹독하게 시험했고, 우리의 불안에 감내하기 힘든 무게를 더했다. 우리는 과거로 돌아가고 싶었고, 메일린을 구할 시간이, 아이의 목구멍에서 그 소시지 조각을 빼낼 시간이 더 있길 바랐고, 아이를 되살릴 수 있도록 시간을 멈춰 세우고 싶었다. 하지만 그 어느 것도 가능하지 않았다. 그 후에는 메일린을 더 자주 보려고 시간을 재촉하고 싶었다. 딸의 부재로 인한 짓누르는 고통을 줄이기 위해 우리의 밤들을 단축하고 싶었다. 그것 또한 불가능했다. 오늘은 하루를 채우는 이 모든 소소한 기쁨을 누리기 위해 시간을 멈춰 세우고 싶다. 이 또한 실현 불가능한 일이다. 그렇지만 오늘 우리는 더없이 흡족하다.

어느새 하루가 끝나서, 밥 먹기 전에 목욕하는 일 같은 저녁의 습관이 돌아왔다.

"얘들아, 이제 목욕해야지. 벌써 물 받아놓았어."

나탈리가 루안의 방문을 빼꼼 열며 말한다.

"네!"

두 딸이 합창하듯 외친다.

"자, 이리 와 메일린."

나탈리가 팔을 내밀며 아이를 부른다. 두 딸은 함께 목욕하며 노는 습관이 있었다. 그러고 나면 나탈리가 바통을 받아 몸 구석구석을 제대로 씻기곤 했다. 루안은 이미 욕조에 뛰어들어서 메일린을 기다리고 있다. 나탈리는 조심해서 메일린을 안전한 자세로 앉힌다. 타일 바닥이 물에 젖지 않은 지 오래되었다. 바닥에 튄 물은 다시 모여 행복한 장난기 많은 두 자매가 조용히 씻기만 하지 못한다는 사실을 환기한다. 아이들에겐 목욕보다 놀이가 훨씬 더 중요하다. 얼마나 재미나게 노는지!

"얘들아, 이제 욕조에서 나와야지. 루안, 내가 메일린을 닦아주는 동안 넌 혼자서 닦고 옷 입어!"

"네, 엄마."

"자, 메일린, 세면대를 잡고 똑바로 서봐."

메일린은 두 손으로 세면대 가장자리를 있는 힘껏 움켜잡는다. 나탈리가 물기를 말리려고 몸 구석구석을 닦아주는데 수건에 덮인 아이의 몸이 들썩인다. 오른쪽, 왼쪽으로 가해지는 압박과 위아래로 오가는 움직임을 제어하기엔 아직 안정성이 부족하고, 혼수상태인 동안 위축되었던 근육도 회복되지 못했다. 나탈리는 메일린이 보이는 불균형의 진폭을 줄이기 위해 두 다리와 상체로 아이를 지탱한다. 달리 방법이 없을 때 우리 둘 다 사용하는 방식이다. 방수 들것 같은 것에 아이를 눕혀서 물기를 말리는 간호사들처럼 하고 싶지 않아서다. 메일린은 이제 아기가 아니니 제 활력과 근육, 안정성을 되찾기 위해 분투해야 한다. 그래야만 한다.

"자, 메일린, 이제 잠옷 입게 손을 높이 들어봐. 그렇지, 아주 잘했어!"

메일린은 상관의 명령을 실행하듯 두 팔을 막대기처럼 꼿꼿하게 높이 들어 올린다.

메일린은 미소를 띤 채, 옷을 입혀주는 엄마를 바라보며 광대처럼 웃긴 표정을 짓는다. 아이는 장난치는 걸 멈추지 않을 듯 보인다. 아이는 전부터 항상 그렇게 웃겼다. 그 끔찍한 경험을 하고도 타고난 유쾌함을, 유머 감각을, 웃기려는 의지를 잃지 않았다.

"장난치지 말고! 이제 다리 들어봐! 더 높이! 네가 다리를 안 들면 내가 어떻게 잠옷을 입혀?"

나탈리가 웃으며 말한다.

그러자 메일린은 한쪽 다리만 짚고, 한껏 집중해서 결연히 다른 쪽 다리를 할 수 있는 한 높이 들어 올린다.

"잘했어. 브라보, 메일린! 너 정말 대단하다!"

나탈리가 여전히 무릎을 꿇은 채 아이를 품에 안고서 목에 뽀뽀를 하며 말한다.

"가자, 이제 언니 방으로 가보자."

나탈리는 복도에서 아이가 걷는 걸 도우려고 손을 잡고 같이 간다.

"얘들아, 얌전히 있어. 엄마는 가서 저녁 준비해야 해. 준비되면 부를게."

"네, 엄마."

루안이 대답한다.

"아이 몸의 물기를 말리는 게 쉬운 일이 아니야. 사방으로 움직이니까 가만히 서 있게 붙들면서 말리려니 정말 힘들어."

하루의 시련이 끝난 것처럼 나탈리가 거실로 돌아오면서 한숨을 내쉬며 말한다.

"그렇겠네, 상상이 가. 그렇지만 우린 해낼 수 있을 거야. 이건 습관의 문제잖아."

나탈리가 식사를 준비하는 동안 나는 식탁을 차리고 메일린의 코르셋 의자를 가져다 놓는다. 식판은 탁자 위에 놓고, 벨크로 끈은 풀어두고, 머리 받침은 아이의 머리를 계속 받치고 있지 않도록, 메일린이 근육을 움직일 여유가 있도록 조금 뒤로 옮겨둔다.

"메일린, 너 뭐 하는 거야? 이제는 루안이랑 안 놀아?"

메일린이 우리를 보러 거실로 오고 있다. 나탈리는 내 목소리를 듣고 부엌에서 나와 놀라운 광경을 지켜본다. 아직 혼자서 완벽하게 균형 잡고 걷지 못하는 메일린이 군인처럼 기기 시작한다. 팔꿈치를 한쪽씩 번갈아 바닥에 대고 나머지 몸은 끌며 나아간다. 마치 다리를 다친 것 같다. 두 다리는 뒤쪽에서 힘없이 끌려온다. 아이는 자기 방에서 거실 한가운데까지 멈추지 않고 다가온다. 입가에는 여전히 미소를 띤 채 팔꿈치를 체계적으로 하나씩 내밀고는 바닥에서 미끄러지듯 전진한다. 그 노력은 누구도 감당할 수 없을 만큼 엄청나 보인다. 아이는 자랑스레 나아가고, 기운이 빠지지 않는다.

우리 눈에 눈물이 고인다. 보육원에서는 언제나 메일 린이 앉아 있거나, 서 있거나, 아니면 우리 손을 잡고 걷는 모습만 보았다. 그런데 저렇게 이동하는 방식은 문자 그대로 우리에게 따귀를 한 대 날린다. 우리가 보육원에 방문할 때마다 함께 겪었던 모든 발전이 몇 초 만에 쓸려 나갔다. 메일린이 정말 저 정도로 의존적이었나? 아니면 저 모습에서 우리 모두처럼 살려는, 자신에게 좋아 보이는 곳으로 이동하려는 비견할 데 없는 강인한 의지를 보아야 할까? 어쨌든 또 하나의 승리로 보이는 새로운 이동 방식은 아무리 그래도 받아들이기 힘든 광경이다.

메일린은 마침내 거실 한가운데에 이르러 혼자 앉는다. 아이에게 장애물로 보이는 건 아무것도 없다. 아이는 앉아서 아주 흡족한 표정으로 우리를 바라본다.

"메일린, 왜 우리를 안 불렀어? 우리가 널 데리러 갔을 텐데."

"몰라요!" 아이가 대답한다.

나는 어깨를 으쓱하며 말한다.

"좋아, 다음번엔 불러. 안 그러면 네가 배로 바닥을 청소하잖니."

"네." 아이가 대답한다.

"좋아. 배고파?"

"네, 먹고 싶어요."

"알았어. 엄마가 준비될 때까지 조금만 더 기다리자. 내가 널 의자에 앉혀줄게."

"다 됐어. 밥 먹자! 모두 식탁으로!"

"자, 가자, 메일린."

메일린은 탁자를 잡고 몸을 일으켜 선다. 나는 아이의 겨드랑이에 손을 끼고 아이를 들어 올려 의자에 앉힌다. 이 의자에 대해서는 할 얘기가 참 많다. 일단 앉으면 움직이기가 어렵고 내려오는 것도 불가능하다.

158일 만에 우리가 처음으로 다시 집에서 함께 하는 식사다. 158일! 갑자기 나탈리와 나는 불안감에 피가 얼어붙는다. 다시 아이가 질식하는 일은 없어야 할 텐데. 이유 없는 두려움이 엄습해서 온몸을 에워싼다. 그 두려움과 싸우는 것도 불가능하고, 그걸 사라지게 할 수도 없다. 더불어 살아야 한다. 매번 식사 때마다 사고와 관련된 장면들이 어찌할 길 없이 우리에게 떠오른다. 밥을 먹을 때마다 극도로 몰두해서 한눈팔지 않고 줄곧 감시하느라 우리는 그 어느 때보다 지친다. 후식까지 먹고 나면 안도의 한숨이 새어 나오면서 보통 사람에게는 그토록 사소한 습관인 먹는 행위로부터 해방되는 느낌이다. 우리가 항상 어깨에 압박을 느끼며 밥을 먹게 되리라고는 상상하지 못했다. 그 때문에 우리는 밥을 먹으면서 아무 맛도 느끼지 못하고, 즐겁지도 않고, 무엇보다 무엇을 먹는지 알지도 기억하지도 못한다.

"조심해, 메일린. 잘 씹어야 돼, 알았지? 오래 씹어. 바쁠 것 없으니까. 그렇지, 잘했어. 잠깐만, 입에 있는 것부터 먹고 나서. 천천히 먹어, 꼭꼭 씹고."

"네, 안 그러면, 으으윽……."

메일린은 두 손으로 제 목을 잡고 입을 벌린 채 질식하는 시늉을 하면서 식사 시간을 찢어놓는 소리까지 더한다.

다시 한번 우리는 굳어버린다. 질식하는 메일린을 보는 것도 견디기 힘든 데다 그 때문에 우리가 식사 때마다 느끼는 불안이 더 커지기 때문이다. 빠르게 펄떡이는 심장을 무엇으로도 가라앉힐 수가 없다. 메일린이 모든 걸 기억하고 있다는 끔찍한 느낌도 든다. 아이는 질식했던 걸, 공기가 부족했던 걸, 신음했던 걸 기억하고 있다. 목숨을 잃을 정도까지 갔던 순간을 다시 생각하는 건 얼마나 끔찍한 일일까! 아이는 자기 심장이 멈추던 느낌을 기억하고 있는 걸까? 우리는 끔찍한 기억을 품고 긴장한 채 식사를 마저 이어간다. 하지만 결국 모든 게 문제없이 진행되고, 우리는 안도한다.

"얘들아, 이제 뭐 할 거야? 방에서 놀고 싶어?"

루안이 대답한다.

"메일린이 좋아하는 영화 보고 싶어요. 있잖아요, 기타

치는 큰 괴물이 나오는 영화요."

"아, 〈몬스터 싱어〉?"

"네, 그거요. 영화 보면 메일린이 좋아할 거예요."

"좋아. 그러면 늦게 잠들게 되겠지만, 오늘은 특별한 날이니까."

"네!"

루안이 두 손을 비비며 외친다.

들뜬 분위기가 생생히 느껴진다. 루안이 동생에게 드러내는 온정과 사랑은 보기에 아름답다. 벽에 걸린 작은 텔레비전을 마주하고 공주 침대에 나란히 누운 채 루안은 메일린을 끌어안는다. 두 아이의 뺨은 맞대어져 있고, 루안의 두 팔이 메일린의 어깨를 감싸고 있다. 영화가 시작되고, 방음이 잘 안 되는 벽 너머로 영화 속 노래가 나올 때마다 메일린이 콧노래를 흥얼거리는 소리가 들린다. 우리는 웃음을 참기 힘들다. 마법 같은 순간이다.

나탈리와 나는 소파에 앉아 지난 6개월을 영화처럼 다시 떠올린다. 어떤 순간에도 우리는 5월 29일의 불행은 다시 생각하지 않고, 오직 현재 상황만 생각한다. 이 믿기 힘든 이야기를, 메일린에게 여러 차례 통보됐던 끔찍한 예측들, 최악이었던 수명 종료 계획부터 의식 없이 평생 침대에 누워서 사는 삶이라는 그나마 가장 낙관적인 예측까지, 그리고 그 모든 예측을 끝장낸 이 기적을 다시

생각한다. 어떻게 이 모든 일이 일어날 수 있었을까? 이
것은 우리가 기적이 존재한다는 걸 확인하려는 듯이 스
스로 던지는 질문이다. 그런데 왜 메일린일까? 왜 다른
아이들이 아니라 메일린일까? 이 땅에서 지옥을 겪으며
고통받는 아이들이 얼마나 많은가. 왜일까? 우리는 그저
감사할 수밖에 없다!

아이들을 재운다. 루안이 메일린의 침대로 와서 뽀뽀를
한다. 메일린이 자기 침대에서 보내는 첫 밤이다. 뤼스네
에서 쓰던 침대이긴 하지만 새 방에서 그 침대에 누운 건
처음이다. 우리는 아이가 잘 자길 바라며 밤 인사를 한
다. 혹시라도 아이가 밤에 침대에서 떨어질까 봐 쿠션을
바닥에 잔뜩 깐다. 이곳엔 병원처럼 난간 달린 침대는 없
지만 침대를 빙 둘러싼 보호막이 있다.

아이의 이불 가장자리를 매트 밑으로 잘 접어 넣고 우
리는 메일린에게 뽀뽀를 넘치도록 퍼붓는다. 루안 먼저,
그리고 나탈리가, 그리고 내가. 침대 속에 든 아이를, 품
속에 안긴 아이를, 살갗에 닿는 아이의 온기와 아직 아
기 냄새가 나는 아이를 느끼는 것이 얼마나 큰 행복인지.
참으로 오랜만에 맛보는 행복이다. 보육원에서는 언제나
이런 순간을 망치는 요소들이 있었다. 오가는 간호사들,
병실 이웃, 아이들을 위한 시설에 딸린 소음들, 그 무엇
도 우리가 부모와 자식 간의 이 결속을, 모든 부모가 살

아가는 데 꼭 필요한 이 인간적 온기를 되찾게 해주지 못했다. 얼마나 큰 행복인지!

이 예외적인 하루에서 돌아오기까지 시간이 좀 걸린다. 모든 게 잘 진행되고 있는지, 모든 게 제자리에 있는지 보려고 방으로 돌아가지 않을 수 없다. 아이들은 주먹을 꼭 쥔 채 자고 있다. 메일린은 고개를 벽 쪽으로 살짝 돌린 채 똑바로 누워서 편안하게 잠들어 있다. 아이는 살아 있다! 딸들이 자는 걸 바라보는 것이 얼마나 멋진 일인지 예전엔 깨닫지 못했다. 우리는 그 방에 몇 시간이나 남아서 아이가 자고, 숨 쉬는 모습을 바라보며 설 수도 있었을 것이다. 무엇보다 숨 쉬는 걸 바라보며.

이 일이 아니었다면 우리는 생명의 취약성도, 눈 깜짝할 새에 이별이 일어날 가능성도, 우리가 이뤄낸 성취들이 물거품처럼 사라질 가능성도, 일상이 흔들리며 돌이킬 수 없는 변화가 생겨나고 최악의 순간과 형용할 수 없는 고통을 겪게 될 가능성도 깨닫지 못했을 것이다. 두 번째 기회를 갖게 된 우리가 얼마나 운이 좋은지 깨달았다. 이 예기치 못한 운명에, 그늘에서 빛으로 건너온 이 여정에 우리는 감사하다. 우리에게 메일린을 다시 데려다준 건 하느님의 빛이다. 하느님이 메일린 곁에서 걷고 계신다는 건 참으로 경이로운 확신이다!

이날 밤은 더없이 감미로웠다. 정말 오랜만에 맛보는

그런 밤이었다. 만일의 경우를 대비해 정신은 깨어 있어도 우리는 평온하게 잤다. 이불을 끌어당기고 서로 끌어안은 채로 우리는 행복했다. 우리 둘은 서로가 참으로 중요한 기도를, 수없이 반복한 기도를 올리고 있다는 걸 알았다.

오늘 저희는 특별한 하루를 살았습니다. 그토록 꿈꿔오고 자주 간청해왔지만 믿기 힘든 하루였습니다. 이루어질 수 없는 일을 당신께서 가능하게 해주셨습니다! 이미 당신께서 메일린을 구해주셨기에 오늘 아이가 예전처럼 저희와 함께 있습니다. 저희가 아무리 기도를 거듭 드려도 충분히 감사드릴 수 없을 겁니다. 이 경이로운 선물에 보답하려면 일생으로도 충분하지 않을 것입니다. 그러니 감사드립니다. 하느님, 성모마리아님, 그리고 폴린님, 당신의 전구로 메일린을 구해주신 데 감사드립니다. 아멘.

11월 4일 일요일

아이들과 함께 잠옷 차림으로 보내는 아침이 펼쳐진다. 아침 식사, 장난, 세수. 그리고 오후에는 가비와 가비의 아이들과 함께 칸의 피에르-캉토 항구 공원으로 가기로 예정되어 있다. 메일린이 낮잠을 자고 난 뒤 우리는 크루아제트 거리를 향해 길을 나선다. 도착해서는 차를 세우고 공원으로 간다.

딸아이들은 감탄한다! 이 공원엔 그네, 작은 성, 해적선 외에도 낚시 놀이를 할 수 있는 곳, 레일차, 트램펄린, 솜사탕과 추로스와 크레이프를 파는 곳도 있다. 이 기구들을 보니 긴 오후가 될 게 분명하다!

가비는 두 아들을 데리고 우리와 합류한다. 가비는 사고 직후 우리가 이사해야 했을 때 나의 절망을 지켜본 친구다. 그때 나는 가비가 일하는 해변 레스토랑에서 친구 라프와 함께 가비를 만났다. 두 사람은 그 시절에 내가 느낀 슬픔과 불안, 메일린의 예고된 혹은 계획된 죽음에 대한 두려움까지 털어놓을 수 있었던 저수조 같은 존재였다. 그 후, 가비는 언제나 메일린의 호전 소식을 기다렸다. 이날 가비는 별 의도 없이 메일린에게 별명을 붙여주었는데, 그 별명이 그 뒤로 내내 메일린을 따라다니게 된다!

가비는 우리가 있는 곳으로 다가오더니 메일린의 유아차 앞에 무릎을 꿇고 앉는다.

"드디어 네가 왔구나! 마침내 너를 보네!"

가비는 너무도 기쁜 얼굴로 활짝 웃는다. 그녀가 메일린을 알게 된 건 사고 때문이다.

메일린도 늘 그랬듯 미소를 짓고 언제나처럼 유쾌한

표정이다. 아이는 가비를 쳐다보더니 의문도 품지 않고 뺨에다 뽀뽀를 한다. 가비가 다시 말한다.

"이제 내가 너를 뭐라고 부를지 알아?"

"메일린이요."

가비는 메일린의 눈을 바라보며 대답한다.

"아냐! 기적의 메일린! 넌 기적 그 자체야! 정말이지 놀라워!"

가비는 우리를 바라보며 평소처럼 영어와 프랑스어를 섞어서 말한다.

"믿을 수가 없어요. 저렇게 예쁜데! And you just can't tell she has gone though all this!(이 아이가 그 모든 일을 겪었다는 걸 누가 알겠어요!) 놀라워요!"

우리는 아이들과 함께 놀이기구 사이를 거닐면서, 메일린이 여러 놀이기구를 향해 미친 듯이 달려가는 다른 세 아이를 따라가는 걸 돕는다. 시간도 더는 영향력을 미치지 못해서 아이들은 함께 웃고 먹는다. 이 어여쁜 무리 한가운데 자리한 메일린은 매혹된 얼굴이다. 아이는 늘 있었어야 할 곳에 있는 것 같다! 아이들이 레일차를 타는 동안 나탈리와 가비는 이야기를 나눈다.

나는 나탈리 곁으로 가서 앉아 대화에 끼어든다. 가비는 사고가 있던 날에 어떻게 그 소식을 알게 되었으며 그 사고를 어떻게 체험했는지 떠올린다. 그녀는 속내를 털

어놓으면서 오래된 악마로부터, 나쁜 생각들로부터 해방
되고, 자신이 무엇을 보고 느꼈는지 나탈리가 알기를 바
란다.

"있잖아, 가비, 어쨌든 누구도 우리 고통을 덜어줄 순
없었어. 그 고통을 상상하고 이해할 수 있는 사람은 없
어. 하지만 중요한 건 네가 여기 있다는 거지, 안 그래?"

"그래, 물론이지! 내가 가서 추로스를 좀 사올게. 여기
있다간 펑펑 울겠어. 아이들도 추로스 먹지?"

우리는 웃다가, 찡그리다가, 뺨에 설탕도 묻히고, 멋진
추억을 사진에 담으며 이날을 마무리 짓는다.

11월 5일 월요일

마침내 그토록 기다리던 날이다. 우리는 F 박사를 만나
러 가서, 의료진을 대표하는 그에게 메일린의 놀라운 변
화를 보여줄 수 있을 것이다. 우리는 방스에 위치한 카드
랑 솔레르 병원에 간다. 병원 건물은 온통 콘크리트로 지
어져 차갑고 인간미가 없어 보인다. 나탈리가 안내 데스
크에 들른다. 우리는 엘리베이터를 타고 4층으로 올라가
서 박사의 진료실 문 앞에서 기다린다.

긴장감이 엄습한다. 갑자기 자신감이 사라진다. 마치
시험공부를 하지 않은 채 시험을 보려고 복도에서 기다

리는 학생이 된 기분이다. 두 손이 땀에 젖어 축축하다. 어서 끝났으면!

"안녕하세요, 아버님, 어머님. 메일린도 안녕. 세상에, 메일린이 혼자 서 있는 거예요?"

F 박사가 탄성을 내지른다.

"네, 벌써 몇 주 됐어요."

내가 자랑스레 말한다.

"네, 4주쯤 됐어요."

나탈리가 내 말을 자른다.

"당신은 늘 좀 과장하는 경향이 있어."

"4주면 몇 주가 맞지요!"

의사가 덧붙인다.

"자, 들어오세요! 너도 들어오렴."

그가 루안에게 말한다.

우리는 모두 의사의 진료실로 들어가서, 그가 던지는 질문 하나하나에, 그가 메일린에게 던지는 눈길에, 그가 발견하고, 말하고, 보게 될 모든 것에 극도로 집중한다.

"메일린, 너 걸을 줄 안다면서? 나한테 올 수 있어?"

메일린은 머뭇거리지 않는다. 의사를 마주 보고 일어나서 책상 상판을 붙잡는다. 그리고 스스로의 방식에 따라 때로는 왼손으로, 때로는 두 손으로 책상을 잡고 오른쪽으로 걸어서 의사의 왼편에 이르러 그의 의자 팔걸이를 붙잡는다.

"와, 메일린, 멋지다! 너 정말 엄청나게 발전했네."

의사는 아연한 얼굴로 우리 쪽을 바라본다.

"자, 이리 와보렴. 몇 가지 검사를 좀 해볼까?"

그는 메일린을 진찰대로 데리고 가서 운동 기능, 운동 폭, 이해력, 악력 등 온갖 종류의 검사를 한다. 그가 사용하는 모든 게 검사가 된다. 몇몇 검사는 무척 복잡해 보여서 소름이 돋는다. 의사가 모든 걸 하고 나서 결국 아이가 방돌에 있어야 한다고 말하는 건 아니길 바랐다. 우리는 주의를 기울이며 메일린이 제 잠재력을 자신 있게 보이도록 이따금 용기를 북돋운다. 하지만 아이는 우리를 기다리지 않는다. 늘 하던 대로 말하고―또는 말하려고 애쓰고―, 절대로 찡그리지 않고, 약해지지도 않고, 한탄하지도 않고, 할 수 있는 모든 걸 해 보인다.

마침내, 의사가 우리에게 말한다.

"그렇네요, 메일린은 정말 많이 달라졌어요! 놀랍습니다. 어느 정도 걷기까지 하고요. 절대로 못 걸을 줄 알았는데 말이죠. 아이가 우리 말을 알아듣고, 말하려고도 하네요."

우리가 오래전부터 알고 있던 것을 그가 발견하고 나열할 때마다 우리는 고개를 끄덕인다. 그가 이어 말한다.

"두 분이 왜 저한테 그 모든 영상을 보내주셨는지도 잘 알겠습니다! 잘하셨어요. 안 그러셨으면 제가 믿지 못했을 겁니다. R 박사와도 얘기해보겠습니다만, 제가 이곳 카드랑 솔레르 병원에서 메일린을 맡을 수도 있을 것 같네요."

"좋아요, 정말 좋네요!"

우리는 활짝 미소를 짓는다. 드디어 좋은 소식이다!

"원래 우리 병원에서는 여섯 살 이상의 아이들만 받습니다."

갑자기 피가 싸늘하게 굳는다. 나쁜 소식이 이어질까 봐 덜컥 겁이 난다.

"메일린은 예외로 하겠습니다. 병원 재활치료를 받으려면 일정을 조정하셔야 할 겁니다."

나탈리가 그의 말을 자른다.

"네, 뭐가 필요하든 저희는 해결책을 찾아낼 겁니다. 걱정 마세요."

내가 덧붙인다.

"네, 저희가 해결할 겁니다."

"이해합니다만, 성인 한 사람은 꼭 같이 계셔야 한다는 걸 아셔야 합니다. 재활치료 때마다 어른이 동반해야 할 겁니다."

우리는 재활치료가 가져올 결과에 관해 더 알고 싶은 마음에 서둘러 대답한다.

"네, 알겠습니다."

"저희는 불가능한 건 없다는 걸 압니다. 그러니 일정 조정쯤이야 아주 사소한 걱정이죠!"

나는 덧붙여 말한다.

의사는 자신과 R 박사가 메일린을 위한 재활 프로그램에 대해 합의할 동안 기다려달라고 청한다. 그리 오래 걸리지는 않을 것이라고 한다. 그는 우리가 왜 메일린을 홀로 방돌에 남겨둘 수 없는지 이해한다. 자신이 랑발에서 돌보았던 혼수상태 직후의 소녀가 이토록 정상적인 모습을 보이리라고는 상상도 못했을 것이다. 그는 메일린이 말을 하고 생생히 살아 있다는 걸 확인한 유일한 의사다! 그래서 우리는 아이를 어서 빨리 카드랑 솔레르 병원에 수용하려는 그의 의지를 믿는다.

*

멋진 한 주다! 재탄생, 두 번째 기회다. 두 딸은 장난감과 플레이모빌을 있는 대로 꺼내어 논다. 온종일 파자마 차림으로 시간을 보내고, 만화영화 〈바비〉와 픽사 애니메이션을 몽땅 보고, 무엇보다 〈몬스터 싱어〉를 보고 또 본다. 벽장에 집어넣었던 모든 장난감이 다급히 꺼내진다. 모든 게 바닥에 널리고, 아이들은 마음 내키는 대로 10분마다 장난감을 바꾼다.

우리는 몇 킬로미터 떨어진 칸의 보카 지역에 살고 계신 외할머니와 외할아버지 댁도 찾아가서, 스테파니—나탈리의 자매 중 한 사람—와 함께 가족 식사도 한다. 이 모든 시간이 우리에게 꽉 채운 휴가를 보내는 느낌을 준다. 죽은—이제 나는 이 단어가 싫다—시간도, 휴식도 없고, 오직 항구적인 활동뿐이다. 스스로 설정한 이 리듬은 우리가 메일린에게, 루안에게, 그리고 물론 우리 자신에게 내줄 수 있는 가장 멋진 선물일 뿐 아니라, 일요일에 우리를 기다리는 끔찍한 이별의 순간에 맞서는 거대한 보루이기도 하다.

토요일 저녁이 되고, 불행히도, 이 잊지 못할 한 주가 끝나간다. 지금까지 토요일 저녁은 매주 기쁨과 흥분의 달콤한 감정을 안겨주었다. 다음 날이면 우리가 메일린을 방돌에서 다시 보게 되리라는 걸 알았으니까. 토요일 밤에 우리는 메일린에게 우리가 곧 가니 다음 날까지 잘 견뎌달라고 애원하곤 했다. 그런데 이번 토요일만큼은 너무도 싫다!

하느님, 성모마리아님, 폴린님,
저희가 함께 누린 이 모든 기쁨이 세 분 덕이니 감사드립니다! 이 한 주 동안 나눔과 사랑과 가족의 삶을 누린 저희 마음은 행복으로 가득 찼습니다. 메일린에게 힘을 주시어 혼수상태에서 빠져나오게 하시고, 앞날에 대한 죽음의 예측을 모두 무산시키고 제 삶을 되찾게 해주신 데 깊이 감사드립니다. 그저 드리는 말씀이 아니라, 진심으로 마음 깊이 감사드립니다.

간청드립니다. 메일린이 어서 빨리 집으로 돌아올 수 있도록 도와주십시오. 저희는 더는 기다릴 수가 없습니다. 감동으로 충만했던 이 한 주가 아이가 방돌로 떠나면서 끝날 순 없습니다. 메일린이 이례적인 아이이며 저희와 함께 있어야 한다는 걸 R 박사가 서둘러 깨닫게 해주세요!

저희 기도를 들어주십시오, 나의 하느님.

아멘.

11월 11일 일요일

한참 껴안고 뽀뽀를 나눈 뒤 일어나서 우리는 함께 마지막 아침을 먹는다. 몇 초간의 침묵이 그 어느 때보다 무겁다.

이 순간이 끝나면 떠나야 한다는 걸 우리는 안다. 보육원에서는 메일린과 일상을 다시 이어갈 수 있도록, 이행이 기분 좋게 이루어지도록, 아이를 다시 떼어놓는 일이 아이에게 너무 고통스럽지 않도록 조금 일찍 와달라고 요청했다. 유쾌할 게 하나도 없다. 우리는 매주 일요일 저녁마다 아이를 혼자 그곳에 남겨두는 일이 얼마나 힘든지 잘 안다. 일주일을 함께 보내고 나서 아이를 남겨두려니 더더욱 두렵다! 이번 복귀는 지독히도 힘들다.

자동차 안에서 우리는 시간을 활기차게 보낼 계획을 세워두었다. 평소보다 더 웃고, 왜 우리가 방돌로 돌아가야 하는지 그 이유도 다시 설명할 생각이었다. 그러나 마음이 내키지 않고, 더는 의욕이 없다. 메일린은 잠들었다. 나탈리는 아이가 자기를 어디로 데려가는지 알지 못한다고 생각한다. 아이가 어떻게 생각할까? 다시 자기를 버린다고 생각할까? 잠에서 깨어나서 우리가 자기를 어디로 데려왔는지 알게 되면 어쩌지? 끔찍하다! 아이는 이해하지 못할 것이다!

방돌로 가까워질수록 차를 돌리고 싶은 마음이 솟구친다. 우리는 고통스러운 이별의 장소와 가슴 아픈 순간을 향해 달려가고 있다. 이제는 그러지 않아도 되건만 우리 딸 메일린을 우리로부터 멀리 떼어놓는 곳을 향해. 하지만 우리는 아이의 변화에 필요한 모든 조건을 갖추고 나서 다시 아이를 데려와야 한다는 걸 안다. 이렇게 아이를 홀로 두고 지금까지 아이가 해낸 것에만 흡족해하는 건 생각도 할 수 없는 일이다. 메일린은 투지 있는 아이다. 아이는 집으로 돌아와야 한다.

보육원에 도착해서 우리는 깜짝 놀란다. 무엇보다 메일린이 우리가 생각한 것보다 훨씬 쉽게 병실로 돌아가는 걸 보고 충격받는다. 아이는 마치 제집으로 돌아가듯이 병실로 들어선다. 그곳에는 아이에게 지표가 되는 물건들이 우리 집보다 더 많다. 아이가 망드리외의 새 아파트에서는 한 주밖에 보내지 않았으니 말이다. 우리는 크게 당황하고, 충격받는다. 메일린은 꼼짝도 못 하는 병실 친구와 간호보조사 오렐리아—파니와 교대했다—와 함께 여기서 지내는 게 더 나을까? 아니다, 그럴 리 없다! 오렐리아가 오면서 우리의 마음속 생각이 중단된다.

"안녕, 메일린! 잘 지내셨나요?"

"네, 더없이 좋았죠. 정말이지 기뻤어요. 그런데 이렇게 다시 왔네요."

나탈리가 대답한다.

"저희가 메일린을 잘 돌볼 겁니다. 아이가 정말 사랑스럽고 애교가 많아요. 아이와 함께 있는 게 무척 기분 좋아요."

"네, 저희도 잘 알지요."

일주일을 보내고 난 뒤의 이별이 메일린에게는 거의 고통스럽지 않아 보인다. 뽀뽀를 나누는 시간은 격렬해도 간단히 끝난다. 우리는 차분한 이별이 주는 충격에서 헤어나지 못한다. 고통스러운 이별을 바란 건 아니지만 오늘의 이별이 이런 식으로 이루어진다는 건 우리가 한 번도 생각하지 못한 단계를 드러내는 것처럼 보인다. 메일린이 제 상황을 이해하고 받아들였다는 단계를.

"아이가 우리를 덜 사랑하는 것 같아?"

망드리외로 돌아가는 길에 나탈리가 걱정스레 묻는다.

"아냐, 그건 절대 아니지."

하지만 나는 단호하게 대답하고도 겁이 나서 곰곰이 생각한다. 그게 아니길 바라고, 적어도 그렇게 믿으려 애쓴다.

"아이가 똑똑해서, 우리가 다시 저를 집으로 데려오기 위해 준비하는 동안 자기는 이곳에 있어야 한다는 걸 이해한 걸 거야. 얼마 동안 왜 보육원에 머물러야 하는지 잘 설명했잖아."

"난 무서워, 마뉘. 아이가 우릴 이제 사랑하지 않을까 봐."

나탈리가 흐느끼며 말한다.

"절대 아냐. 아이는 우리를 넘치도록 사랑해. 당신과 한 몸처럼 연결되어 있고, 아이는 절대로 우리를 버리지 못하고 앞으로도 그럴 거야. 장담해."

하지만 이 일요일의 후유증은 우리 머릿속에 남을 게 분명하다. 적어도 다음 방문 때까지는. 이 생각이 우리 마음속에 자리 잡아서 미리 체념하는 일은 없어야 한다.

*

    메일린을 집으로 데려오기 위해 우리가 좇아야 할 새로운 목표는 메일린이 일상에서 필요한 모든 의료서비스를 집에서 받을 수 있다는 걸 입증해 보이는 것이었다. 우리가 우리 딸을 돌볼 줄 안다는 걸 의료기관에 증명해야 한다니 갑갑한 노릇이다. 우리는 아이가 쾌적한 환경에서 보호받도록, 재활이 이어질 수 있도록 모든 노력을 기울이리라는 걸 증명해 보여야 한다. 우리가 아이에게 생명을 주었을 때도 아이를 돌볼 줄 안다는 걸 입증해야 했던가? 전혀 그렇지 않다. 그런데 이제 메일린의 귀환은 우리가 망드리외에서 아이를 위해 무엇을 할 건지에 따라 결정된다.

    그래서 우리는 행정적 절차를 최대한 진지하고 꼼꼼하게 준비하기 시작한다. 잘못 채워진 자료 하나, 빠진 자료 하나가 어떤 복잡한 상황을 낳을 수 있는지 우리는 너무도 잘 안다. 이건 신분증을 다시 만드는 문제가 아니라, 우리 가족의 단위를 재구성하는 문제다. 이보다 더 소중한 일이 없다. 다행히 보험회사는 우리가 목표에 가능한 한 빨리 도달할 수 있도록 할 수 있는 모든 걸 해주었다. 우리는 내가 집에서 떠나는 시간과 나탈리가 직장에서 돌아오는 시간 사이의 틈새를 메꿔줄 활동 지원사를 금세 구했다. 인생은 타이밍이 생명이다. 이제 나는 보육원 원장을 안심시키기 위해 안전 장비를 구하는 데 전념한다. 원장도 보육원에서 떠나기 전에 모든 준비를 갖추라고 상냥하게 우리를 압박한다. 메일린의 안전을 보장할 장치가 갖춰지지 않으면 아이를 아무 데도 못 데리고 간다는 암시다. 그래서 화장실 손잡이도 골라야 하고, 밤에 추락하는 걸 방지하기 위해 침대도 개조해야 한다. 메일린이 나날이 발전하고 있기에 이것들이 꼭 필요하다고 믿지는 않지만, 아이가 집으로 돌아오려면 준비해야만 한다. 아이가 집으로 돌아오는 것이 우리의 유일한 목표니까! 그래서 우리는 모든 요구에 따른다.

치열한 날들이 이어진다. 우리는 여전히 F 박사의 대답을 기다린다. 그가 R 박사와 얘기해서 마침내 우리의 목소리가 전해지길 강렬히 바란다. 우리에게는 하루하루가, 한 시간 한 시간이 중요하다. 하루는 언제나 절망의 한숨으로 끝난다. "어휴! 오늘도 아무것도 못 받았네. 내일은 받았으면 좋겠다."

인내심을 갖고 기다리니, 우리가 메일린을 다시 방돌에 남겨두고 얼마 지나지 않아 첫 번째 희망이 나타난다. F 박사가 내게 전화를 걸어 R 박사와 함께 메일린이 보인 회복의 예외적인 성격에 대해 논의했다고 말한다. R 박사도 영상들을 보았다고 한다. 내 생각엔 메일린이 의사가 예견했던 후유증을 전혀 보이지 않는다며 F 박사가 그를 설득한 것 같다.

"아주 좋은 소식이 있어요. 메일린이 보인 발전에 대해 R 박사와 얘기를 나눴는데, 제가 전에 말씀드린 대로 메일린이 집으로 퇴원하고 방스에서 주간 재활치료를 받을 수 있도록 할 생각입니다."

"정말 잘됐어요. 그런데 R 박사님이 영상은 보셨답니까?"

"네……."

그런데 왜 내 메일에는 답장을 보내지 않았을까? 뭐, 이젠 아무래도 좋다!

그의 말을 자르며 내가 말한다.

"그러면 이제 어떻게 해야 할까요? 언제 메일린을 데리러 갈 수 있을까요?"

"제가 메일린을 돌보는 방돌의 의사에게 연락해서 메일린의 자료를 받고 이송 요청을 하겠습니다. 그 확인을 받고 나서 메일린을 데려올 수 있는 날짜를 전해드리겠습니다."

"좋습니다! 시간이 오래 걸릴까요?"

"아닙니다. 상황을 정리하고 어떻게 이송할지를 보려면 며칠이면 될 것 같네요.

"그런데 이송 요청은 하지 않고, 저희가 데리러 가려고 합니다."

"아, 참, 그렇겠군요."

"알겠습니다. 그럼, 연락 기다리겠습니다. 고맙습니다, 선생님."

"나탈리! 됐어!" 나는 집 안에서 크게 외친다.

이제 거의 다 왔다. 다음 일요일이 아마도 방돌에서 보내는 마지막 일요일이 될 것이다. 혈관 속에서 피가 끓고, 심장은 마구 날뛰고, 달콤한 열기가 온몸을 감싼다. 우리의 호흡도 더 여유로워진다. 꼭 마법 같다. 나의 하느님, 감사합니다!

11월 20일 화요일

"여보세요, 트란 씨?"

"안녕하세요, 박사님."

심장이 마구 펄떡인다. 나는 생각했다. '오늘인가?'

"방돌의 의사와 논의했다는 말씀을 드리려고 전화 드렸어요. 메일린의 자료를 받아서 이미 훑어보고 분석도 했습니다……."

나는 속으로 생각했다. 그런 건 아무래도 상관없고, 내가 듣고 싶은 얘기는 그게 아니니, 단도직입적으로 말씀하세요!

"사실, 아이는 계속 발전하고 있어요……. 그래서 저희는 합의를……."

네, 네, 어서 말해요. 어떤 합의냐고요?

"카드랑 솔레르에서 1월부터 후속 치료를 이어가기로 했어요."

"1월이요?" 나는 얼이 빠져서 대답했다. "1월까지 기다려야 한다고요?"

"네. 그렇지만 잠깐만요, 따님은 이번 일요일에 데려오실 수 있습니다."

"아, 정말요? 이번 일요일이요? 확실합니까?"

이날 나와 함께 일하고 있던 나탈리는 내가 의사에게 하는 대답을 듣고서 내 앞에서 펄쩍 뛰었다. 나는 나탈리에게 이번 일요일이라는 걸 확인시켜주려고 고개를 끄덕였다. 내가 반복하는 소리가 내 귀에 울렸다. 이번 일요일, 이번 일요일이죠?

"네, 네, 모든 걸 처리해두었어요. 직접 가셔서 메일린을 데려올 생각이시죠?"

"그럼요! 이 모든 일에 감사드립니다, 선생님. 고맙습니다, 정말 고맙습니다."

눈시울이 붉어지고 눈물이 차오른다.

우리는 온종일 이 소식에 들뜨고 극도로 흥분한다. 그래서 같은 말을 자꾸만 반복한다. "있을 수 없는 일이야,

세상에!"뇌는 궤도를 이탈하고, 이 기쁨의 급류를, 행복의 쓰나미를 흡수하려고 모든 신경세포가 동원된다. 도파민 수치가 이렇게 높았던 적이 없다! 완전한 충만감이다! 더는 아무것도 중요한 게 없다. 우리는 포옹하며 자축한다. 손님들이나 직원들도 우리 행복을 지켜보는 관객이 될 수밖에 없다. 우리는 참으로 행복하다! 우리는 지인들에게 이 엄청난 소식을 알리려고 들떠서 전화를 건다. 그러면서 곡예라도 하듯 서로의 전화기를 주고받는다. 카린, 롤로, 스테판, 오드레, 장인 장모님, 부모님, 그리고 나머지는 SNS로 알릴 것이다. 모든 사람에게 전화를 걸 수는 없다. 너무 많다. 얼마나 다행인지! 얼마나 행복한 결말인지! 드디어 가족 모두 모이게 되었다! 병원도 끝이고, 헤어져 지내는 것도 끝, 지독히 가슴 아프던 이별의 시련도 끝이고, 울음도 끝, 끝났다, 끝났다······.

11월 25일 일요일

그토록 바라고 기다린 일요일이다! 방돌에서의 마지막 날이다! 집으로 돌아간다! 모두 함께! 이날이 오기를 얼마나 자주 기도했던가. 하느님의 권능이 임하여 메일린이 집으로 돌아올 수 있기를 얼마나 기도했던가. 우리는 메일린이 방돌에서 가지고 있던 물건을 모두 가져오기 위해 자동차를 말끔히 비웠다. 아이의 코르셋 의자, 짐과 장난감, DVD. 하나도 잊지 말아야 한다. 그곳으로 돌아 갈 일은 없을 테니까!

보육원에 도착했다! 우리는 마지막으로 정원에 들어서서, 안내 데스크 앞을 지나, 아이들을 위한 안전문의 빗장을 열고 두 층을 올라가, 유리 복도를 따라가서 오른쪽에 있는 메일린의 병실에 다다른다. 그리고 마지막으로 그 문을 연다.

"안녕, 메일린!" 나탈리가 경쾌하게 말한다.

"엄마!" 메일린이 즉각 대답한다.

"오늘은 너를 데리러 왔고, 우리 모두 같이 집으로 돌아간다는 걸 너도 알지. 이제부터는 항상 함께 지낼 거야."

메일린이 나탈리의 목을 얼싸안는다. 아이의 사랑이 고스란히 느껴진다. 그 강렬함과 진정성, 온기와 불꽃은 참으로 특별하다. 우리가 그걸 그토록 쉽게 알아보는 건 사랑의 아우라가 수천 개의 불꽃으로 빛나는 것 같기 때문이다.

떠나려는 우리를 간호사 파니가 멈춰 세운다.

"메일린을 위한 깜짝 선물이 있어요. 재활실에서 좀 기다려주시겠어요?"

우리는 병실을, 침대를, 여전히 움직이지 못하지만 여전히 환히 미소 짓는 병실 이웃 소녀를 남겨둔 채 내려간다. 이웃 소녀는 오직 눈으로 우리를 좇는다. 나는 소녀가 메일린이 이제 돌아오지 않으리라는 걸, 앞으로는 혼자 남아야 한다는 걸 이해하지 못하길 바란다. 참으로 슬프다. 나는 무심코 손을 문설주에 올리고는 마지막으로 둘러본다. 그 목적이 기억하려는 것인지, 아니면 그저 불행을 좇고, 이 병실의 이미지들에서 메일린을 빼내려는 것인지 모르겠다. 이제 복도를 따라 계단 쪽으로 나아간다. 병실이 사라진다…… 영원히.

우리가 문을 밀고 들어선 재활실은 한껏 꾸며져 있다. 풍선, 벽에 걸린 꽃 장식들. 식탁 위에는 온갖 종류의 사탕과 과자와 음료가 가득하다.

"우와, 멋지네요!" 나탈리가 말한다.

딸들도 깜짝 놀란다.

"메일린, 봤지? 정말 멋지네. 간호사님들이 네가 떠난다고 이걸 준비하신 거야!"

우리가 미처 의자에 앉을 새도 없이 아이들이 떠나는 메일린을 축하하려고 다가온다. 우리 눈앞에는 진짜 파티가 준비되어 있다. 정말 고마운 일이다. 사실 파티를 마련해야 할 사람은 오히려 우리였는데. 하지만 병원 사람들이 오늘 축하하는 건 승리다. 장애를 이긴 승리. 이곳 아이들에게는 이런 승리가 절실히 필요하다. 여기서 나가는 게 가능하다고 믿을 필요가 있다.

간호사 파니가 말한다.

"애들아, 오늘 우리가 파티를 여는 건 메일린이 부모님과 함께 집으로 돌아가기 때문이란다."

우리는 메일린에게 가까이 다가와서 작별의 뽀뽀를 하는 아이들 틈에 서 있다. 다섯 살쯤 된 꼬마 여자아이가 나탈리에게 다가온다. 아이는 나탈리의 손을 잡더니 눈을 맞추며 더없이 다정하게 말한다.

"나도 우리 집에 가고 싶어요……."

"…."

나탈리는 대답할 말을 찾지 못한다.

우리가 불행히도 뭐라 대답할지 몰라 난감해하는 걸 보고서 파니가 끼어든다.

"그래. 그런데, 당장은 기다려야 해. 먼저 아빠와 엄마에게 물어봐야 해!"

우리는 꼬마의 말을 듣고 그 자리에서 굳어버렸다. 대부분의 시간을 가족과 떨어져서 혼자 지내는 아이들을 보고 있으니 참으로 슬펐다. 보육원의 직원들은 그 아이들과 놀라운 일을 해내고 있다. 아이들을 돌보느라 바치는 시간과 사랑과 에너지……. 이런 사람들이 존재한다는 사실이 놀랍고 아름답다!

보육원 현관 계단에서 메일린이 떠나는 걸 놓치지 않으려고 나온 원장과 간병인들과 함께 사진을 찍고 나서 우리는 보육원을 떠난다. 가족이 함께하는 삶이 우리에게 두 팔을 벌리고 있는데, 그 삶을 너무 오랫동안 기다리게 할 수는 없다. 보육원의 문이 자동차 백미러 속에서 멀어진다. 끝났다! 됐어. 온 가족이 함께 집으로 돌아가는 지금이 11월 말이니, 우리가 헤어져 지낸 지가 벌써 6개월이나 되었다. 영원 같은 시간이다!

메일린이 집에 돌아오고 닷새 뒤가 나의 생일인데, 다시 넷이 함께하는 삶보다 더 멋진 생일선물이 있을까! 두 딸로부터 동시에 양쪽 뺨에 뽀뽀를 받는 것보다 더 멋진 선물을 내가 바랄 수 있을까? 내 무릎에 앉은 루안과 메일린을 느끼고, 이 아이들이 살아 있는 걸 느끼고, 생일파티에 함께하며 참으로 행복해하는 걸 느끼고, 아이들이 누가 더 아빠를 세게 끌어안는지 경쟁하듯 나를 끌어안는 걸 느끼는 것보다 더 멋진 선물이 있을까. 이날이 결단코 내가 경험한 최고의 생일이다. 감사합니다!

넷이 함께하는 새로운 삶

2012년 11월 말

우리가 익숙한 일상을 되찾기 무섭게 F 박사가 첫 진료 약속을 잡기 위해 연락을 해온다. 우리는 메일린의 경우가 대단히 예외적이라는 걸 안다. 메일린이 어떤 검사들을 받건 그리 중요치 않다. 아이를 검진하는 모든 의사가 메일린이 의식도 없이 꼼짝 못하고 침대에 누워 지낼 상태가 전혀 아니라는 걸 깨닫는 것이 중요하다. F 박사는 메일린이 병원 치료를 위해 혼자 병원에 남아 있기에는 너무 어려서 우리가 몇 가지 요구사항을 따라야 할 거라고 미리 예고했다.

카드랑 솔레르 병원에서 첫 검사들을 받는 데 나흘이 걸린다. 메일린에게 필요한 것들을 파악하기 위해 아이는 그곳에 적응하며 머물러야만 한다. 그래야 의사들이 아이에게 처방할 후속 조치의 수준을 결정할 수 있다. 우리는 번갈아가며 메일린의 곁을 지켜야 한다. 낮에는 장인어른이 병원에 남고, 저녁에는 내가 교대하기로 한다. 그렇게 우리는 그곳에서 첫 밤을 보내기 위해 병원으로 향한다. 우리는 성대하게 환영받는다! 간호사들이 일상적인 업무까지 잠시 내려놓고 우리를 만나러 온다. 그리고 한 사람씩 자신을 소개한다. 정말 기분이 좋다. 몇 달 전의 검사 때와는 분위기가 사뭇 다르다. 마침내 F 박사도 온다.

"안녕, 메일린. 안녕하세요. 우리 재활 팀의 엘로디와 쥘리앙을 소개해드릴게요. 이분들이 메일린을 돌봐주실 겁니다. 메일린이 받게 될 검사에 따라서 때로는 두 분이 같이, 때로는 한 분이 함께하실 겁니다."

1월에 있을 재활교육을 위한 서류를 작성하고 나자 간호사들이 우리가 머물 병실을 보여준다. 메일린에게는 커다란 병원 침대가, 내게는 아이 침대 옆에 놓는 보조 침대가 제공된다. 모든 게 아주 체계적으로 이루어지는 것 같다.

옆 병실의 소녀에게 인사를 하고 왔더니 F 박사가 휠체어 하나를 가지고 와서 타보라고 한다.

"메일린, 이걸 보렴. 우리가 너한테 바퀴 달린 의자를 빌려줄 거야. 이걸 타면 네가 이동하기가 훨씬 쉬워질 거야. 봐봐, 금속 바퀴 위에 손을 대고 움직이면 앞으로 갈 수 있어.”

의사는 직접 휠체어에 앉아서 어떻게 하는지 보여준다. “메일린, 너도 한번 해볼래?”

내가 묻는다.

“네.”

아이는 휠체어를 향해 다가가며 말한다.

잠시 후, 메일린은 휠체어를 한번 타보고 나더니 휠체어를 놓고 복도를 따라 설치되어 있는 난간을 잡는다. 그러더니 혼자 걸어서 우리 쪽으로 돌아온다.

“메일린은 정말 놀랍네요!”

의사는 나를 보다가 고개를 돌려 메일린을 줄곧 바라본다.

“지난달보다 더 잘 걷네요. 정말 놀라워요.”

나는 대답한다.

“네, 아이가 멈추는 법이 없어요. 계속 걸어요. 쉬지 않고 걷고 또 걸어요. 우리 손을 잡고 계속 걷지요.”

의사는 꼼짝 않고 서서 아이가 걷는 모습을 바라보고, 아이의 걸음을, 다리의 위치를, 한쪽 발에서 다른 쪽 발로 무게를 옮길 때의 몸의 균형을 살핀다. 나는 그가 고개를 끄덕이는 걸 보며 그가 속으로 이렇게 생각한다고 상상한다. ‘좋아, 아주 좋아!’ 메일린은 내 손을 잡더니 나를 끌고 복도 반대편까지 걸어간다. 비상구의 유리문이 궁금한 모양이다. 그 광경을 지켜보는 간호사, 의사, 간병인 들의 눈길이 느껴진다. 의료진들이 깜짝 놀라는 걸 느끼는 건 기분 좋은 감정이다. 말하자면 이런 기분이다. "보시다시피, 7월의 그 메일린이 아니랍니다!"

밤은 문제없이 지나간다. 이른 아침 식사 후에 메일린은 재활 팀인 엘로디와 쥘리앙과 함께 재활실과 그곳 장비들도 보고, 재활이 필요한 대상들을 확인하기 위해 몇 가지 테스트를 하러 간다. 나는 안내 데스크 근처에서 기다린다. 나는 다른 환자들과 섞이는 걸 피하고 싶다. 그 세계는 나의 세계도 아니고, 앞으로 메일린의 세계도 아닐 것이다. 이날 일정은 모두 끝났다. 나는 다음 날인 화요일과 목요일 낮에 이곳에 머문다. 목요일 밤부터 금요일까지는 장인이 나를 대신한다. 그리고 금요일 오후에는 내가 아이와 장인을 데리러 온다. 나흘 동안의 검사가 끝나고 재활 프로그램을 결정하기 위해 F 박사는 내게 메일린, 엘로디, 쥘리앙과 자신이 있는 진찰실로 와달라고 부른다. 그들은 메일린의 변화에 여전히 놀란 채 무언가를 하려는 아이의 의지와 쾌활한 성격에도 감탄한다. 그들은 아이가 분명히 도움 없이 몇 미터를 걸을 수 있을 것이며, 나중에는 자립성을 회복할 것이라고 믿는다. 다시 한번 나는 그들이 메일린이 무엇까지 할 수 있을지 과소평가한다고 생각한다. 이 아이에겐 강철 같은 의지가 있다는 것, 그것이 얼마나 놀라운지 우리는 매일 느끼고 있다. 아이를 겁먹게 할 장애물은 없다. 아이는 당신들이 여전히 잘못 생각하고 있다는 걸 보여줄 것이다!

재활 프로그램은 2013년 1월 초로 잡혔다. 아이가 너무 지치지 않도록 일주일에 4회, 월요일, 화요일, 목요일, 금요일에 진행하기로 했다. 메일린은 정신 운동, 물리치료, 작업치료를 받을 것이다. 이동은 MDPH[†]가 맡아주기로 해서 나는 매일 운전에 신경 쓰지 않고 메일린을 따라다닐 수 있다.

나는 묻는다.

"다 괜찮은 거죠?"

시간이 길어져서 우리는 모두 함께 집으로 돌아가려고 서두른다.

"네, 그럼요. R 박사님과 제가 함께 작업하고 있어요. R 박사님이 메일린의 자료를 업데이트하도록 조만간 그분을 만나시게 될 겁니다. 더구나 저희가 오늘 만난다는 사실도 이미 알고 계십니다. 곧 보자, 메일린!"

"안녕히 계세요."

살짝 쉰 목소리로 메일린이 말한다.

[†]　국민건강보험과 협력하여 장애인에게 필요한 모든 서비스를 제공하는 지역 장애인 복지 기관.

"곧 뵐게요."

우리는 손을 잡고 메일린과 함께 집으로 출발한다.

우리는 후속 치료가 잡혀서 아주 기쁘고, 메일린이 우리 곁으로 돌아올 수 있도록 F 박사가 R 박사를 조금 압박한 것도 기쁘다. 또한 어서 빨리 랑발 병원에서 메일린을 맡았던 의사가 니스에서 메일린을 볼 수 있기를 바란다. 그 의사가 이 믿기 힘들고 놀라운 회복에 대해 어떻게 설명할지 기대된다. 우리 자신도 메일린의 상태에 놀랄 수밖에 없었다. 아이가 이 정도로 자신을 초월할 수 있으리라고는 상상도 하지 못했다. 예고된 죽음의 상태와 영구적인 식물인간 상태에서 점차 자립성을 회복해가는 상태로 건너올 수 있으리라고는 상상하지 못했다.

리옹에서 니스로 이송되던 날이 아이가 깨어나는 데 결정적이었다. 그날을 다시 생각할 때마다 전율이 인다. 모든 분석을 제아무리 다시 읽고, 자료를 샅샅이 검토하고, 아이의 의료기록을 자세히 살펴봐도 그 무엇도 이런 회복을 예측하지 않았을 뿐 아니라, 분석에서의 오류를 속단할 수는 더더욱 없었다. 예측이라는 말은 더구나 적절하지 않다. 의료 실수였을까? 우리는 모든 검사 결과를 면밀히 추적해왔다. 모든 의사가 검사 결과를 거듭 샅샅이 살피고 나서 메일린의 수명 종료 계획을 선언했다. 우리는 너무도 당혹스러웠지만 그걸 의심할 수는 없었다.

하지만 우리는 피할 길 없는 그 결정을 거부했다. 그리고 거듭 기도했다. 기적이라는 말이 점점 더 머릿속에서 의미를 띠고 자리를 차지하기 시작했다. 정말 그게 가능한 일일까?

2012년 12월

크리스마스가 성큼 다가왔다. 우리는 크리스마스 장식을 시작한다. 아이들에게는 무척 들뜬 순간이다. 메일린은 아직 가구나 누군가의 손을 붙잡지 않고는 웅크리고 앉았다가 다시 일어나지 못한다. 그래서 한 팀이 되어 작업하기로 한다. 메일린이 장식용 구슬을 꺼내어 루안에게 건네면, 나탈리가 색이 조화롭게 어울리도록 고른 가지에 루안이 장식을 매단다.

결국 달라진 건 아무것도 없다! 삶은 이 집에서 완전히 제 권리를 되찾은 것처럼 보인다. 우리는 예전과 똑같은 기쁨을 누린다. 한 가지 달라진 점이라면, 메일린이 학교에 가지 않는다는 사실뿐이다. 메일린은 사고가 일어났을 당시에 다니던 학년을 끝내지 못했다. 아이가 병원에 가지 않을 때에는 의료보조원이 와서 아이와 함께 지낸다. 빡빡한 일정이지만 우리에겐 선택의 여지가 없다. 이런 구속이 곧 우리의 구원이기 때문이다.

메일린은 여전히 우리를 놀라게 한다. 날이 갈수록 아이는 당혹스러우리만큼 쉽게 장애의 장벽을 깨뜨린다. 나탈리와 나는 언제나 과잉보호하는 편이어서 식사 때마다 긴장하고―음식물을 잘못 넘길까 겁나서―, 메일린이 무슨 행동을 할 때마다 극도로 집중해서 전혀 쉬지 못한다. 그래서 늘 경비태세다!

이제 메일린은 붙잡을 가구가 있으면 두 걸음 정도는 걷는다. 군인처럼 포복하며 이동하는 건 그만두었다. 아이가 그런 자세로 타일 위를 지나가는 걸 보려니 견디기 힘들었는데 이젠 괜찮다. 고작 두 발짝 가는 것을 걷는다고 할 수는 없지 않느냐고 말할 사람들도 있을 것이다. 그렇다, 그건 걷는 게 아니다. 거인의 뜀박질이다. 닐 암스트롱이 달에서 내디딘 걸음조차 그 두 걸음보다는 쉬웠을 것이다.

2012년 12월 21일

R 박사는 여러 진찰 장소를 오가느라 항상 바쁘다. 어떤 이유인지는 모르겠지만 크리스마스 직전에 메일린과 함께 R 박사를 만나기로 약속이 잡혔다. 메일린과 나는 조금 일찍 도착한다. 대기실에서 메일린은 어항의 물고기들을 보러 갈 마음을 먹는다. 아이가 어항에 손을 대고

서 있을 때 문이 열리고 박사가 나타난다. 그는 그 자리에 굳은 듯 섰는데, 그 시간이 내게는 한없이 길게 느껴진다. 박사는 아무 말 없이, 인사조차 없이 꼼짝하지 않다가 별안간 말한다.

"저 아이가 메일린이에요?"

그는 물고기에 끌린 아이를 계속 바라본다.

"네, 맞아요."

나는 흡족하고 자랑스러운 마음을 은근히 드러내며 대답한다.

어항의 물고기들을 바라보고 있는 메일린을 가만히 서서 관찰하는 박사는 두 팔을 늘어뜨린 채 아연실색한 표정이다. 그저 눈만 깜빡일 줄 알고 주변을 인식하지 못할 거라고 했던 아이 아닌가. 그런 모습과는 너무도 다르잖나!

"자, 메일린, 내 진찰실에서 몇 가지 놀이나 해볼까."

R 박사는 기본적인 검사부터 시작해서, 필요한 정보를 얻기 위해 조금 더 방향성 있는 검사까지 이어간다.

박사가 아이에게 말한다.

"메일린, 네가 이 모든 걸 할 수 있다니 정말 멋지다. 브라보! 놀라워, 정말이지 놀라워."

"선생님께서 하신 말씀은 기억하고 있지만 아이가 너무 나아져서 제가 영상과 사진을 보냈는데, 좀 성가셨죠?

죄송합니다."

"아닙니다. 잘하셨어요. 아이가 저렇게 혼자 서 있는 모습을 보리라고는 정말 예상하지 못했어요."

"그런데 어떻게 이런 일이 가능한 거죠?"

내가 묻는다.

그는 심호흡을 내뱉고는 말한다.

"흠, 아이들은 잠재력이 많아서 때로 우리를 놀라게 하죠."

"네, 그렇지만 처음 예상한 것과는 정말 거리가 멀잖아요."

"네, 사실이에요. 하지만 저희처럼 단순히 걷는 것도 메일린에게는 대단히 어려운 일이라는 점을 아셔야 합니다. 똑바로 서는 것도 어렵지만, 걸음을 이어가는 건 훨씬 더 복잡한 일이죠. 분명히 아이는 몇 미터, 심지어 20미터까지는 걸을 겁니다. 하지만 그 이상은 정말이지 어려울 겁니다. 그 이상은 상상하지 않으셨으면 합니다."

"저희는 메일린이 보여주는 모든 걸 받아들입니다. 아이가 죽을 거라던, 그리고 평생 누워 지내야 할 거라던 시절이 있었는데 지금은 걷잖아요. 저희는 끈기 있게 기다릴 수 있습니다! 그래도 저희가 저 아이의 생명을 포기할 수도 있었다는 생각을 하면 정말 끔찍합니다!"

"매년 랑발 지역에서 물에 빠진 아이들을 봅니다. 그

아이들은 메일린과 똑같이 무산소증을 겪죠. 거기서 무사히 빠져나온 경우는 아주 드물고, 보통 대단히 심각한 장애를 갖게 됩니다. 부모에겐 거의 극복하기 힘든 부담이에요. 저희가 잘못 판단하는 경우는 드물어요. 행여 그런 일이 있더라도 저희의 진단에서 그리 멀어지진 않지요. 그런데 메일린의 경우는 정말 놀랍습니다."

나는 고개를 끄덕이며 결국 그의 말을 받아들인다. 잠시 후 의사가 말을 이어간다.

"제 생각에 메일린은 아마 부활절 이후에 학교에 갈 수도 있을 것 같습니다."

나는 그의 마지막 문장에 충격을 받는다. 기쁘지 않아서가 아니라, 거의 학교를 잊고 있었기 때문이다! 아이의 재활이 시작되지도 않았는데 아이가 학교 수업을 다시 받을 수 있을 거라고 예고하니 말이다. 중증 장애 아동을 돌보는 고된 삶을 살 준비를 하라고 했던 바로 그 의사가.

"네? 그럴 수 있으리라고 생각하세요?"

"아이가 저렇게 발전했으니, 멈출 이유가 없잖아요. 물론 조건이 없진 않습니다만!"

나는 의사가 이 회복을 이해하지 못하겠다고 말하게 하려고 온갖 방향으로 질문들을 돌려서 던졌다. 그가 이해하지 못하겠다고 털어놓길 기다렸고, 여섯 달째 우리가 겪어온 것을 그가 확인하길 바랐는데, 그는 이 진찰 끝에 메일린의 의료기록에 큰 글자로 이렇게 적으며 결론을 내렸다. *비상한 회복.*

2012년 12월 말

12월은 미친 듯이 빠르게 흘러가서 벌써 대림절 마지막 주일이다. 우리는 장인 장모님을 모시고 발크뤼즈 성당에 미사를 보러 가기로 마음먹었다. 앉을 자리를 확보하기 위해 조금 일찍 도착했다. 발크뤼즈 성당은 찾아오는 사람이 많은 곳이다. 우리는 자리를 잡고 메일린을 무릎에 앉힌다. 다니엘 신부님이 우리 쪽으로 와서 인사를 한다.

"안녕하세요, 나탈리. 이 아이가 메일린입니까?"

"안녕하세요, 신부님. 맞아요, 메일린이에요."

나탈리가 자랑스러운 얼굴로 대답한다.

"이건 기적입니다!"

신부님이 외친다.

나는 가만히 고개를 끄덕여 그 말에 동의한다. 그러자 신부님이 말을 이어간다.

"그저 믿기 힘드네요."

미사가 진행되는 동안 메일린은 잠이 든다. 나는 메일

린을 품에 안은 채 생각과 기도 사이를 오간다.

하느님, 성모마리아님, 당신께서 허락해주신 것을 보십시오! 당신께서 메일린에게 생명을 다시 주셨으니 보세요. 저희 가족이 어떻게 온전히 모였는지 보세요. 이 멋진 크리스마스 선물에 감사드립니다!

집으로 돌아와서는 사진을 찍지 않을 수 없다. 곱게 차려입은 아이들이 너무 예뻐서다. 메일린이 끊임없이 장난을 쳐서 사진 찍기가 쉽진 않다. 인상 쓴 메일린의 사진이 많이 남게 될 것이다.

성탄절을 온 가족이 함께 보낼 수 있고, 이 가족 모임을 위해 서로 뭉칠 수 있어서 얼마나 마음이 놓이는지 모른다. 이건 우리 친구들 모두가 나날이 확인하는 이 경이로운 회복과 마찬가지로 주님의 선물이다. 이 발전, 싸움, 생명의 기적. 루안도 일상에서 메일린에게 힘을 주는 에너지의 원천이다. 메일린은 이제 중증 외상 환자나 장애인을 위한 시설 거주자가 아니라, 건강한 사람들과 같은 삶을 사는 일원이다. 아이에게는 온 힘을 다해 응답해야 할 부름이 있다. 아이의 언니가 정신적 기둥으로서 그 길을 보여줄 것이다.

재활과 학교를 향한 길

2013년 1월 7일

크리스마스 방학이 끝났다. 우리는 희망을 가득 품고 새해를 시작한다. 앞으론 더 나아질 일밖에 없을 것이다. 하지만 아직 메일린의 학교 등록, 카드랑 솔레르 병원에서 이어갈 재활치료, 가족끼리 보내는 새로운 일상 등 해결해야 할 문제가 많다.

루안은 오늘 다시 등교하고, 우리도 일터로 돌아가야 한다. 나는 루안을 학교에 데려다주러 가면서 메일린도 차에 태운다. 아이의 학교 등록을 위해 초등학교 교장을 만나야 하기 때문이다. 루안은 서둘러 우리에게 뽀뽀를 하고는 친구들을 만나러 운동장으로 달려간다. 사방에서 아이들이 달리고 있다. 메일린은 눈을 동그랗게 뜨고 아이들을 바라본다. 루안이 다니는 칸의 스타니슬라스 학교를 메일린은 처음 본다.

메일린과 나는 건물 1층에 있는 교장 비서실로 향한다. 운동장을 가로지르는데, 바닥에 그려진 이런저런 놀이판이며 농구 골대, 지붕 덮인 안마당이 메일린의 눈길을 끈다. 이곳은 초등학교이고 메일린은 유치원에 들어가야 하지만, 이 운동장이 아이에게는 기분 좋은 발견이다. 비서실에 도착하자 비서가 우리에게 잠시 기다리라고 한다. 마침내 교장이 도착한다.

"안녕하세요, 트란 씨. 저는 L입니다. 이리 오세요. 제 사무실로 가시죠."

그는 우리를 교장실로 데려가 문을 열어주더니, 집무 책상보다는 회의용 둥근 탁자에 앉으라고 권한다.

"만나주셔서 감사합니다."

"무슨 말씀이십니까. 아버님의 전화를 받고 놀랐다는 말씀을 드리지 않을 수 없네요."

"네, 그러셨을 것 같아요."

"안녕, 메일린. 잘 지내니?"

"잘 지내요."

메일린은 커다란 탁자에 앉아서 무척 기분이 좋은 모양이다.

"너 그림 그리는 거 좋아하니?"

"네."

"나한테 그림 한 장 그려줄래? 내 사무실에 걸어놓게.

네가 그림 그리는 동안 나는 아빠랑 얘기 좀 할게."

"좋아요."

아이는 교장이 건네는 색연필을 쥐고 그림을 그리기 시작한다.

"그럼 트란 씨, 저희끼리 얘기 좀 나누시죠. 말씀드렸듯이, 메일린의 복학 요청 전화를 받게 되리라고는 예상치 못했어요. 무슨 일이 있었습니까? 이런 말씀 죄송하지만, 저는 아이가 사망한 줄 알았어요."

"괜찮습니다. 얘기하자면 아주 깁니다. 간단히 말하자면, 제가 메일린의 학교 등록을 취소해달라고 전화를 드렸을 때 아이는 불행히도 혼수상태에 빠졌는데, 그땐 곧 사망할 거라던 상태였죠. 의사들은 치료를 중단하겠다는 결정까지 내렸고요. 그런데 예상을 뒤엎고 아이는 살아났습니다."

"아이의 입학을 취소해달라고 전화하셨던 일 기억합니다. 그때 충격을 받고 슬펐습니다. 동료들에게도 알렸지요. 끔찍한 소식이었습니다. 그런데 이렇게 아이가 돌아오다니! 어떻게 이런 일이 가능하죠?"

"아무도 설명을 못 하는데, 아이는 저렇게 살아 있어요."

"아, 그렇군요! 다 괜찮은 거죠?"

L 교장은 나와 얘기하면서도 메일린이 그림 그리는 걸 바라보며 종종 메일린에게 질문한다. 아이를 평가하

고 있는 게 분명하다. 그런 확신이 든다. 그는 이따금 아이에게 무엇을 그리는지, 사용하는 색이 무슨 색인지, 왜 종이를 그 방향으로 놓는지 등을 묻는다. 나는 그 질문들이 두렵다. 아이의 행동과 동작을 분석하는 것이 무섭다. 그저 모든 게 잘되기만 바랄 뿐이다.

나는 교장을 안심시키려고 말한다.

"메일린에게는 별다른 문제가 없습니다. 물론, 아이가 아직은 혼자서 잘 걷지 못하지만, 제 또래의 다른 아이들만큼은 이해할 수 있습니다. 아직 대소변을 가리지는 못하지만, 그건 혼수상태로 인해 자율 운동 기능이 흐트러졌기 때문이죠. 하지만 몇 주 지나면 괜찮아질 겁니다."

아이가 그리는 그림을 보며 교장이 말한다.

"근데, 너 정말 그림 잘 그린다. 메일린, 브라보."

메일린이 뭘 그리려는지 나로선 전혀 모르겠다. 마음속에서 뭔가 압박해오는 느낌이 든다. 나는 속으로 거듭 생각한다. 메일린, 열심히 잘 그려. 네가 어떤 걸 할 수 있는지 보여드려. 제발 아무렇게나 낙서는 하지 마."

"이건 해야?"

L 교장이 아이에게 묻는다.

메일린은 대답하지 않고 마음에 드는 크레용을 골라가며 계속 그린다. 교장은 말을 계속하고, 나는 환한 표정을 짓지만, 마음이 편치는 않다. 나는 무엇이든 얻어내려

고 간청하는 걸 좋아하지 않고, 그런 적도 없고, 앞으로
도 그러지 않을 것이다. 교장이 곧 통고할 말이 단두대의
날처럼, 협상을 허용하지 않는 가차 없는 말이 될 것 같
은 느낌이 든다. 교장은 마침내 일어서며 손깍지를 끼더
니 말한다.

"트란 씨……."

시작이 좋지 않다.

"제가 이번 학기에 메일린을 이미 등록했었죠. 그러니
제가 먼저 내렸던 결정을 번복하진 않을 생각입니다……."

"…"

기쁨과 감동을 감출 수가 없다. 눈에 눈물이 차오르는
데, 억누를 길이 없다.

"저희도 적응할 겁니다. 저희가 있는 건 다 아이들을
위해서니까요! 어려움을 겪은 아이의 삶을 저희가 더 어
렵게 만들 순 없지요. 지금 학기 도중에 입학할 수는 없
으니까, 2013년 개학 때 메일린은 학적부에 등록되고 유
치원에 다니게 될 겁니다. 메일린이 몇 살이죠?"

"지난주에 막 네 살이 되었습니다."

"그러면 중간 반이 되겠어요. 개학하면 저희가 메일린
을 위해 무엇을 맞춰봐야 할지 보겠지만, 마주하는 문제
마다 해결책을 찾을 겁니다."

"고맙습니다."

"저야말로 감사를 드려야죠. 얼마나 좋은 소식입니까."

그는 진심으로 그렇게 믿으면서 아이를 위해서도 기뻐한다. 나를 위해서도 물론이다. 우리는 교장실을 나온다. 메일린은 예정대로 교장에게 그림을 건넨다. 나는 거의 딸을 끌어안고 싶어진다. 아이를 위해서나, 우리 모두를 위해서나 너무나 기뻐서다. 우리는 비서실을 나와서 학교 정문을 향한다. 문을 나서면서 나는 심호흡을 한다. 마치 숨 막히는 경주의 결승선을 넘어서기라도 한 것처럼. 그러곤 이 소식을 알리려고 서둘러 나탈리에게 전화를 건다. 분명히 아내는 레스토랑에서 이 면담이 끝나기를 기다리며 발을 동동 구르고 있을 터였다.

카드랑 솔레르에서의 재활

1월, 메일린의 재활이 마침내 시작된다. 매주 월요일, 화요일, 목요일, 금요일 아침에 방스의 카드랑 솔레르 병원으로 가기로 되어 있다. 아침에는 8시 15분에 택시가 와서 9시까지 병원으로 메일린과 나를 싣고 간다. 나탈리와 내가 시간이 되지 않는 날에는 메일린의 할아버지가 우리를 대신한다. 긴급할 때 이런 가능성을 이용할 수 있어서 참으로 다행이다.

첫째 날, 보육원에 도착한 우리를 간호사들이 맞아준

다. 재활 지도사들이 와서 메일린을 데리고 훈련실 중 하나로 같이 갈 것이다.

"안녕, 메일린. 크리스마스는 잘 보냈어?"

"네."

메일린은 간호사들에게 산타클로스 할아버지로부터 받은 선물을 모두 설명하기 시작한다. 올해는 특히 오로라 공주 의상과 요정 날개까지 받았다. 이해하기가 쉬운 대화는 아니다. 문장 전체를 이해하려면 주요 단어를 포착한 뒤 나머지는 상상해야만 한다. 하지만 무엇도 메일린을 가로막지 못한다. 아이는 자신을 이해시키기 위해 필요한 만큼 말을 반복한다.

간호사 중 한 사람이 내게 묻는다.

"세상에, 제가 꿈을 꾸는 건지, 아이가 지난번보다 더 잘 걷네요. 마지막 방문이 언제였죠?"

"11월 말에 여기서 잤지요. 아이는 매일, 심지어 매 시간 발전합니다."

"엄청나게 달라졌네요."

엘로디가 와서 메일린에게 인사한다.

"안녕, 메일린! 그런데 지난번에는 이렇게 걷지 못했잖아요!"

간호사가 놀라며 외친다.

"이런 식으로는 전혀 못 걸었죠. 지금은 훨씬 능동적이에요. 여기저기 아무거나 붙잡고 혼자서 걸어요. 그래도 손을 잡아줘야 하지만 정말 많이 나아졌죠."

"멋지네요. 앞으로 더 나아질 수 있을 것 같네요! 제가 아이를 데려가서 12시 반쯤 돌아올게요. 괜찮으시면 안내 데스크에서 기다리실 수 있어요. 이따 뵐게요."

"이따 보자, 메일린. 기다릴게."

메일린은 문제없이 엘로디와 함께 간다. 아이는 새로운 것, 새로운 운동을 하는 데 언제나 열정적이다. 나는 텅 비고 차가운 대기실에서 시간을 보낸다. 병원의 홍보용 잡지를 훑어보며 소개 글을 읽는다. 그렇게 카드랑 솔레르 병원이 지체장애만이 아니라 정신장애를 안고 있는 아이들도 돌보고 있다는 사실을 알게 된다. 아이들은 고등학교 마지막 학년까지 이곳에 머물 수 있다. 나는 메일린이 그때까지 가지 않기를 바란다. 집에서 너무 멀기도 하고, 이 차가운 콘크리트 건물이 아이와 전혀 닮지 않았기 때문이다. 아이는 꽃을 좋아한다!

"저기 아빠 계시네!"

엘로디와 작은 휠체어에 탄 메일린이 내 뒤쪽으로 다가온다.

"어땠나요?"

"정말 놀랐어요. 놀라운 발전을 보였을 뿐 아니라, 의지가 강한 꼬마 소녀예요. 멈출 줄을 몰라요!"

"네, 그렇습니다. 하겠다고 마음먹으면 꼭 해내죠."

"게다가 모든 걸 웃으며 해요. 정말이지 사랑스러운 아이예요. 여기 이 작은 휠체어에 태워 와서 휠체어 타는 법을 가르치려고 하는데, 아이가 너무도 걷고 싶어 해서 괜한 시간 낭비를 한다는 느낌이 들 정도예요. 오늘 온갖 훈련을 해서 아이가 조금 지쳤을 텐데, 그건 자연스러운 겁니다."

"알겠습니다. 메일린, 이리 와, 집으로 가자."

"네!"

"목요일에 봐, 메일린."

엘로디가 말한다.

우리는 집으로 돌아가기 위해 택시를 탄다. 점심 식사 후에 메일린은 잠깐 낮잠을 잔다. 재활치료가 정말 물리적으로 강도가 높았던 모양이다. 아이는 군소리 없이 자러 가서 바로 잠에 빠져든다. 아이가 좋은 꿈을 꾸면 좋겠다. 나는 활동지원사 에블린이 오후 3시 30분에 도착할 때까지 좀 쉰다. 하루의 2부가 시작된다. 나는 나탈리와 교대하러 레스토랑으로 간다. 나탈리는 집으로 가는 길에 할머니 댁에 들러서 루안을 데리고 돌아가 목욕과 저녁 식사, 잠자리, 그리고 휴식으로 이어지는 일상의 일을 도맡을 것이다.

계속되는 발전

병원 치료와 즐거움으로 강도 높은 날들이 이어진다. 주중에는 전혀 휴식할 여유가 없지만 어쨌든 우리는 일상의 루틴을 찾았다. 각자의 일, 루안의 학교생활, 메일린의 재활, 그리고 가족끼리 보내는 일요일까지 분 단위로 시간이 짜였다. 나탈리와 내가 함께 있는 어느 주말에는 두 딸이 한껏 꾸미고 패션쇼를 보여준다. 두 딸이 함께하는 시간을 통해 메일린의 자립성이 향상되는 걸 보고 있으면 참으로 행복하다. 루안과 메일린이 같이 노는 그 시간이 나탈리와 내게는 소파에 앉아 회복하고 재충전하는 시간이다. 더없이 편안하다. 우리는 다시 보통의 가족이 되었다. 부모는 서로 곁에서 행복한 시간을 갖고, 아이들은 평화롭게 노는 그런 가족.

어느 일요일, 우리가 편안하게 소파에 앉아 있는데, 루안이 외치는 소리가 들린다.

"엄마, 아빠!"

사고 스트레스 때문에 늘 긴장을 놓지 못하는 우리는 소파에서 벌떡 일어나 닫혀 있는 루안의 방으로 간다. 우리는 문이 닫혀 있는 걸 좋아하지 않는다. 루안과 메일린이 서로에게, 특히 모든 능력이 저하된 메일린에게 위험한 무언가를 하지 않았다는 걸 빨리 확인할 수 있길 바라기 때문이다. 우리는 벌컥 문을 연다. 다행히 문 뒤에는 아무도 없지만, 새로운 사고에 대한 두려움이 떠나지 않아서 비명이 들릴 때마다 우리는 '경계' 태세로 들어간다.

"무슨 일이야? 무슨 일이야?"

루안의 말을 듣지 못한 채 우리는 나쁜 일이 일어난 줄 알고 거듭 묻는다.

루안은 아주 기쁜 얼굴로 말한다.

"아무 일 없어요, 아빠. 그냥, 메일린이 이젠 혼자 걸어요."

메일린은 방 한가운데 바닥에 무릎을 꿇고 앉은 루안의 품에 안겨 있다. 두 딸 모두 매우 흡족한 표정으로 우리를 바라본다. 아이들 눈에서 공모의 빛이 반짝인다. 두 자매의 눈길에는 즐거움과 성취감뿐만 아니라 가족이 정해둔 규칙을 어기는 위반의 기쁨까지 어려 있다.

"잘 보세요!"

루안이 일어나더니 메일린이 일어서도록 돕는다. 둘은 벽을 향해 걸어가고, 루안이 메일린을 벽에 등지고 서게 한다.

"메일린, 움직이지 마. 알았지? 움직이지 마!"

루안은 메일린에게 지시 사항을 거듭 말하고, 메일린은 완벽하게 그 지시를 따른다.

메일린은 벽에 붙어 서서 다리에 힘을 주고 꼿꼿한 자세를 유지하려고 집중한다. 아이는 흠잡을 데 없는 차렷 자세를 하듯 두 팔을 몸에 붙이고 섰다.

나는 겁에 질린다.

"뭐 하는 거야, 루안? 그러면 위험해. 조심하라고 했잖니."

내가 메일린을 붙잡기 위해 다가가려는 순간, 움직이라는 명령을 기다리던 메일린에게 루안이 즉각 명령을 내린다.

"해봐, 메일린. 나한테 와봐!"

두려움이 우리를 그 자리에 못 박아 우리는 손가락 하나 움직이지 못한 채 그 장면의 관객이 되고 만다. 우리는 아이를 놀라게 할까 봐, 우리의 반응이 상황을 더 위험하게 만들까 봐 무서워서 옴짝달싹하지 못한다. 눈을 가린 채 천 미터 낭떠러지 위에 걸린 줄 위를 태연하게 걷는 줄타기 곡예사를 놀라게 할까 봐 겁이 난 것이다. 메일린이 걷기 시작한다. 오른쪽 다리를 앞으로 한 발 내딛자, 아직은 약한 다리가 아이 몸의 무게를 힘겹게 지탱한다. 아이는 앞으로 몸을 내밀고, 오른쪽 다리 앞에 왼쪽 다리를 내딛는다. 아이의 몸은 걸음의 축이 되지 못하고 걸을 때마다 오른쪽, 왼쪽으로 비틀거린다. 메일린은 루안을 목표물처럼 뚫어져라 쳐다보며 미소를 지어 보인다. 아이는 움직임을, 걸음을 이어간다. 안정적이지는 않아도 거의 자연스럽게. 아이는 걷고 있다!

"그래, 메일린. 조금 더 걸어봐!"

루안이 용기를 북돋운다.

메일린은 두 번째 지지대를 잡고 안정감을 회복하고는, 다시 오른쪽 다리를 앞으로 내뻗는다. 몸무게 탓에 다리가 접히자, 두 팔을 벌리고 있던 루안의 품에 안긴다. 두 딸은 자신들이 이뤄낸 위업에 엄청나게 기뻐하며 우리를 돌아본다.

"보셨죠? 메일린이 혼자 걸어요!"

루안이 외친다.

"루안, 이런 거 하지 마. 메일린이 바닥에 넘어질 때 네가 붙들지 못하면 다치잖니. 무슨 생각을 한 거야?"

우리의 첫 반응은 두려움이다. 또 다른 사고에 대한 두려움, 아이가 이런저런 이유로 다시 곁에서 떠나는 걸 보게 되면 어쩌나 하는 두려움이다. 그러고 나서 나는 이내 말한다.

"메일린, 멋지다. 너 진짜 강하네. 루안, 아주 잘했어. 그렇지만 이건 위험한 일이야. 메일린이 넘어질 걸 상상해봐. 다치지 않겠니."

우리는 두 딸을 품에 안는다. 아이들은 우리가 쏟아내는 잔소리를 한마디도 듣지 못한 것 같다. 마냥 자랑스러운 표정이다. 그 성취가, 두 딸의 공모가 놀랍다. 우리는 두 자매가 사랑만이 아니라 역경과 회복력으로 하나가

된 모습을 보며 기뻐하지 않을 수가 없다. 누가 저 아이가 걷지 못할 거라고 말했었나? 물론 아직은 걷는다고 말하기 어렵지만, 그래도 걸음과 아주 흡사하지 않나!

방 안에서 메일린이 걷도록 루안이 비밀리에 연습을 시키는 틈틈이 발가락에 가짜 매니큐어도 바르고, 저녁마다 자매끼리 좋아하는 TV 프로그램을 시청하는 등, 메일린의 삶은 어떤 욕구불만도 겪지 않는 것처럼 보이고, 방돌의 기억은 어느새 멀어진 것 같다. 아이는 이제 집에서 가구와 의자들을 짚어가며 혼자 이동한다. 할아버지의 집 거실에서도 식탁과 의자, 높이가 낮은 탁자와 소파사이를 마음껏 오간다. 아이는 손에 잡히는 건 무엇이든 붙잡고 앞으로 나아간다.

2013년 2월 28일

2월 말, 우리는 학교 방학을 틈타 오트 사부아 지방의 라 클뤼자에 사는 나의 고모와 고모부 집을 찾는다.

어느 날 저녁, 식탁에 둘러앉아 메일린이 이뤄낸 성취를 얘기하고 있는데, 메일린이 우리를 부른다.

"저 걸어요. 혼자서 걸어요!"

모두 일제히 아이를 돌아본다. 구석에서 루안과 놀고 있던 메일린이 거실 한가운데 벽난로 맞은편에 자리한 소파를 잡고 서 있다. 그러더니 아이는 소파를 놓고 우리를 향해 걸어온다! 아이는 자신감을 보이며 한 걸음씩 이어간다. 그러곤 거듭 말한다.

"저 혼자서 걸어요!"

예수님, 성모마리아님, 폴린님,

감사합니다. 모든 것에 감사드립니다. 오늘 저희가 지켜본 이 광경에 대해서도 감사드리지 않을 수 없습니다! 메일린이 걷습니다. 이 또한 경이로운 선물입니다. 아이를 계속 도와주시니, 아이에게 누구도 의심하지 못할 힘을 주시니 감사드립니다. 모두가 이해하지 못한 채 이 기적에 대해 말합니다. 저희는 이 기적을 이해하고 주변에 설명합니다. 어떤 이들은 저희를 미친 사람처럼 취급하고, 어떤 이들은 머뭇거리며 저희를 믿습니다. 하지만 저희는, 저희는 압니다.

감사드립니다.

2013년 3월

휴가에서 돌아온 우리는 넷이서 사는 습관과 리듬을 회복한다. 저녁 식사 때면 서로 아무 탈 없는지 살피는 데 몰두한다. 메일린은 점점 더 잘 먹고, 나탈리는 그런 아이를 칭찬하고 용기를 북돋운다. 어느 날 저녁 식사 때, 메일린이 갑자기 밥을 먹다 멈추고는 나탈리를 뚫어지게 바라본다. 아이는 곰곰이 생각하는 것 같더니 엄마에게 묻는다.

"나 많이 울었는데, 엄마는 어디 있었어요?"

"…."

그 물음엔 도무지 대답할 수가 없다. 마음을 가다듬는 데 시간이 필요하다. 기억들이 쓰나미처럼 몰려온다. 그 시절에 우리가 느꼈던 무력감에 걷잡을 수 없는 죄책감이 뒤섞인다. 아이의 말이 맞다! 아이에게 우리가 필요했을 때 우리는 어디에 있었던가? 나탈리는 숨이 턱 막히는지 심호흡을 하더니 아이에게 설명한다.

"메일린, 우리는 여기 있었거나 아니면 일하고 있었단다. 너랑 내내 있을 수가 없었어."

"네. 그렇지만 나는 많이 울었는데, 엄마가 없었어요!"

"알아, 메일린. 우리도 많이 울었고, 네가 정말 많이 보고 싶었단다."

"방돌에 안 가고 싶어요."

메일린이 한술 더 떠서 말한다.

"그래, 메일린, 이젠 절대로 거기 안 갈 거야. 약속해!"

우리는 빨개진 눈으로 떨면서 서로를 바라본다. 등골이 오싹해진다. 온갖 물음이 머릿속에서 두개골 벽에 부딪히면서 요란한 소리를 내며 폭발해 우리를 완전히 혼란에 빠뜨린다. 아이는 우리가 상상한 것보다 더 의식이 또 렷했다. 아이는 자신이 어디에 있는지 알고 있었다! 정말 오싹하다. 아이는 버림받았다고 느꼈고, 우리로선 그걸 만회할 길이 없다. 가슴이 아프다. 아이가 던진 말의 무게에, 아이가 제 기억을 이야기하는 표현의 난폭한 순수함에 뱃속이 뒤틀리는 고통이 느껴진다. 우리가 몇 달째 느끼지 못한, 참으로 익숙했던 그 고통이 내면 깊은 곳에서 다시 솟구쳐 경련을 일으킨다. 메일린은 이내 다시 아주 자연스럽게 먹기 시작한다. 우리는 홀린 듯 어안이 벙벙하다. 우리는 간신히 식사를 마친다. 그리고 아이들을 재운다.

이날 저녁의 충격에서 벗어나지 못한 채 우리는 소파에 앉는다.

"마음이 너무 아파."

나탈리가 말한다.

"왜 안 그렇겠어. 그 말이 아직도 믿기지 않아. 아이가 한 말에도 놀랐지만, 그 단어들의 강력한 힘에도 놀랐어."

"메일린이 오래전부터 마음에 담아뒀나 봐. 집에 데려온 지 벌써 네다섯 달이 지났는데 아직까지도 그 생각을 하잖아! 정말 버림받았다고 느꼈나 봐."

나는 입술을 깨물고, 나탈리가 확인한 사실을 인정한다

는 의미로 살짝 눈썹을 까딱인다. 아내는 다시 말을 이어
간다.

"세상에, 그나마 우리가 그곳에 아이를 더 오랫동안 두
지 않은 게 얼마나 다행인지!"

"있지, 우리가 자책할 건 아냐. 우리는 할 수 있는 모든
걸 했고, 심지어 온 세상이 더 빨리 행동하도록 압박했잖
아. 기억해봐. F 박사와 R 박사에게 우리가 몇 번이나 촉
구했는지. 그들이 틀렸다는 걸 이해시키려고 우리가 어
떻게 했는지 기억해봐. 그러니 우리가 그 모든 걸 한 건
정말 다행이야. 안 그랬더라면 메일린에게 더 큰 충격을
줬을지도 몰라."

"알아, 마뉘. 그렇지만 난 그 애 엄마야. 엄마와 딸들을
잇는 특별한 뭔가가 있어. 그래, 이건 나도 어쩔 수가 없
어. 속이 뒤집히지만, 곧 괜찮아질 거야."

우리는 각자 제 기도를 품고서 잠자리에 든다. 나탈리
의 눈물이 뺨을 타고 흐르는 게 느껴진다. 지난 1년 동안
너무도 익숙해진 눈물 흐르는 소리가 들리는 것만 같다.

나의 하느님, 성모마리아님, 폴린님.

어머니이셨던 마리아님, 당신께서는 제 아내가 겪는 아픔
을 이해하실 테지요. 제 아내 마음에 깃든 죄책감을 이해하
실 테지요. 또한 메일린이 겪은 고통 또한 이해하시지요. 저

희는 아이가 시간과 더불어서 저희 품을 떠나리라 생각했는데, 여기 생생히 살아 곁에 있습니다.

부탁드립니다. 저희 두 사람에게 불행한 감정들을 이기는 데 필요한 힘을 주십시오. 메일린에게는 당신께서 예수님께 주신 것과 같은 사랑을 주십시오. 그 몇 달의 시간 동안 아이가 느꼈던 애정결핍이 사라지도록 말입니다.

나의 하느님, 하나가 된 저희 가족을 보호해주십시오.

아멘.

*

메일린은 점점 더 말을 잘한다. 발전은 멈추지 않고 놀라운 속도로 이어진다. 아이는 어휘력도 늘고, 발음도 훨씬 명확해졌다. 이제는 아이가 하는 말을 이해하기 위해 다시 말해보라고 청하는 일이 드물어졌다.

이렇게 나아지면서 메일린은 점점 덜 지친다. 주중에 재활에서 기울이는 노력이 강도 높은데도 메일린은 어린아이로서 제 삶을 온전히 살아가고, 낮잠은 이제 선택 사항이 되었다. 그만큼 아이는 많은 걸 하고 싶고, 빨리, 아주 빨리 회복하고 싶어 하는 듯 보인다!

용감하고 놀라운 메일린

2013년 4월 초

메일린은 카드랑 솔레르 병원의 아이들과 청소년들에게 용기를 보여주는 본보기가 되었다. 매일 메일린은 미소를 띠고 강한 의지가 느껴지는 얼굴로 복도에 도착해서 나와 함께 엘로디와 쥘리앙을 기다린다. 의자에 가만히 앉아만 있지 않고 간호사들과 함께 복도를 돌며 고갈되지 않는 에너지를 보인다. 메일린은 심지어 아이답게 사랑스러운 즉흥성을 드러내며 장애가 있는 어느 청소년 언니를 부추겨 몇 발짝 걸어보게 해서 간호사가 깜짝 놀라기도 한다.

2013년 4월이 되었으니, 아이가 혼수상태에서 벗어난 지 열 달쯤 된다. 열 달쯤이라고 하는 건 누구도 아이가 언제 혼수상태에서 빠져나왔는지 정확히 말하지 못할 것이기 때문이다. 그 후 우리는 온갖 단계를 거쳐왔다. 메일린은 곧 죽을 것이다, 평생 누워 지내게 될 것이다, 자기 주변을 인지하지 못할 것이다, 말을 못 할 것이다, 걷지 못할 것이다, 등등. 그렇지만 우리는 온갖 검사가 여러 차례 반복해서 실시된 것도 알고, 의료진들이 아이의 신경학적 상태를 판단하고 치료를 중단하기 위해 여러 차례 모였다는 사실도 안다. 아무 가망이 없었다는 것도 알고, 아이를 이송할 때 우리가 보고 경험한 것도 안다. 또한 7월 2일에 메일린이 생기를 되찾은 것도 안다. 우리는 안다! 기적이 존재한다는 걸 알고, 그걸 겪었다! 그러니 의사들이여, 이걸 어떻게 설명하겠습니까?

의료진과의 만남은 훨씬 정기적으로 이어진다. 그럴 만도 한 것이, 메일린이 왜 이토록 빨리 호전되는지, 몇 달 전만 해도 불가능해 보였던 일들을 계속 해내고 있는지 누구도 이해하지 못하기 때문이다.

메일린과 나는 R 박사의 진료실로 들어가서 아이의 진전을 평가하고 측정하기 위한 훈련을 다시 시작한다. 훈련이 이어지고 얼마 후 우리는 대화를 나눈다.

의사가 아연한 표정으로 말한다.

"메일린은 엄청난 발전을 이뤄냈어요. 놀랍습니다."

"네, 아이가 투사예요. 포기하는 법이 없고 이뤄낼 때까지 시도해요. 다른 때보다 시간이 더 걸릴 때도 있지만 끝내 해내지요."

"확실히 그렇습니다. 의지가 대단해요!"

의사가 내 말에 동조한다.

"박사님, 한 가지 질문을 드리고 싶습니다. 저희는 열 달째 최악의 시나리오를 견뎌야만 했어요. 누구도 메일린이 뭘 할 수 있을지 말해준 적이 없어요. 아이가 뭘 할 수 없는지만 들어왔죠. 그런데 요즘의 메일린을 보면 죽을 고비를 넘긴 아이라고는 누구도 믿지 못할 겁니다. 어떻게 아이가 이 모든 걸 할 수 있는 걸까요?"

의사는 얼마간 아무 말 않다가 입을 뗀다.

"단순한 메타포로 그걸 설명해보겠습니다. 선생께서 자동차를 타고 고속도로를 달리고 있다고 상상해보십시오……"

"네."

나는 그가 시작한 설명을 완벽히 이해했다는 신호로 고개를 끄덕인다.

그가 내게 묻는다.

"평온하게 달리고 있다가 갑자기 기름이 떨어져요. 그래서 차를 갓길에 세웁니다. 이럴 땐 어떤 일이 일어나죠?"

나는 자신만만하게 대답한다.

"모터가 멈추겠죠!"

"그렇습니다, 모터가 멈추겠죠. 선생께서 모터를 멈춰 세우고 잠시 기다렸다가 다시 시동을 걸면 단번에 시동이 걸리고 기름 없이 무한히 달릴 수 있나요?

"그건 불가능하죠."

그가 결론을 내린다.

"불가능하죠. 그런데, 메일린이 바로 그런 경우입니다."

이 말에 나는 할 말을 잃는다. 이 설명이 내겐 꽤 흡족하다. 그 이상의 설명이 필요하지 않다. 이 말은 내가 생각한 것을 확인시켜준다. 의사는 이 주제에 대해 더는 말하지 않는다. 이 설명이 우리가 기다리던 설명이라는 걸 명확히 이해한 것이다. 학자다운 말은 아니지만 그는 이 말로 그간의 진전이 상상하기 힘들 뿐 아니라 그저 불가능한 것임을 우리에게 확언한 것이다.

오늘 우리는 중대한 심리적 단계를 하나 넘어섰다. 어떤 설명도 있을 수 없다는 설명을 얻은 것이다! 중환자실의 모든 신경과 의사들이 아이의 상태에 대해 잘못된 진단을 내릴 수는 없는 것이다. 그래도 R 박사는 며칠 뒤에 체성감각 유발전위 검사를 실시하려고 약속을 잡아준다. 살짝 애잔한 생각이 든다. 그게 무슨 소용이 있을까.

오늘, 우리는 기적이 일어난 거라고 확신한다. 기도가 가장 높은 곳까지, 하느님에게까지 들렸으리라고 확신한다. 지금 우리가 매일 누리고 있는 선물의 헤아릴 길 없는 가치에 비하면 우리의 감사는 아주 미미하다.

다시 리옹으로

2013년 4월 14일

리옹에 들를 일이 있어 팜메르앙팡 병원 주치의와 간단한 검사를 하기 위해 며칠 전에 약속을 잡아두었다. 도착하자 병원 냄새가 나쁜 기억을 떠올린다. 그 기억들을 지우기란 참으로 힘들다. 다행히도 이번에는 같은 복도로 가지 않아도 된다. 이제 우리는 그 복도를 지나지 않는다. 의사의 진료실이 다른 병동, 다른 층에 있기 때문이다. 잘됐다. 거의 편안하게 또 한 번의 진찰을 받으러 간다는 느낌이 든다.

대기실에 도착한 우리는 자리에 앉아 이 만남을 어떻게 접근할지 의논을 시작한다. 요청하고 논의할 게 아주 많다. 한참 생각에 빠져 있는데, 놀랍게도 의사가 서류를 들고 집무실을 떠나는 게 보인다. 의사도 대기실에서 기다리고 있는 우리를 보고 놀란 듯 보인다. 그가 다가오더니 어리둥절한 표정으로 말한다.

"안녕하세요, 이 시간엔 예약이 없을 텐데요……."

"어, 약속 잡았는데요. 메일린 트란입니다. 며칠 전에 연락드렸더니 오늘로 약속하셨죠." 나탈리가 대답한다.

의사가 메일린을 바라보며 말한다.

"네, 그렇군요. 미안합니다. 제가 적어둔다는 걸 완전히 잊었네요. 내일 다시 오실 수 있으세요?"

나는 설명한다.

"저희는 지금 프랑스 남쪽에 살고 있어요. 내일 다시 오지는 못합니다. 지난번에 선생님께서 R 박사와 의견을 주고받으시면서 메일린을 꼭 다시 보고 싶어 하셨잖아요. 그런데 시간이 안 되신다면 할 수 없죠……."

"아, 이 아이가 메일린이에요? 제가 이름을 잘못 알아들었네요."

그는 아이를 보고 놀란 모양이다.

"들어오세요. 시간이 많지는 않지만 만나봐야죠."

우리 셋은 의사의 진료실로 따라 들어간다. 작년에 우리를 겁먹게 했던 의사다. 그때 그가 내놓은 분석과 견해는 받아들이기 힘들었고, 그가 내린 결정은 언제나 수많은 검사로 완벽하게 논증되고 확인되었었다. 그 시절 우리는 이 의사를 두려워했다. 1년이 지난 지금, 우리는 감정의 기분 좋은 전복을 맛본다. 그는 방어적인 태도를

보이고, 우리는 기쁜 마음으로 메일린을 보여줄 준비가
되어 있다.

"그러니까, 이 아이가 메일린이군요. 놀랍네요……. 아
시겠지만, 저는 메일린의 사례를 이해해보려고 랑발의 R
박사와 계속 연락을 주고받고 있습니다."

"네, 말씀 들었어요."

나탈리가 말한다.

"메일린의 경우는 놀라운 게 너무 많습니다. 어떻게 이
모든 일이 일어날 수 있었는지 이해할 수가 없어요."

의사는 우리와 얘기하면서 아이의 능력을 평가하기 위
해 내놓은 몇 가지 교육 도구를 가지고 노는 아이를 관찰
한다.

"멀리서 오신 건 알지만 메일린과 둘만 있게 조금만 시
간을 주세요. 몇 가지 테스트를 해보고 싶어요."

"네, 그럼요. 물론이죠."

우리는 대기실로 가서 기다린다. 이곳 대기실의 의자들
을 우리가 얼마나 닳게 했던가. 우리가 앉았던 의자의 가
죽은 닳디닳았다!

"나도 옆에서 의사가 아이에게 무엇을 하게 하는지 보
면 좋겠는데."

나탈리가 말한다.

"하긴, 나도 그래. 하지만 의사는 메일린이 산만해지지

않게 하려고 둘만 있으려는 것 같아."

우리는 금세 끝나리라 생각했는데, 테스트는 예상보다 훨씬 길어진다. 마침내 박사가 문을 열더니 진료실로 들어오라고 한다.

"메일린은 정말이지 놀랍습니다. 아이가 어떻게 이것들을 다 할 수 있는지 모르겠네요. 이해할 수가 없어요! 아까 말씀드렸듯이, 제 동료와 저는 수시로 메일린의 사례에 대해 의견을 주고받고 있습니다. 저희는 서로의 분석을 미리 보지 않고 각자 검사 결과를 분석한 뒤 의견을 주고받지요. 혹시 어느 한쪽이라도 뭔가를 놓쳤는지 보려고요. 그렇지만 저희의 의견은 늘 일치합니다. 뭐라 말씀드려야 할지 모르겠네요. 제 진단으로 그런 고통을 겪게 했으니…… 제가 용서를 구하고 싶습니다……."

나는 말한다.

"저희가 사과를 들으려는 게 아니니, 그런 말씀 마세요. 그저 선생님께서 아이를 보시고 의견을 말씀해주시길 바랄 뿐입니다. 저희는 이해하고 싶은 겁니다."

"이렇게 회복되리라고 말해주는 지표는 아무것도 없었다는 걸 알아주셨으면 합니다. 저희는 여러 차례 검사 결과를 분석했죠. 아시겠지만, 저희는 확신이 서지 않는 한 그렇게 심각한 결정을 내리지 않습니다."

"저희도 잘 압니다."

"검사 결과를 보면 메일린의 경우는 어떤 이견도 없었습니다. 그건 확실합니다. 그래도 마지막 체성감각 유발전위 검사는 한번 들여다볼게요. 저도 이해하고 싶으니까요."

우리는 더는 고집하지 않을 것이다. 우리는 어떤 의사나 전문가도 이해하지 못한다는 데 다시 놀란다. 그리고 이 병원을 떠나온다. 이번이 마지막이다. 다시는 올 일이 없을 것이다. 더는 어떤 의무도, 이해관계도 없다. 팜메르앙팡 병원의 페이지는 닫혔다. 끝났다!

*

우리는 리옹 병원에 있을 때 중환자실과 신경과로 메일린을 자주 찾아왔던 구급대원 알렉상드르를 만날 시간을 마련했다. 조금 편안해진 우리가 마음먹고 그에게 메일린의 소식을 전해주었을 때 그는 우리가 그를 기억하고, 그가 남긴 연락처와 간호사들에게 맡겨둔 편지를 잊지 않았다는 데 놀란다. 하지만 그 순간은 우리 마음에 영원히 새겨져 있다! 그에 대한 고마움, 그리고 그와 메일린의 특별한 관계가 우리를 영원히 이어주었다. 지금까지 그를 실제로 만난 건 한 번뿐이었다. 우리가 팜메르앙팡 병원에서 메일린 곁에 무너져 있을 때였다. 그 후 메일린은 니스로 이송되었고, 우리는 그를 다시 보지 못했다. 불행과 불안과 슬픔에 너무도 짓눌려 우리는 지지의 메시지를 보내주는 사람들에게 감사를 표할 생각을 미처 하지 못했다.

사고 발생 후 열 달이 지나 이뤄진 이 만남에 우리는 무척 들떴고, 겁도 나고 초조했다. 우리는 알렉상드르가 속한 소방서 바로 근처이면서 학교에서도 가까운 카페에서 만나자고 제안했다. 나탈리와 두 딸과 나는 카페 안쪽 창가 자리에 앉았다. 알렉상드르가 카페로 들어서기 전에 얼굴을 볼 수 있도록.

"밖에 있는 저 사람 같지 않아?"

내가 나탈리에게 묻는다.

한 남자가 건물 정문 앞에 서서 누군가를 찾는 듯 보인다. 꽤 키가 크고, 마르고, 아주 순박하고 호감 가는 얼굴이다. 그는 청바지 주머니 속에서 전화기를 찾는다. 우리는 그가 우리를 찾기 위해 전화를 걸려 한다고 짐작한다. 그가 전화를 걸려다가 고개를 돌린다. 우리와 눈이 마주치자 알렉상드르는 내가 전화로 말해준 묘사와 서로 교환한 사진 몇 장으로만 아는 가족의 모습을 유심히 살핀다. 네, 우리 맞아요, 트란 가족. 그는 전화기를 다시 주머니 속에 넣고 카페 입구를 향해 걸어온다. 우리의 눈이 그에게 쏠린다.

"오, 이렇게 다시 만나게 되고, 메일린도 다시 보니 정말 기쁩니다!

"알렉상드르, 저희도 오래전부터 이 만남을 기다려왔어요."

내가 대답한다.

악수만으로는 부족해서 우리는 자연스레 서로를 끌어안는다. 그도 나처럼 그럴 필요를 느낀 것 같다.

알렉상드르는 메일린 곁에 앉아서 아이를 조심스레 살핀다. 그는 내가 전화로 설명한 게 사실이라는 걸 깨닫는다. 아이는 네 살이 되었고, 이렇게 생생하게 살아 있다.

"안녕, 메일린, 잘 지내지? 나는 알렉상드르야."

"구급대원 알렉상드르 아저씨 맞아요?"

메일린이 묻는다.

"그래, 맞아. 구급대원 알렉상드르야."

둘은 대화를 나눈다. 알렉상드르는 아주 오래전부터 메일린을 알던 사람처럼 보인다. 그렇지만 사실 혼수상태 때 말고는 한 번도 본 적이 없었다. 우리는 서로에 대한 열정으로 한껏 들뜬 두 사람을 바라본다. 둘은 참으로 가까워 보인다! 알렉상드르는 거의 우리 가족의 일원 같다.

"오늘 이렇게 메일린을 보니 미칠 것 같네요! 저한테 말씀하신 그대로일 거라고는 생각지 못했어요. 그 모든 일을 겪은 아이가 이렇게 앉아 있는 걸 보리라고는 상상도 못 했지요……. 정말이지 멀리 돌아왔네요. 아주 멀리!"

"네, 정말 놀랍죠! 이해 못 하는 사람들이 얼마나 많은지 짐작도 못 하실 겁니다. 아이가 죽은 목숨이었다고 말하면 사람들은 제가 과장한다고 생각하고, 제 말을 믿지 않아요. 하지만 아이는 여기 이렇게 생생히 살아 있죠!"

"정말이지 아이가 이렇게 말도 하고, 앉아 있을 수 있으리라고는 생각지도 못했습니다."

"어허, 아직 다 보신 게 아니에요."

그렇게 우리는 오래전부터 알던 사이처럼 얘기를 나눈다. 사고 얘기는 하지 않는다. 그가 그 어느 때보다 충격을 받았다고 털어놓을 때만 빼고. 그의 딸 메이웬은 이제 다섯 살이고, 메일린과 많이 닮았다. 검고 긴 직모에 아기 같은 얼굴이 닮아서 그가 사고로 출동했을 때도 그렇고, 그 후에도 메일린은 알렉상드르의 마음을 뒤흔들었다. 알렉상드르는 그날 밤에 잠을 이루지 못했다. 생기없이 바닥에 누운 메일린의 모습이 오래도록 그의 머리에서 떠나지 않았던 것이다.

"그땐 정말 놀랐어요, 마뉘……."

"그러셨군요. 구급대원으로서 더 안 좋은 경우를 많이 보셨을 텐데."

"네. 그래서 저는 제가 무감각해졌다고 생각했죠! 구급대원으로서 긴 세월 동안 끔찍한 자동차 사고며 별의별

것을 보았으니까요. 그런데 메일린은 달랐어요. 뭐라 설명할 수가 없네요."

"그 정도예요?"

"아, 그랬군요!"

나탈리도 놀라며 말한다.

"네, 이유는 모르겠어요. 저는 속으로 생각했죠. 이 아이는 살아야만 한다. 죽을 순 없어. 저희는 아이를 살리려고 분투했죠. 그 후 여러 밤 동안 저는 잠을 못 잤습니다. 제 아내조차 이해하지 못했죠."

메일린이 알렉상드르에게 불러일으킨 애정이 놀랍다. 우리는 그가 사고 당시 실행했던 일과 메일린에게 보인 애정이 정말 고맙다.

"저는 이제 긴급 구조 업무를 그만두었어요. 더는 할 수가 없더라고요."

"아, 그래요? 그러면 지금은 무슨 일을 하세요?"

그가 한 말에 충격을 받고 내가 묻는다.

"지금은 구급상황센터에서 근무해요. 그런데 센터 사람들도 그 사고 이야기를 알고서 제게 메일린의 안부를 묻곤 했죠. 묘하게도 모두가 메일린의 이야기를 알아요. 1년이 지나서도 종종 저한테 묻곤 하니까요."

"그분들은 출동 안 했잖아요?"

나탈리가 놀란 얼굴로 물었다.

"네. 그렇지만 그 사람들은 그때 나탈리, 당신이 건 전화를 기억해요."

"그 정도예요?"

아내는 영문을 모른다.

"네. 그때 통화가 워낙 강렬했고, 감정도 끔찍했으니까요. 게다가 전화가 자꾸 끊겨서 다시 걸어야 했고, 비명소리도 들렸었죠. 상황실에서 출동 중인 저희에게 도로 상황에 대해 얘기하는데, 너무 늦게 도착하는 게 아닐까 불안했죠……."

그의 말을 듣다가 우리는 온몸에 소름이 돋는다. 무대 이면을 폭로하는 그의 말을 우리는 한마디도 놓치지 않고 경청한다.

"그러다 길이 막혔는데, 아무리 사이렌을 울려도 꼼짝도 않는 겁니다. 결국 저는 더 빨리 도착하기 위해 동료와 함께 인도로 내달렸죠. 메일린에게 심장마사지를 하고 있는 당신을 보았을 때는 이런 생각이 들었어요. 너무 늦었어!"

그의 이야기를 듣는 동안 나는 숨이 멎을 것만 같아서 심호흡을 한다. 장면 묘사를 들으니 손가락마저 얼어붙는 것 같다. 머릿속에 지금도 생생히 살아 있는 장면들이다.

"좋아요. 지금은 아이가 이렇게 건강하니, 건배합시다!"

나는 대화 주제를 바꾸지 않을 수 없다.

"네, 맞아요. 메일린, 너는 뭐 마실 거야? 그리고 루안, 너는?"

"석류주스요."

"저도요!"

루안이 덧붙인다.

"자, 우리의 만남을, 그리고 결말이 행복한 이 이야기를 축하합시다."

나탈리가 말한다.

멋진 만남이었다. 알렉상드르는 무척이나 인간적이었고, 그가 메일린에게 보여준 그 모든 관심은 깊은 감동을 안겼다. 우리는 새로운 친구를 얻었다. 게다가 어떤 친구인가!

가족의 삶을 즐기기

5월은 별다른 문제 없이 흘러간다. 우리는 일상의 노여움과 행복 사이의 방정식 속에서 삶의 소소한 즐거움을 자연스럽게 받아들이고, 모든 게 명백히 정돈되면서 나아간다. 작고 하잘것없는 기쁨들이 우리 마음속에서 예외적인 사건처럼 울린다. 친구들끼리 보낸 어느 주말에 메일린은 페달로 가는 작은 고카트를 거의 앞으로 나아가게 한다. 아직 힘은 충분치 않지만, 의지는 충만하다. 이젠 다 시간문제다.

2013년 5월 12~13일

가족끼리의 외출을 위해서 우리는 가프 근처에 있는 노트르담 뒤 로 성소를 방문한다. 묵상하는 시간도 좀 갖고, 우리가 경험하고 있는 기적에 감사드리기 위해서다.

루르드는 장인 장모님과 함께 여행하기엔 조금 멀어서 망드리외에서 더 가까운 장소를 선택한 것이다. 성모마리아의 많은 발현지를 알아가는 것도 우리가 성모께 다가가는 한 방법이다. 이 성소는 알프 드 오트 프로방스 한가운데에 자리하고 있다. 오솔길과 확 트인 전망을 갖춘 멋진 곳이다. 우리는 '발현의 산책로'인 숲속 오솔길을 따라 3킬로미터 코스를 걷기로 마음먹는다. 메일린은 그 길을 끝까지 걸어서 우리를 깜짝 놀라게 한다! 아이는 때론 루안의 손을, 때론 나탈리의 손을, 때론 내 손을 잡고 걸었다. 아이가 지칠 때를 대비해 유아차를 가져갔는데, 유아차는 가방과 외투를 거는 용도로만 쓰였다! 유아차는 이제 필요 없게 되었다! 정말이지 아이 내면에 헤아릴 길 없는 강력한 힘과 초인적인 도움의 손길이 있다고 생각하지 않을 수 없다.

2013년 6월

메일린의 재활을 위해 방스로 오가는 일은 계속된다. 의료용 택시를 운전하는 세바스티앙은 몇 달 사이에 메일린과 좋은 관계를 맺었다. 그는 6개월째 카드랑 솔레르 병원으로 매일 우리를 데려다주고 있다. 6월 말이면 집에서 너무 먼 이곳에서의 재활이 끝난다. 내 생각엔 메일린이 아주 어려서부터 무의식적으로 주변에 퍼뜨리는 사랑에 세바스티앙도 젖어든 것 같다. 아이는 가는 길마다 만나는 사람에게 꽃을 던지듯 사랑을 퍼뜨리는 것 같다. 세바스티앙은 마지막으로 우리를 집에 데려다주면서도 메일린과 내내 얘기한다. 메일린도 늘 세바스티앙과 얘기를 많이 했지만, 특히 이번에는 말을 끊지 않고 쏟아낸다. 그는 메일린과 비슷한 나이인 손녀딸에 대해서도 말한다. 집에 도착하자 세바스티앙은 차 트렁크에서 꾸러미 하나를 꺼내더니 메일린에게 건네며 말한다.

"자, 메일린, 작은 선물이야."

"저한테 주시는 거예요?"

"그래. 넌 아주 상냥하고 용기 있는 소녀였어. 너 같은 아이는 많이 못 봤어. 있잖니, 나는 많은 사람을 내 택시에 태우거든!"

"이게 뭐예요?"

"집에 가서 보렴! 근데 넌 정말 용감했어. 내가 너를 처음 만났을 땐 잘 걷지도 못했는데, 이제는 달리잖니! 너를 만나서 정말 기뻤어. 메일린도 건강하고, 두 분도 건강 잘 돌보세요."

우리는 세바스티앙과 헤어져서 집으로 향한다. 메일린은 그가 떠날 때까지 손을 흔든다. 우리는 선착장을 지나 아파트로 들어선다. 메일린은 서둘러 선물을 푼다. 빗, 팔찌, 목걸이 등 온갖 액세서리를 갖춰서 더더욱 예쁜 바비 인형이 들어 있다. 메일린은 기뻐서 펄쩍 뛴다!

*

구급대원 알렉상드르도 메일린을 향한 연민이 넘친다. 그는 나와 전화나 문자를 주고받으며 메일린을 위해 전기자전거를 마련하는 데 도움을 주고 싶다는 의지를 알려온다. 메일린은 사고 전에 이미 루안을 자전거 뒤에 태우고 달리곤 했었다. 우리는 전기자전거를 하나 사려고 생각했다가 가격이 터무니없이 비싸 포기했다. 알렉상드르는 이 문제를 온갖 방향으로 살펴보고는, 리옹의 구급대 팀과 함께 메일린을 돕기 위해 뭘 할 수 있을지 고심한다. 그들은 11월에 열리는 보졸레 마라톤에서 벌일 모금 행사를 알리기 위해 페이스북 계정을 만든다. 메일린을 구조할 때 출동했던 구급대원들과 또 다른 구급대원들이 모금을 위해 소방 호스를 끌며 42.195킬로미터를 달릴 계획을 세운다. 다행히 소방 호스에 물은 채우지 않지만, 모금함을 달고 내내 달릴 예정이다.

"엄청난 도전이네요! 불가능해요!"

내가 말한다.

"마뉘, 메일린이 불가능한 걸 해냈으니, 우리도 해낼 수 있어요. 우리는 여럿이니까 잘될 겁니다!"

"그러면 나도 함께할게요."

"오, 그럼 좋죠. 종종 달리세요?"

"절대 안 달리죠! 그렇지만 당신 말이 맞아요. 우리는 해낼 겁니다. 나도 훈련할게요."

"아시겠지만, 6개월밖에 안 남았어요."

"걱정하지 마세요. 아이도 해냈으니, 우리도 해낼 겁니다!"

나는 내가 무슨 일에 뛰어들었는지 제대로 알지 못했다. 나탈리는 내가 무모하게 달리다가 죽을 위험을 무릅쓴다고 생각한다. 하지만 나는 이 도전에 많은 의미가 있다고 믿는다. 내게는 중요한 도전이다. 과거의 상처를 영원히 씻어버리는 방법이다. 훈련의 고통이 2012년에 겪었던 고통을 없애줄 것이다. 이제 훈련하기만 하면 된다!

*

리옹의 쿠르 디오 학교 축제에 참석하기 위해 몇 주 전부터 리옹에 가려고 마음먹었다. 사고가 일어난 지 벌써 1년이 흘렀다. 학교 사람들 모두 그 사고가 얼마나 부모들, 아이들, 선생님들과 학교 운영진을 충격에 빠뜨렸는지 잘 기억하고 있다. 이제 딸들은 이 학교 학생이 아니지만 우리는 학부모와 의사들, 교장선생님으로부터 많은 메시지를 받았다. 학교에 와서 함께 학기말도 축하하고, 메일린의 특별한 회복도 축하하자는 내용도 있었다. 우리는 참으로 오랫동안 기도로 우리를 지지해준 이들과 시간을 보내게 되어 기쁘다.

메일린과 우리 가족은 모든 걸 함께 겪어왔다. 우리는 삶이라는 상상의 장벽 양편에서 살았다. 메일린은 구렁텅이에 끌려들었고, 우리는 아이를 그 구렁텅이에서 빼내기 위해 보잘것없는 수단을 가지고 싸웠다. 우리의 무기만으로는 그 저주를 끝장낼 수 없었고, 우리가 할 수 있는 건 아무것도 없었으며, 우리 손에 더는 남은 게 없었다. 아이는 우리에게서 달아나고 있었다. 그런데 갑자기, 메일린의 목숨을 하느님께 맡기고, 아이를 돌보는 일을 세상 너머에 맡겼더니 메일린이 돌아왔다. 아이가 우리와 함께하고, 살고, 웃고, 주위 사람들을 사랑하는 걸 보는 행복 너머에 대답을 찾지 못한 의문이 하나 남아 있었다. 우리는 휴식을 취할 때면 의문을 불러일으키는 그 응어리와 그늘을 품고 일상을 살았다. 그 의문은 우리가 대답하기를 기다리며 항상 대기하고 있었다.

이 일종의 부활이 우리에겐 명백했다. 메일린은 분명히 천사들 틈에 있었고, 우리 곁을 떠났다. 크게 떴지만 텅 비어 있던 아이의 새까만 눈에 대한 기억, 목격한 사람이 거의 없는 그 모습은 분명 아이를 잃었다는 확신을 안겼다. 나탈리와 나는 그 시간을 함께 경험했고, 거기에는 논쟁의 여지가 없었다. 메일린은 죽었다가 살아났다. 그런데 왜 이 아이일까? 왜 다른 아이가 아니라 메일린일까? 메일린을 위한 연대 기도는 어째서 그토록 큰 규모의 세계적인 열정으로 커졌을까? 이 작은 존재, 사랑이 넘치는 이 작은 아이는 여전히 여기 남아 있다. 우리는 이 아이에게 두 번째 기회, 두 번째 삶을 주신 하느님께 감사드린다. 하지만 이 기적의 증인은 오직 우리뿐이다!

의학으로 설명할 수 없는 단계들을 지켜본 많은 이들은 이미 아이의 상태를 '기적적'이라고 형용했다. 하지만 '기적적'이라는 말에는 사람에 따라 다양한 평가나 해석이 따라붙는다. 어떤 이들은 그것에 실현 불가능하다는 특징, 누구도 예상치 못한 변화라는 의미를 부여한다. 나탈리와 나, 아이의 대부, 그리고 몇몇 친구들과 기도한 이들에게 이 말은 추가적인 위대함, 궁극적인 사랑의 몸짓, 하느님의 선물을 의미한다. 우리는 이 성취에 그저 감사할 따름이다. 그럼에도 우리는 매일 밤 감사드리는 그분에 대해 너무도 알지 못했다. 하느님을 위해, 하느님 곁에서 온 사랑을 쏟아 힘써주신 그분, 폴린 자리코를.

*

　이해의 쿠르 디오 학교 축제는 완벽했다! 우리는 학부모들에게 감사의 마음을 전하고 무엇보다 9일 기도에 함께했던 이들, 엘리자베트 데스케락 부인과 학교 교장선생님을 만나고 싶어서 축제에 참여했다. 우리는 축제 전에 거행되는 미사에 참석하기 위해 학기말 축제가 시작되는 시간보다 일찍 도착했다.

　우리는 막바지 길로 접어든다. 왼쪽에는 초목이 자라 있고, 오른쪽에는 밝은 황토색의 큰 벽돌 건물이 서 있는 일차선도로가 우리를 생 조제프 영지로 인도한다. 그 영지에는 키가 크고 튼튼한 나무들이 드문드문 심어진 푸른 잔디밭이 펼쳐진다. 우리는 그 잔디를 밟고, 작년에 걸었던 것과 똑같은 걸음을 다시 옮기는데, 이번에는 온 가족이 함께다. 우리를 알아본 일부 학부모는 이 축제일에 우리를 다시 보게 되어 기뻐하는 듯 보인다. 우리는 예배당 안에서 작년과 거의 같은 자리인 제단 오른쪽에 앉는다. 1년 전, 루안이 어린아이로서의 삶을 제대로 이어가게 하려고 메일린을 병원에 둔 채 참석했던 미사가 떠오른다. 폴린님에게 올린 9일 기도 때 내 뺨 위로 흘렀던 눈물도 떠오른다. 그때 내 눈은 예수님의 눈길을 바라본다. 감사합니다.

교장이 우리를 알아보고 와서 인사한다. 교장은 메일린을 보고 감탄하며 아이의 손을 잡는다.

"오늘 다시 뵙게 되어 정말 기쁩니다. 메일린과 함께 여기서 만나다니 믿기지 않아요. 멋집니다!"

"작년에 메일린을 위해 해주신 일들에 감사 인사를 드리려고 오늘 꼭 오고 싶었습니다. 그때는 상황이 너무 참담해서 감사 인사도 드리지 못했어요."

"세상에, 그렇게 말씀해주시니 고맙습니다. 그리고 이렇게 오늘 메일린을 보니 정말……."

교장은 얼굴을 이쪽저쪽으로 돌리며 뭔가 할 말을 찾는다.

"데스케락 부인이 메일린을 보면 얼마나 행복해하실지요! 마침 저기 오시네요."

"안녕하세요…… 아, 네가 메일린이구나!"

부인은 우리 딸에게서 눈길을 돌리지 못한다.

"제가 엘리자베트입니다. 폴린 자리코님의 전구를 통해 9일 기도를 시작한 게 접니다."

"안녕하세요. 드디어 이렇게 뵙게 되어 정말 기뻐요. 그동안 뵙지 못해서 감사 인사도 못 드렸지요."

나탈리가 대답한다.

"미사 끝나고 나면 얘기 좀 나눌까요?"

미사가 시작된다. 우리는 하느님의 사랑을 한껏 들이마

셔 폐에 가득 채운다. 마음의 평화와 기쁨을 느끼며 미사를 경험한다.

이어서 엘리자베트 데스케락 부인을 만난다. 데스케락 부인은 리옹에서 '살아 있는 묵주 기도회'를 창시했고, 메일린이 유치원 어린 반에 다녔던 쿠르 디오 학교 R 교장에게 폴린 자리코님의 선종 150주년을 맞이해 그분의 전구로 9일 기도를 올리자고 제안한 분이다. 우리가 사고의 비극으로 인해 암울했던 시절이어서 기억이 없었던 이 학부모의 얼굴을 드디어 알게 된 것이다.

"메일린은 모두의 예상과 달리 여전히 생생히 살아 있군요! 메일린의 변화에 대해서는 앞으로도 제게 알려주세요. 제 생각엔 정말이지 기도의 힘이 메일린을 구원한 것 같으니까요."

축제가 무르익는다. 먹거리 가판대에서는 누구나 맛있는 걸 먹을 수 있고, 아이들은 놀이기구와 노점 사이를 뛰어다닌다. 메일린은 예전의 반 친구들과 논다. 그 아이들도 메일린을 다시 봐서 즐거워한다. 완벽한 그림이다!

2013년 여름

드디어 여름방학이 되었다. 작년 여름은 육체적으로도 정신적으로도 피곤했다. 이번 여름은 다르게 시작한다!

두 자매는 이 기간 동안 완벽한 유대감으로 하나가 된다. 이 여름 동안 우리는 어떤 진료나 검사로도 방해받지 않을 것이다. 우리는 운 좋게도 망드리외 해변에서 1킬로미터 떨어진 곳에 살고 있다. 그래서 시간이 날 때마다 모래사장과 물속에서 딸들과 논다.

충만한 여름날이 우리를 더더욱 하나로 묶어준다. 작은 우리 가족의 사랑 너머에 더 큰 차원의 사랑이 존재하는 것 같다. 그 사랑이 우리를 감싸고 일상의 어려움과 나쁜 영향으로부터 우리를 보호해주는 것 같다.

우리는 암담한 시절을 벗어난 것이 뿌듯하고, 죽을 운명을 이겨낸 것이 행복하다. 하느님과 우리만이 그 사정을 안다. 뮤즈의 "함께라면 우리는 무적together, we are invincible"이라는 노래 가사를 다시 듣자 이 감정의 의미가 오롯이 드러난다. 그 시절의 희망은 현실이 되었다. 나는 메일린이 가차 없이 혼수상태에 빠져 있을 때 무너지지 않기 위해 이 노래 가사가 맞다고 스스로 설득하려고 애썼다. 이제 이 노래 가사는 우리를 완벽하게 정의한다.

여름 내내 메일린은 소녀의 삶을 한껏 산다. 아이는 삶이 더 빨리 나아가야 한다고 마음먹은 것 같다. 아이에게 장애물은 조금도 중요치 않다. 그 무엇도 아이의 의지를 가로막지 못한다. 아이는 제 삶의 기쁨을 통해, 미소를 통해 주변의 삶에 활기를 불어넣는다. 아이는 언니 루안을 사랑하고, 둘의 유대는 서로에게 참으로 중요하다. 동생을 되찾은 루안은 동생과 함께 공주 이야기들을 지어내고, 메일린은 그런 언니에게 사랑으로 보답한다. 그렇지만 메일린은 아직 안정성을 완전히 되찾진 못했다. 그 무엇도 아이를 가로막지 못하고, 아이는 계속 나아간다. 무릎과 팔에 멍이 들어도 아이는 멈춰 서지 않는다. 이제 하루가 끝날 무렵에는 여름의 열기가 식어 시원해진다. 낮이 점점 짧아지고, 개학이 성큼 다가오고 있다는 신호가 곳곳에서 보인다. 모든 부모가 경험하듯이, 8월 말의 며칠은 들뜸 그 자체다. 마지막으로 학용품도 구매해야 하고, 새 책가방, 그리고 무엇보다 개학을 위한 새 옷도 사야 한다.

더 중요한 건 메일린이 언니의 학교에 처음 입학한다는 사실이다. 1년 늦어진 입학이다. 따라서 중간 반으로 입학한다. 우리는 개학을 기다리면서도 조금 불안하다. 모든 아이가 메일린에게 호의적이길 바란다. 메일린이 보통의 아이들과 조금 다르다는 점이 따돌림의 원인이 되지 않기를 바란다. 개학 이틀 전에 우리는 학교 교장의 전화를 받는다. 교장은 개별 학습 도우미(AVSI)†가 메일린의 학습과 교실 이동을 도와줄 것이라고 알린다. 얼마

---

†   지방 교육청의 도움으로 장애 학생이 학교생활을 어려움 없이 이어가도록 돕는 인력.

나 마음이 놓이는지! 이 학습 도우미 없이는 아이가 학교
로 돌아가지 못했을 것이다!

마침내 개학

2013년 9월

마침내, 메일린은 또래 아이들처럼 학교 가는 길에 합류한다. 우리는 학교 운동장에서 아이들과 부모들이 재회하는 기쁨을 지켜본다. 아이들은 사방에서 뛰고, 소리치고, 세발자전거도 타보고, 새 놀이기구도 구경하고, 미끄럼틀도 탄다. 부모들은 자식의 반 앞에 일렬로 줄 서서 조용히 기다리며 간간이 아이들을 부른다. 부모들은 아이 담임선생님에게 가서 인사한다. 메일린은 가방을 어깨에 메고 침착하게 기다린다. 아이는 이상하리만치 진지해 보이고, 이상적인 학생처럼 두 손을 다소곳이 모은 채 제 차례를 기다린다. 아이는 학교에 다시 다닐 생각에 무척 초조한 모양이다! 자기 차례가 되자 메일린은 선생님에게 가장 먼저 보이고 싶은지 우리 앞을 당당히 걸어 나간다. 담임선생님은 쪼그리고 앉아 메일린에게 먼저 인사하고 나서 우리에게 인사한다.

"안녕하세요, 저희는 메일린, 메일린 트란의 부모입니다."

"네, 반갑습니다. 교장선생님께서 메일린이 온다는 걸 알려주셨어요. 조만간 아이의 학기에 맞춰 일정을 조율하기 위한 첫 회의를 열 예정입니다."

"좋습니다. 알려주시면……." 나탈리가 대답한다.

"네, 알림장에 적어둘 테니, 걱정 마세요. 자, 메일린, 교실로 갈 준비됐어?"

"네!"

아이는 고개를 들어 선생님을 바라보고, 어느새 교실로 들어가기 시작한다.

"이따 봐, 메일린."

나탈리가 살짝 감격한 얼굴로 아이에게 말한다.

"메일린은 벌써 편안해 보이네요. 어서 공부하고 싶은가 봐요! 엄마 아빠한테 인사 안 하고?"

선생님이 말한다.

메일린은 가던 길을 멈추고 돌아와서 우리를 끌어안는다. 그러곤 교실 안으로 들어가서 보조교사의 안내를 받고 옷걸이 쪽으로 갔다가 책상으로 향한다. 아이는 귀 기울여 말을 듣고는 반 아이들처럼 자리에 앉는다. 우리는 아이를 남겨두고 일터로 간다.

"아주 편안해 보였어."

나탈리가 놀란 얼굴로 내게 말한다.

"교실로 가는 모습을 보니 거의 우리를 잊은 것 같던데. 아주 좋은 징조야!"

"당신 들었지. 벌써 담임선생님과, 그리고 아마도 교장선생님과 회의가 잡혀 있나 봐. 이분들은 시간 낭비가 없네!"

"그렇네. 아마 메일린이 어느 상태인지, 어디까지 배웠는지를 알고 싶은 거겠지. 두고 보면 알겠지!"

내가 대답한다.

"이젠 내일 루안만 남았네. 그러면 이번 학기가 시작되는 거야!"

나탈리가 스스로 격려한다.

새 리듬이 자리 잡는다. 학교가 끝날 때 루안과 메일린을 데리러 가는 건 대개 아이들의 할아버지다. 레스토랑을 운영 중이라서 주중에는 딸들을 데리러 갈 시간을 낼수가 없다. 모든 게 완벽하게 흘러가는 것 같다. 메일린은 글씨를 쓰려고 펜을 쥘 때 필요한 안정성과 섬세한 운동능력이 아직 부족하지만, 나머지는 완벽하게 흘러간다. 메일린은 티나와 에덴을 새 친구로 사귀었다. 그래서 우리는 소녀에게 중요한 지표인 친구들과의 우정과 더불어 아이의 삶이 올바른 길을 걷기 시작했다는 희망을 품게 된다.

　메일린은 제 습관도 되찾아서 하루를 어떻게 보냈는지
에 대해 끝없이 조잘댄다. 매일 저녁 아이는 식사 시간
에 제 이야기들을 들려주고, 이따금 아픔과 불만도 얘기
한다. 새롭게 배운 것들, 반에서 다룬 주제들이며 누구와
짝이 되었는지 등도 늘어놓는다. 우리는 아이의 일상에
대해 모든 걸 알게 된다. 우리는 끈기 있게 귀를 기울인
다. 아이는 다른 아이들과 놀다가 넘어져서 생긴 멍도 보
여주는데, 어디에서 무슨 이유로 생겼는지 기억하지 못
하는 상처도 있다.

　우리 셋은 매일 저녁 메일린이 쏟아내는 말의 홍수에
빠진다. 루안은 자신이 말할 기회가 없다고 거듭 말하고,
그러면 다들 웃는다! 메일린은 소외되었다고 느껴서 화
가 난 일도 우리에게 얘기하는데, 대개 달래기 힘들 정도
로 울며 말한다. 그 소외감은 반 아이들 때문이 아니라
이상하게도 교사들 때문이라는 것이다. 나탈리가 아이들
을 학교에 내려주는 아침이 담임선생님과 만나서 메일린
의 마음을 어지럽힐지 모르는 문제를 두고 얘기할 수 있
는 유일한 시간이다. 그런 일은 많지 않다. 아이는 언제
나 명랑하고, 모든 일에 열정적이며, 마음을 어지럽히는
일이 거의 없는 것 같다.

보졸레 마라톤

2013년 11월

몇 주째 보졸레 마라톤을 위해 훈련하고 있다. 이 마라톤은 조금 특별하고 색다른 마라톤이다. 마라톤 참가자들은 모두 재미나게 꾸며 입고, 보졸레 포도밭을 가로지르며, 가는 길에 있는 와인 저장고마다 멈춰서 물이나 와인을 골라 마실 수 있다! 유쾌해 보이지만, 그래도 마라톤은 마라톤이어서 달려야 한다! 내게는 만만찮은 도전이다. 나는 달려본 적도 없고, 심지어 달리는 걸 싫어한다. 그렇지만 알렉상드르에게 그가 구급대원들과 더불어 시작한 이 운동에 함께하겠다고 말했다. 메일린을 위해 전기자전거를 살 돈을 모금하려고 마라톤을 완주한다는 건 정말이지 멋진 계획이다. 내 친구인 로랑과 사브리나, 사라와 사라의 딸 야엘도 합류하기로 했다.

마라톤 당일이다. 장비는 제대로 갖췄지만, 출발할 때

의 얼음장 같은 겨울 추위가 혹독한 달리기를 예고한다. 리옹 구급대원들의 불굴의 의지가 우리를 결승선까지 이르게 해줄까? 나는 12킬로미터 이상을 달려본 적이 없는데, 이 마라톤에서는 42.195킬로미터를 달려야 한다! 우리는 모두 등에 메일린의 사진을 붙이고 출전한다. 감동적이다. 구급대원들의 모금 운동을 군중들에게 알리기 위해 코팅된 플래카드 하나를 제작했다. 일간지《르 프로그레》도 출발일 며칠 전에 이 소식을 전했다.

출발 신호가 떨어진다! 나는 웃음기를 거두고 거리 개념과 시간과 고통을 잊기 위해 집중하려고 애쓴다. 쉬지 않고 내게 용기를 북돋우는 알렉상드르, 그레고리, 토마의 걸음을 따라 뛴다. 무릎 통증이 심해진다―오래전에 다친 상처다. 나는 생각을 비우고 풍경조차 바라보지 않는다. 그저 기계적으로 달린다. 스스로 고립시켜 그 어떤 것도 집중을 흩트리지 못하고 의욕을 꺾지 못할 나만의 공간을 만든다. 머릿속으로는 유일한 동기, 즉 사고 이후로 살아남기 위해 병원에서 홀로 싸워온 메일린의 투쟁을 생각한다. 아이를 위해 끝까지 달려야만 한다. 한탄에 내줄 자리는 없다. 앞으로!

12킬로미터 거리에 있는 보급 지점에서 한 구급대원이 나탈리에게 속내를 털어놓는다. "마뉘는 아마 버티지 못할 겁니다. 무릎 통증이 심해요." 걱정 어린 나탈리의 눈길이 내게 쏟아진다. 나는 아내에게 손만 흔들고 고통스러운 달리기를 계속 이어가며 말한다.

"난 멈춰 서면 안 돼. 그랬다간 다시 출발 못 할 거야!"

앙스라는 마을 입구가 마침내 보인다. 나는 계속 나아간다. 더는 달린다고 할 수가 없다. 내 다리와 팔은 이제 기계적으로 움직이는 것 같고, 내 동작은 완벽하게 박자에 맞춰진 것 같지만 과연 실제로 그랬던가. 그런 건 중요치 않다. 나는 그저 달릴 뿐이지만 그리 빨리 나아가진 못한다. 우리 팀 모두가 한데 모여 도착 지점에 들어선다. 수많은 사람이 에워싼 그 길은 참으로 경이롭다! 나탈리를 찾아본다. 그 길 어딘가에 메일린과 함께 있기로 했기 때문이다. 우리가 이 미친 도전을 마치는 걸 두 사람이 봐야만 한다. 그때, 알렉상드르가 나탈리와 메일린을 발견한다. 아직 몇백 미터가 남아 있다.

알렉상드르가 묻는다.

"메일린, 이리 와. 우리와 같이 달려서 경기를 끝낼까?"

"네!"

언제나 의욕 넘치는 메일린이 앞으로 나선다.

우리는 메일린의 손을 잡고 셋이서, 그리고 팀원 전부와 함께 42.195킬로미터를 완주한다. 눈물이 차오른다. 감격과 피로와 고통이 한꺼번에 몰려오면서 한데 뒤섞이는데, 그저 벅차다.

마라톤은 절대적으로 놀라운 인간적 경험이다! 저녁에는 구급대원 친구들과 가족들이 함께 밥을 먹는다. 마음을 울리는 동기로 뭉쳐서 모두가 같이 이 마라톤을 끝냈다는 자부심과 연대감이 느껴지는 경이로운 순간이다. 잊지 못할 최고의 기억이다!

감동과 열정에 힘입어 메일린과 루안, 그리고 두 딸의 사촌인 노라는 2014년 4월에 니스에서 열린 하리보 런에 참가했다. 이번에는 역할이 바뀌었다. 달리는 주역은 딸들이었다. 의사들의 눈에는 메일린이 걷는 것조차 불가능해 보이는 거리였다! 그런데 메일린은 달렸다! 달콤한 미소와 보상, 순수한 행복이 가득한 1.3킬로미터였다.

대답 없는 질문들

R 박사는 설명할 길 없는 메일린의 회복에 대한 근거를 어쩌면 찾을 수 있지 않을까 해서 메일린이 새로운 검사들을 받길 바란다. 나탈리와 메일린은 체성감각 유발전위 검사를 위해 검사실로 향한다. 나탈리는 의자에 앉아서 침착하게 검사가 어떻게 진행되는지 메일린에게 설명한다.

복도에서 몇 분 기다린 뒤 나탈리와 메일린은 검사실로 들어선다. 의사는 나탈리에게 메일린이 검사받도록 준비시켜달라고 청한다. 옷을 벗기고 감기 걸리지 않도록 가운을 입히라는 것이다.

"자, 들어오세요! 그런데 휠체어는 없어요?"

"네? 휠체어라뇨?"

나탈리는 의사가 무슨 얘기를 하는 건가 싶다.

"아이가 못 걷는 것 아니에요? 이런 질문 드려서 죄송합니다만……."

"걸어요!"

"검사 결과를 보니 못 걸을 것 같아서요."

"걸어요."

나탈리가 조금 놀란 표정으로 말한다.

"검사대에 아이를 올려주시겠어요?"

"물론이죠. 메일린, 이리 와, 여기 누워봐."

나탈리가 아이에게 청한다.

"그럼 같이 걸어서 오신 겁니까?"

의사가 다시 묻는다.

"그럼요."

나탈리가 대답한다.

의사는 여전히 못 믿겠다는 표정으로 검사대에서 멀어지더니 잠시 후 다시 말한다.

"검사가 어떻게 진행될지 설명을 드리겠습니다. 따님의 피부에 전극들을 붙이고 그걸 통해 뇌와 신체의 몇몇 영역을 자극할 겁니다. 그리고 살펴볼 겁니다."

"네, 아이가 혼수상태일 때 이미 해봤어요."

"조금 따끔할 텐데, 움직이지 말아야 합니다."

나탈리가 메일린을 향해 돌아보며 말한다.

"메일린, 알아들었지? 조금 따끔할 텐데, 움직이면 안

돼, 알았지? 안 그러면 검사를 다시 해야 할 거야. 알
겠어?"

"네, 엄마."

의사는 전극들을 메일린의 몸과 머리에 붙이고, 바퀴
달린 기계에 전선들을 연결하고는 검사를 시작한다.

"시작한다! 움직이지 마. 알았지?"

메일린은 옴짝달싹도 하지 않는다. 아이가 꼼짝도 않고
심지어 근육긴장조차 없는 걸 보고서 나탈리는 불행히도
메일린이 전기 자극을 전혀 느끼지 못한다고 생각한다.
검사는 언제나 온갖 문제 제기와 의혹, 때로는 두려움까
지 낳는 원천이었다. 이 검사들로 인해 메일린의 죽음이
임박했다는 결론이 내려졌었기에 다시 검사를 할 필요가
없었고, 우리는 슬프기만 했었다. 검사실에 정적이 깔리
자 불안이 다시 수면 위로 떠오른다. 의사가 마지막 검사
결과들을 읽는다. 그는 역순으로 페이지들을 넘기며 이
따금 눈썹을 찌푸리기도 하고, 마지막 페이지에서 몇 초
간 눈길을 돌리다가 다시 그 페이지에 몰두한다. 나탈리
는 단서라도 찾으려는지 그의 표정 변화를 은밀히 살핀
다. 그런데 무슨 단서일까?

의사가 별안간 말한다.

"마지막 검사 결과는 거의 재앙 수준이었네요!"

"네, 그 결과대로라면 메일린은 이 자리에 없어야겠죠."

나탈리는 목소리를 낮춰 대답한다. 아이의 면전에서 말하기엔 조금 적절치 못한 논의를 메일린이 듣지 못하도록.

의사가 설명을 찾는 듯한 눈길로 말을 잇는다.

"걷지도 못해야 마땅한데 말이죠."

그는 나탈리의 대답을 기다리지 않는다. 아무튼 아이 엄마가 무슨 설명을 그에게 할 수 있겠는가? 그는 계속 읽는다. 검사 결과는 나왔는데, 메일린은 여전히 진찰대 위에서 꼼짝하지 않고서, 명령이 내려지길 기다린다.

"잘했어요 마드무아젤, 너 정말 안 움직였네. 아주 잘했어!"

의사가 검사 결과를 분석하는 동안 나탈리는 메일린의 가운을 벗기고 옷을 다시 입힌다.

"메일린, 엄마는 네가 자랑스러워. 정말 꼼짝도 안 했잖니. 근데 따끔한 건 못 느낀 거야?"

"느꼈어요. 근데 엄마가 움직이지 말라고 하셨잖아요!"

"그래. 잘했어, 메일린."

나탈리는 아이를 꼭 끌어안는다. 메일린은 뭔가를 잘못해서 혼나면 방돌로 돌아가게 될까 봐 언제나 겁을 낸다. 방돌이 무슨 벌 받는 곳이라도 되는 듯이. 아이는 일상에서 뭔가를 똑바로 안 해서 그곳으로 돌아가게 될까 봐 겁난다고 털어놓은 적이 있다. 그래서 항상 혼신의 힘을 쏟는다.

의사가 새로 나온 검사 결과를 이해하지 못하겠다는 듯 단호한 어조로 말한다.

"있을 수가 없는 일이에요."

"뭐가요?"

나탈리가 묻는다.

"N20 반응이 양쪽에서 100퍼센트로 확인되는데, 이건 있을 수 없는 일이에요! 이런 일은 일어날 수가 없어요. 게다가 이 아이는 글래스고혼수척도 3단계였다고요!"

"뭐라고요? 양쪽 다 돌아왔어요?"

"네, 분명해요. 의심의 여지가 없어요. 이건 있을 수 없는 일이에요."

"저도 잘 알죠. 리옹에서 숱하게 얘기를 들어서요. 그런데 어떻게 이런 일이 가능한 거죠?"

전문의는 한참 뜸을 들이다가 대답한다.

"어쩌면 리옹에서 검사할 때 접속이 잘못되었던 게 아닌지, 아니면 기계장치가 결함이 있었던 게 아닌지. 제 동료들이 일을 잘못했다고 말하고 싶진 않습니다만······."

나탈리가 급히 잘라 말한다.

"검사를 한 번만 한 게 아니에요. 같은 검사를 세 번이나 했고, 거기다 회복력 검사도 했죠. 모든 검사가 아무 희망 없이 부정적이었습니다. 다섯 명의 의료진이 매번 검사 때마다 우리를 불러서 아이의 수명 종료 계획을 설명했어요. 기계가 세 번씩이나 오작동했을 리도 없고요. 의사들은 우리 딸의 목숨을 두고 말했어요! 돌이킬 수 없다고 수없이 말했다고요! 그런데 어떻게 이런 일이 가능하죠?"

의사는 책상 뒤에 앉은 채 굳은 듯 아무 말이 없다.

그러다 갑자기 말한다.

"모르겠어요……! 리옹 쪽과 연락해봐야겠어요. 이해해봐야죠."

"네."

나탈리는 메일린과 함께 의사의 책상 맞은편 의자에서 일어선다. 둘은 의사의 당황한 눈길 아래 그곳을 나온다. 의사는 여전히 어떻게 이런 일이 가능한지 이해하지 못한 채, 걸어서 나가는 메일린을 바라본다. 그는 나탈리가 메일린에게 휠체어가 필요 없다고 말했을 때 그 말을 믿지 못했다. 우리는 저녁에 이날 검사 얘기를 하며 웃는다. 의사들과 얘기하면서 매번 그들이 자신들의 경력을 통틀어 아마도 이 일이 학술적으로 가장 큰 문제일 거라고 인정하는 말을 들으면 놀랍다.

2014년 7월

몇 달이 흘렀다. 이제 우리의 삶은 거의 정상적이어서, 몇 달 전만 해도 쓰던 기구들을 거의 잊고 지낸다. 개중 몇몇은 베란다에서 자리만 차지하고 있다. 그 기구들은 아이가 전에 재활훈련을 받았던 카드랑 솔레르 병원의 아이들에게 더 잘 쓰일 수 있을 것이다. 우리는 바퀴 달린 의자, 모든 종류의 의자에 맞출 수 있는 코르셋 의자를 카드랑 솔레르의 아이들에게 기증하기로 결심한다. 우리보다는 그 아이들에게 더 필요한 물건들이다. 7월 28일은 심리적이자 신체적으로 해방되는 날이다. 앞으로 집에는 메일린이 혼수상태에서 막 빠져나온 시절의 유쾌하지 않은 이미지를 연상시키는 그 어떤 기계장치도 없을 것이다.

*

엘리자베트 데스케락 부인이 메일린의 건강 상태에 대해 물어봐서 여러 차례 대답한다. 검사 결과와 의료진의 분석을 보면 모든 게 대단히 놀랍다. 데스케락 부인의 물음에 우리의 대답은 언제나 똑같다. "네, 아이는 아주 건강해요!" 데스케락 부인과 교류하면서 우리는 폴린 자리코와 '살아 있는 묵주 기도회'를 제대로 알게 된다. 온 세상을 대표하는 기도 네트워크, 가장 약한 이들을 위한 놀라운 헌신. 그 덕에 9일 기도가 전 세계로 이어졌고, 국경을 뛰어넘은 메시지들이 우리에게 오게 된 것이다. 경이롭고 고마운 지지다.

엘리자베트 데스케락은 우리에게 메일린의 의료 자료를 보내줄 수 있는지 묻는다. 다른 의사들에게 보여줘서 연구해보게 하려는 것이다. 그녀는 파리에서 일하는 신경과 의사들을 몇 명 아는데, 그 의사들이 메일린의 자료에 관심을 보일 것이며, 아이의 갑작스러운 회복에 대한 분석 결과를 얘기해줄 수 있을 거라고 한다. 대답 찾기는 그렇게 시작된다. 의학적인 대답이든, 아니든.

2014년 10월

오늘 나는 레스토랑 일에서 해방될 수 있어서 딸들을 데리러 학교에 간다. 부모들이 아이를 찾기 위해 줄을 섰고, 드디어 내 차례가 온다.

"안녕하세요, 저는 메일린의 아빠입니다."

담임선생님이 나를 알아보지 못하리라고 생각해서 나를 소개한다.

"아 네, 메일린! 말씀드릴 게 있어요."

"네, 말씀하세요."

담임선생님이 내밀한 얘기라도 하려는 듯이 나를 향해 몸을 기울이는데 마음이 놓이지 않는다.

"오늘 저희 반에 학교 신부님께서 들르셨어요……."

"네……."

선생님이 무슨 얘기를 하려는지 전혀 알지 못한 채 나는 대답한다.

"신부님이 예수님을 아는 사람이 있는지 물었을 때 메일린이 손을 들었어요."

"네, 메일린은 예수님을 확실히 알아요. 성당에서 보니까요."

"그런데 아이가 신부님께 이렇게 말했어요. '제가 죽었었는데, 예수님이 저를 살려주셨어요!' 그래서 이해하시겠지만, 신부님이 당황하셨죠. 신부님께 설명을 드리겠다고 말씀드리긴 했는데, 제가 아는 게 부족해서요."

선생님은 나를 바라보며 설명을 기다린다.

나는 사고를 몇 문장으로 간단히 설명한다. 너무 길어진 심장마비, 혼수상태, 그리고 가장 중요한 일들. 아이는 죽을 운명이었는데, 이렇게 살아 있고, 어떻게 이런 일이 가능한지 누구도 이해하지 못한다. 담임은 놀란 듯 보이고, 믿지 못하는 것 같다. 내 생각에 담임은 교장선생님으로부터 메일린이 어떤 일을 겪고 돌아왔는지는 듣지 못하고, 그저 다른 아이들과 좀 다르다고만 알았던 모양이다. 담임은 아이들이 몇 명 남지 않은 교실 쪽을 돌아보더니 메일린을 부른다.

"메일린, 잘 가. 넌 정말 놀라워!"

"안녕히 계세요, 선생님."

나는 등에 책가방을 멘 메일린을 데리고 나온다.

"메일린, 가자……. 너 오늘 교실에서 신부님 봤어?"

"네, 신부님이 오셔서 얘기했어요."

"예수님이 널 살려주셨다고 말했어?"

나는 아무것도 암시하지 않으려고 아주 편안하게 묻는다.

"네, 아빠. 내가 죽었을 때 예수님이 살려주셨거든요!"

아이는 걸으면서 당연하다는 듯이 대답한다.

"그래, 맞아."

나는 다섯 살인 아이가 그런 대답을 하는 데 놀라며 아이의 말에 힘을 실어준다.

"자, 가자. 이제 언니를 데리러 가야지."

메일린은 어서 빨리 언니를 만나 얼싸안으려고 걸음을 재촉한다.

2015년 5월

8개월 후, 학교로 딸들을 데리러 갔더니 아이의 학습

도우미 쉬나가 내게 묻는다.

"에마뉘엘, 주제넘은 질문인지 모르겠는데, 한 가지 물어봐도 될까요?"

"물론이죠!"

"제가 2년째 메일린을 돌보고 있으면서도 메일린에게 무슨 일이 일어난 건지 한 번도 감히 묻지 못했어요. 사고가 있었다는 건 아는데, 그 이상은 전혀 몰라서요."

"아주 긴 이야기인데요, 짧게 얘기하자면 아이가 세 살 반일 때 작은 소시지가 목에 걸려 질식했죠. 제 품에서 죽다시피 했고, 6주 동안 혼수상태에 있었어요. 그러다 깨어났고요."

"비슷한 이야기가 생각납니다. 어느 소녀가 질식했는데, 그 가련한 아이는 죽었어요. 리옹에 살던 아이였죠."

"리옹이라면 그 애가 바로 메일린이에요. 사고가 일어났을 때 저희는 리옹에 살고 있었거든요."

"네? 제가 기억하기로, 칸 도미니크 수녀회 공동체와 함께 기도를 했어요. 9일 기도를 했어요!"

"네, 압니다. 폴린 자리코의 전구를 통한 9일 기도였죠."

"세상에, 저는 아이가 세상을 떠난 줄 알았어요. 그런데 그 아이가 메일린이었군요! 하느님께 아이를 살려주시길 기도했는데, 제가 그 아이를 돌보고 있다니요!"

칸에 사는 알지도 못하는 누군가가 메일린을 위해 기

도했고, 바로 그 사람이 아이가 *정상적인* 학교생활을 이어가도록 돕고 있다니 이 무슨 우연의 일치일까! 쉬나는 흘러내리는 눈물을 참지 못한다. 그녀는 운동장 놀이터에서 놀고 있는 메일린을 바라본다. 그러고는 길게 숨을 내쉬더니 눈물 고인 눈으로 다시 나를 보며 말한다.

"수녀님들을 보러 오셔야 해요. 수녀님들이 정말 기뻐하실 겁니다!"

"물론 가야죠! 날을 잡아서 나탈리와 루안과 함께 갈게요."

"오, 정말 기뻐요!"

우리는 이런 멋진 감정을 품고 헤어진다. 기도의 힘은 강력하지만, 그 결과가 기대에 부합하는 경우는 아주 드물다. 나는 우리의 기적을 모두에게 얘기하고 전파하는 것이 정말 기쁘다. 참으로 아름다운 이야기 아닌가. 이 이야기가 항상 아름다웠던 건 아니지만 오늘은 정말이지 멋지다!

다시 MRI

1년 전부터는 진찰이 뜸했지만, 메일린의 변화는 모든 분야의 의사들에게 수수께끼로 남았다. 작년에 N20 파장이 완벽하게 회복되었다는 걸 확인하고 나서 R 박사는 메일린의 새로운 능력을 측정하고 놀라운 회복을 이해하기 위해 연구를 이어갔다. 체성감각 유발전위 검사를 수없이 거듭하면서 박사는 메일린의 뇌 MRI 검사 계획도 다시 잡았다. 2년 전 사고 때 느꼈던 검사에 대한 두려움이 다시 엄습했다. 하지만 우리는 조금 더 거리를 두고 검사에 임했다. 메일린이 온갖 종류의 이유로 쇠약해질 수도 있다는 걸 알게 될까 봐 여전히 불안하지만, 이제는 아이가 이뤄낸 성취를 완벽하게 인식하고 있고, 어떤 학자도 아이의 사례에 관한 학술적인 연구를 통해 이 회복을 설명하지 못한다는 걸 확신하기 때문이다.

MRI라면 우리는 전문가들에게 이미 너무도 자세히 설명을 들었다. 사고 당일 밤에도 MRI를 한 번 찍었고, 3일 후에 한 번 더, 열흘 후에 다시, 그리고 랑발에 도착해서도 MRI를 촬영했다. 사고일로부터 멀어질수록 결과는 더 나빴다. 명백한 외상성 상해에서 뇌 괴사로, 그 후엔 뇌 전반과 중앙 기저핵까지 조직이 손상되어 레이스처럼 변했다는 진단마저 들었다. 이 모든 게 더해져 뇌 활동도 없고 회복 가능성도 없는 깊은 혼수상태라는 무시무시한 진단으로 이어졌다. 그런데 지금 메일린은 서 있다! 어떻게? 그리고 왜?

MRI 검사가 있기 며칠 전에 메일린은 랑발 연구소로 초대받았다. 다음 주에 들어가게 될 로켓, 영상을 만들면서 엄청난 소리를 내는 그 거대한 MRI 검사 기계를 실제 크기의 모형 장난감 형태로 미리 접해보기 위해서였다.

"메일린, 봐봐. 다음 주에 네가 이 커다란 로켓 안에 들어갈 거야."

보조 의사는 로켓의 요소들을 자세히 설명하며 메일린에게 보여준다.

"로켓이 작네요!"

메일린이 놀라며 말한다.

"그래, 이건 우주로 가는 로켓이 아니야. 이건 회전목마 같은 거야. 그런데 로켓과 똑같은 소리를 내."

"그래요?"

"그래, 엄청나게 시끄러운 소리를 내. 그래서 너한테 우주비행사처럼 머리에 쓰라고 헬멧을 줄 거야."

"음악도 나오고요?"

"음악 들려줄까? 그래, 음악을 들려줄 수 있어. 기억해둘게. 그리고 한 가지 중요한 게 있는데……."

"뭔데요?"

메일린은 비밀 이야기라도 듣는 것처럼 가까이 다가간다.

"그래, 아주 중요한 거야."

보조 의사는 비밀 이야기를 하는 시늉을 하며 몸을 숙이고 말한다.

"알았어요."

메일린이 들떠서 대답한다.

"봐봐, 로켓의 사용법이 적힌 안내서를 내가 줄 건데 엄마 아빠랑 같이 읽어봐."

"저 안에 들어가도 되나요?"

메일린이 자기 앞에 놓인 로켓을 바라보며 묻는다.

"그럼, 가보자! 시험 한번 해볼까?"

메일린은 보조 의사의 손을 잡고 로켓으로 다가간다. 아이는 검사대에 자리 잡고는 거부감 없이 원통 속으로 들어간다.

"있잖니, 네가 거기 누워 있을 때는 끝났다고 말할 때까지 움직이지 말고 가만히 있어야 해. 알겠지?"

뒤로 물러서 있던 나탈리는 아이들을 이 기계에 적응시켜 시끄러운 터널 속에 들어가서도 겁에 질리지 않게 해주는 완벽한 방식이라고 생각한다.

"엄마, 봤어요?"

"봤지."

"아빠한테 로켓 안에 들어갔다고 말할 거예요!"

"그래, 아빠한테 설명해주자."

그 주가 지나가고, 이륙의 날이 다가왔다. 모형으로 하는 연습은 끝났다. 메일린은 진짜 로켓 속으로 들어간다. 나탈리는 방사선 구역 옆에 붙은 대기실에서 기다리도록 안내받는다.

보조 의사가 메일린을 데려오며 말한다.

"여기 왔어요. 아이가 아주 특별했어요!"

"그래요?"

나탈리가 대답한다.

"엄마, 저 한 번도 움직이지 않았어요. 그래서 사탕을 받았어요!"

"와, 너는 운도 좋네!"

"아이 옷을 입히시고요. 영상이 나오는 대로 다시 오겠습니다."

"좋습니다."

나탈리와 메일린은 의사가 부를 때까지 복도 의자에 앉아 얌전히 기다린다. 그리고 결말의 순간이 닥친다.

의사는 책상 너머에서 나탈리를 맞이한다.

"안녕하세요, 어머니. 그러면 함께 영상을 보시죠. 분석을 위해 아이의 의료기록을 다시 가져왔어요."

"네."

"메일린은 잘 지내나요?"

"아 네, 정상으로 지내죠!"

보조 의사는 의사 등 뒤로 살짝 물러나 있고, 의사가 묻는다.

"아이가 낮에는 뭘 하죠?"

나탈리는 그 질문에 놀란다. 의사에게 아무 말도 안 해 줬던가?

"다른 아이들처럼 학교에 가죠!"

"네? 어떻게…… 학교에 다닌다고요?"

"혼수상태에서 깨어나서 방돌에서 회복한 뒤로 R 박사님이 아이가 학교로 돌아갈 수 있을 거라고 말씀하셨죠. 그래서 작년에 중간 반으로 들어갔어요."

"네……."

의사는 이해하는 데 시간이 좀 필요한 것처럼 갑자기 느릿느릿 말한다. 그는 2012년의 MRI 영상을 틀었다가 다시 오늘 찍은 MRI 영상을 튼다. 두 영상을 앞뒤로 바꿔가며 본다. 나탈리와 나는 산소결핍이 일어나고 3분 후부터 뇌에 일어날 수 있는 손상에 대해 잘 알고 있었다. 그리고 메일린은 불행히도 그 시간 너머까지 갔다. 보조 의사도 점점 더 영상 쪽으로 몸을 숙인다.

의사가 보조 의사를 돌아보며 말한다.

"내가 미친 건 아니겠지! 이 첫 번째 MRI는 내가 찍은 거야. 내 이름이 적혀 있어!"

보조 의사도 영문을 모르는 듯 보인다. 어쨌든 의사보다 더 알지는 못하는 것 같다. 나탈리는 귀를 기울이려고 의자에서 벌떡 일어선다.

"있을 수 없는 일이에요!"

"뭐가 있을 수 없는 일이죠?"

나탈리가 묻는다.

"이런 건 한 번도 본 적이 없어요. 한 번도 본 적이 없다고요."

의사는 이해할 수 없다는 뜻으로 고개를 세차게 저으며 말한다.

"이런 건 결코 본 적이 없어요!"

"뭘 못 보셨다는 거죠?"

나탈리는 아무런 답도 듣지 못한다.

한동안 침묵이 흐른다…….

"이런 회복은 전혀 본 적이 없어요. 마지막 MRI를 찍은 사람이 전데, 이런 회복은 처음 봅니다. 일률적으로 쪼그라들었던 뇌가 거의 완전히 제자리를 되찾았어요. 보세요, 두개골과 뇌 사이의 공간이 완전히 정상이에요. 그리고 이쪽 영상에는 차이점이 보이시죠?"

"네."

나탈리는 대답을 하면서도 의사가 보여주는 게 믿기지 않는다. 하지만 그 말을 분명히 들었다.

"그리고 전에는 뇌가 꼭 레이스 같았는데, 거의 재생된 것 같아요! 솔직히, 평생 이런 건 본 적이 없어요. 제 나이가 젊지도 않은데 말이죠! 놀라워요!"

의사 곁에 서 있던 보조 의사도 의사가 건넨 영상들을

한참 보더니 놀란 표정이다. 보조 의사가 나탈리를 바라보며 말한다.

"이건 기적입니다!"

"네, 확실히 그렇죠."

나탈리도 그를 바라보며 말한다.

"이제는 아이가 어째서 학교에 다니는지 이해하겠어요!"

나탈리는 이 마지막 MRI에 대해 서둘러 내게 전해준다. 의사와 보조 의사의 의심, 질문들, 면담을 마무리 지은 보조 의사의 단순한 한마디까지.

"정말 놀랍지, 안 그래?"

나탈리가 내게 묻는다.

"그래, 미쳤어. 완전히 미쳤어!"

우리는 저녁에 침대에 누운 채 그 얘기를 다시 하지만, 전과 같은 걱정을 하지는 않는다.

"여보, 난 종종 이런 생각을 해……."

"무슨 생각?"

내가 묻는다.

"종종 왜 그분이 메일린을, 다른 아이들이 아니라 메일린을 구했을까 생각해. 세상에는 죽어가는 아이들이 많잖아. 메일린보다 더 도움이 필요한 아이들이 많은데, 왜 메일린일까?"

"맞아, 그런 아이들이 엄청나게 많지. 그분이 선택한 건지는 모르겠지만, 그분은 분명히 메일린에게 다른 계획을 품고 있을 거라고 생각해. 게다가 메일린에겐 그분의 도움이 간절했잖아, 기억 안 나?"

"기억나지, 나고말고. 그렇지만 내가 무슨 말을 하려는지 당신도 알잖아?"

"알지, 너무도 잘 알지."

나의 하느님, 성모마리아님, 폴린님,

오늘도 저희가 기도의 힘을, 당신의 힘을, 당신의 의지를 목도한 하루입니다. 저희가 당신께 감사를 드리고 또 드려도 어찌 충분할까요. 하지만 저희는 오늘도 하느님께, 그리고 메일린의 생명을 위해 전구해주신 폴린님께 감사드립니다.

2015년 8월

왜 메일린일까? 왜 메일린이 구원받았을까? 모르겠다. 내가 아는 건 아이 덕에, 아이가 발하는 빛 덕에 우리가 버텨냈다는 사실이다. 사고가 났을 때 아이는 세 살밖에 되지 않았지만, 아이는 타고난 성격으로 우리에게 길을 보여주었다. 기쁨을 전파하는 아이의 재능, 끈기, 살려는 욕망이 본보기가 되었다. 그리고 아이의 자발성은 수시로 제 내면에 있는 생명과 사랑의 힘을 우리에게 환기시켰다. 나는 아이가 보통의 아이들과 다르다는 점을 고려해서 메일린에게 어떤 활동은 해내기 어려울 거라고 수시로 설명한다. 그러니 여러 번, 시도하고 또 하고, 계속해야만 하고, 절대 포기하지 말아야 한다고 말한다. 언젠가는 다른 모든 사람처럼 해낼 테니까.

8월 말, 나탈리와 나는 무엇보다 아이가 초등학교 1학년에 올라갔을 때 글쓰기를 배우면서 힘들어했던 걸 떠올렸다. 그러고 나서는 직업적인 관점에서 중요한 온갖 주제에 관해 얘기했다. 레스토랑에서 겪는 어려움, 직원들, 운영상의 복잡한 문제들에 관해. 나는 관리하기 힘든 환경 때문에 피곤하고 지쳤다고 나탈리에게 털어놓았다. 그러자 메일린이 아주 평온한 얼굴로 내게 말했다. "아냐, 아빠, 계속 시도하고 또 시도해야 해. 절대 포기하면 안 돼." 이제는 이 아이가 내게 용기를 북돋운다! 눈에 눈물이 고인다. "절대 포기하지 말고, 될 때까지, 끝에 이를 때까지 시도하고 또 해"라는 말은 내가 아이에게 몇 달 동안, 몇 년 동안 속삭였던 말이다. 나는 삶이 아이에게 무엇도 그냥 봐주지 않으리라는 것을 알았고, 아이가 타인들에게서 마냥 기다려서는 안 되고, 무장하고 싸워야만 한다는 걸 알았다. 이날 메일린은 그동안 힘들어서 잊고 지냈던 이 모든 교훈을 힘과 사랑을 실어 내게 전한다.

바티칸이 개입하고

2017년 2월

아버지가 손녀딸들을 보러 집에 와 계실 때 나는 놀라운 전화를 한 통 받는다.

"안녕하세요, 트란 씨? 저는 퀴르블리에 신부입니다. 제가 전화를 드린 건…… 통화 괜찮으신지요?"

일하러 가려던 참이었지만 나는 대답한다.

"괜찮습니다."

"저는 바티칸에서 기적 인증, 특히 폴린 자리코가 행한 기적들의 인증을 맡고 있습니다. 선생님의 따님 메일린에 관해 많은 정보를 들었는데, 몇 가지 질문을 드리고 싶습니다. 따님의 의료기록은 몇 년 전에 적어도 일부는 전달받았습니다. 엘리자베트 데스케락 부인을 아시죠? 그분이 제게 메일린의 기적적인 회복에 대해 알려주셨어요. 저희 쪽 자문 의사 한 분이 그 기록을 이미 분석했지만, 메일린의 기적적인 결과를 이해하고 분석하기엔 아직 자료가 부족합니다."

신부님과 나는 메일린이 사고 이후 거쳐온 모든 상태에 대해 오래도록 이야기를 나누었다. 꽤 자세한 논의였지만 이제는 그런 얘기를 하는 게 힘들지 않았다. 그만큼 아름다운 서사이고, 놀랍고 멋진 이야기이기 때문이다. 우리의 이야기에서 비극은 그리 중요한 자리를 차지하지 않는다. 중요한 건 출발점과 결말이다.

신부님은 우리에게 2012년에 있었던 일들의 전말을 재구성해달라고 부탁한다. 그건 꽤 힘든 작업이다. 이어지는 며칠 동안 메일을 주고받으며 우리는 사고 이후부터 이듬해까지 실행된 모든 검사 결과를 전달한다. 일부 자료들과 처참하고 흉흉했던 결론, 수명 종료 계획을 다시 읽는 일은 고통스러웠다. 어떤 자료들을 얻기 위해서는 니스 병원에 들러서 MRI, CT, 기타 검사들의 CD 파일을 찾아와야 했다. 자료를 모으는 일은 길고 지루한 과정이었지만 전 세계에서 메일린을 위해 기도해준 이들을 생각하면 마땅히 해야 할 일이었다. 모든 신자―그리고 비신자―도 하느님의 이 기적의 증인이 될 때가 되었다.

교류는 몇 달 동안 산발적으로 이어졌다. 우리는 상당한 자료들을 리옹 근처의 생 시르 오 몽 도르에 자리한 생 시르 생 랑베르 교구 본당으로, 퀴르블리에 신부의 뒤를 이어 시성 업무를 담당하는 주교 대리 앞으로 보냈다. 다양한 날짜의 뇌전도 자료와 뇌 MRI, 흉부 CT, 청각 및 체성감각 유발전위 검사 자료, 그리고 리옹과 니스의 병원 입원 기록을 여러 차례에 걸쳐 전송했다. 인쇄하고 스캔한 자료가 수킬로그램에 달했다. 어떤 기록은 화질이 좋지 않아서 스캔을 여러 번 해야만 했다. 그래도 우리는 해냈다. 우리에게 사고는 이미 먼 일이었다. 이제는 2012년 5월 29일이라는 날짜를 떠올리는 일이 아주 드물었다. 우리의 삶이 거의 완벽히 정상적인 흐름을 되찾은 지 5년이 되었다. 우리는 메일린의 이야기가 거의 잊혔다고 생각했다. 그래서 슬펐다기보다는 그저 그 생각을 더는 하지 않게 되었다. 우리가 메일린에게 일어난 일의 공식적인 인정을 기다린 건 아니다. 우리는 그 무엇도 증명할 필요를 느끼지 못했다. 우리 곁에는 *기적*이 있었고, 그걸로 충분했다.

2019년 1월

2019년은 가속의 해다. 2018년 12월까지 여러 차례 자료를 보내고 났더니 시성부의 주교 대리가 2019년 1월에 만나자는 연락을 해온다. 긴 세월이 흐르고, 그 많은 자료를 전송하고 난 뒤 놀랍게도 면담 요청이 온 것이다.

"트란 씨, 이제 프란치스코 교황님께 기적 인증을 청하는 일이 많이 진척되어서 메일린의 서류가 제일 위에 올랐어요."

"아, 그렇군요. 저희는 이 일이 이렇게 빨리 진척되리라고 생각하지 못했어요. 이 기적이 현실이라는 건 알지만, 그것이 교황님의 손에까지 이르렀다니……. 믿기 힘들어요!"

"이 이야기가 얼마나 경이로운지 압니다만, 기적으로 인정받기 위해서는 대단히 엄격한 절차를 거쳐야 합니다."

"네. 그런데 어떤 절차인지요?"

"저희가 나탈리와 메일린을 주교 평의회에 소환해서 얘기를 들어야 합니다. 여러 사람이 얘기를 들으러 자리할 겁니다."

"네, 물론이죠. 나탈리에게 얘기하고, 저희도 준비하겠습니다."

"좋습니다. 참사관에게 연락해서 이 만남을 최대한 빨리 잡아보겠습니다."

나탈리와 나는 니스 주교관에서 이루어질 이 만남과 대화 주제들, 질문들, 면담이 진행될 방식에 대해 오래도록 얘기를 나눈다. 하지만 우리는 아는 바가 전혀 없다. 그저 날짜를 기다릴 뿐이다.

2019년 2월 25일

미리 분석했던 내용과는 반대로 날짜가 금세 잡혔다. 2019년 2월 25일에 우리는 니스 주교관으로 호출받는다. 대단히 중요한 이날에 우리는 모두 함께 가려고 준비한다. 나탈리와 메일린은 나보다 두 시간 앞서 도착한다. 나는 니스 레스토랑에서 일을 마치고 가야 하기 때문이다.

"안녕하세요. 에마뉘엘이시군요?"

"네, 안녕하세요."

"이쪽으로 절 따라오세요. 면담이 어떻게 진행될지 설명해드리겠습니다."

나는 면담과 관련한 조건에 놀란다. 내게는 그저 하나의 면담이었을 뿐인데 말이다. 그가 사용하는 "우리"라는 말은 여러 사람이 자리할 것임을 암시한다. 전혀 예상치 못한 일이다. 어느 집무실로 들어가자 한 남자가 메일린과 함께 있다.

"우리를 도와주실 신경정신과 의사이십니다. 시간 괜찮으시죠?"

"여기 와 있긴 하지만, 시간이 얼마나 필요한지는 도무지 짐작이 안 가네요."

내가 말한다.

"알겠습니다, 제가 설명을 드리지요. 이곳에는 사무실

이 둘 있는데, 저희가 두 분을 따로 만나게 될 겁니다. 우선 나탈리와 얘기 나누기 시작했어요. 곧 선생님의 차례가 될 겁니다. 메일린도 의사 선생님과 시간을 보냈어요. 저희가 선생님께 여러 질문을 던질 겁니다. 그리고 이 이야기의 모든 요소를 확실히 취합하기 위해 두 분의 대답을 교차검증할 거고요. 괜찮으신지요?"

나는 무슨 대답을 해야 할지 알지 못해 머뭇거리며 말한다.

"네."

"그럼 의사 선생님과 잠시 계세요. 나탈리는 곧 끝날 겁니다."

의사와의 긴 대화가 시작된다. 우리는 아주 사소한 것부터—직업, 취미 등—요즘 메일린의 생활 같은 아주 세세한 문제까지 온갖 주제에 관해 얘기를 나눈다. 내가 보기엔 이 대화가 설명할 길 없는 아이의 생환에 관해 구체적으로 묻기보다는 우리 가족을, 메일린을, 혹은 우리의 삶 전체를 더 체계적으로 알게 해주는 것 같다. 하지만 시간이 흐르면서 질문은 점점 명확해지고, 메일린이 계속되는 면담에 충격받지 않도록 대단히 섬세하게 구체적인 사실들로 향한다. 의사는 메일린의 의료기록을 검토한 결과, 지금 메일린을 보면 이해할 수 없는 무언가가 존재하는 게 분명하다고 내게 말한다. 그는 경력이 오래

된—그의 나이에서 드러난다—의사인데, 메일린이 불가사의로 보인다는 것이다. 참사관이 문을 열고 나오면서 대화는 중단된다.

"얘기는 많이 나누셨어요? 이제 선생님의 차례입니다. 나탈리와는 끝났지만, 두 분이 대담 내용을 공유하지 못하도록 따로 계셔야 합니다. 아내분은 곧 메일린과 만날 겁니다. 자, 이제 선생님 차례입니다!"

나는 내 시계를 슬쩍 쳐다보며 나탈리와의 면담이 진행되는 동안 흐른 시간을 보고 머뭇거린다. 거의 두 시간이 되었다! 나는 바로 붙어 있는 집무실로 들어간다. 그곳은 한층 더 인상적이다. 내 앞에는 육중한 책상, 벽 전체를 뒤덮은 위압적인 책장, 성경 몇 권, 세월에 낡은 손때 묻은 옛날 양장본들이 보인다. 한 사제가 마치 엄숙한 순간을 주재하기라도 하듯 그곳에 앉아 있다. 오른쪽 문 뒤에는 다른 두 사람이 있다.

참사관이 그들을 소개한다.

"이쪽은 서기님이시고, 오른쪽은 검사님과 신경정신과 의사님이신데, 이분들이 면담을 이끌어가실 겁니다."

"알겠습니다."

내가 놀란 얼굴로 대답하자 참사관이 웃으며 말한다.

"걱정 마세요. 그저 직함일 뿐이니까요. 선생님은 어떤 일로도 기소되신 게 아닙니다! 그냥 선생님의 말을 듣고 사실을 확인하려는 것이니까요."

"알겠습니다."

참사관은 내게 인사를 하고 방을 나간다.

각자 이 면담에서 맡은 역할을 소개하고 나서야 나는 서기가 이 자리에 있는 건 무엇보다 내 증언을 기록하기 위해서이고, 검사는 부정확하거나 자의적이거나 아니면 순전히 지어낸 것일지도 모르는 내 말을 보다 정확히 검토하기 위해 자리하고 있다는 걸 깨닫는다. 나는 이들이 사고에 대한 단순한 서사 너머의 사실들을 이해하려는 것이라고 결론짓는다.

법원 서기가 진지한 어조로 말한다.

"시작하기 전에 한 가지 부탁드립니다. 아내분 말고는, 저희가 던지는 질문 내용과 이 면담에 대해 기적 인정을 위한 서류 검토가 끝날 때까지 아무에게도 얘기하지 않으셨으면 합니다."

"네!"

이제 훨씬 심각하고 예리한 질문들이 쏟아진다.

아이의 현재의 임상 상태를 봤을 때 그다지 흥미롭지 않은 사고 원인에 대해서는 빠르게 훑고, 메일린의 회복을 이끈 상황에 관한 얘기가 오래도록 이어진다. 그리고 사고 이후 아이의 임상 상태가 다시 거론된다. 신경과 전문의는 자료와 자신이 서류 위에 적어둔 메모를 다시 훑고, 그러는 동안 나는 의학적 분석과 비극적 결론, 즉 메일린을 대상으로 했던 수명 종료 계획에 대해 자세히 말한다.

"아! 그런데 아이가 글래스고혼수척도 3단계였군요!"

신경과 전문의가 말한다.

"그게 무슨 의미지요?"

검사가 끼어들어 묻는다.

신경과 의사는 사고 때 환자의 의식 상태를 나누는 단계를 설명한다. 3단계는 뇌사나 돌이킬 수 없이 심각한 혼수상태와 연계된 가장 낮은 수치인데, 의사는 이 지표가 제대로 측정된 건지 믿기 힘든 모양이다. 하지만 체성감각 유발전위 검사, 회복력 검사 등 이어진 모든 검사도 아이의 심각했던 혼수상태를 확인시키고 있다. 그는 조금 전에 본 메일린을 다시 떠올리고, 그들 앞에 있던 아이가 검사 결과상의 아이와 같을 수 있는지 의심하는 듯 보인다. 그는 고개를 오른쪽, 왼쪽으로 돌리더니 생각을 바로잡으려는 듯 턱끝을 매만진다.

"이건 불가능한 일이에요."

그가 설명을 마무리 지으며 말한다.

그러자 검사는 다른 대답이라도 찾는 듯이 나를 향해 돌아본다.

"네, 그래요. 저로선 전문의께서 자세히 설명하신 것

에 덧붙일 말이 없어요. 확실한 건 저희가 그 몇 주를 참담한 마음으로 살았다는 것이죠. 그건 누구도, 심지어 제 최악의 적마저도 겪지 않았으면 싶은 고통이었지요. 마치 내면에서 모든 게 뜯겨 나가는 듯한 고통, 공허가 당신을 영원한 고통으로 비트는 듯한 괴로움이었습니다."

메일린의 조건을 파악하기 위해 아이의 임상 상태에 관한 얘기가 얼마 동안 이어진다. 그러자 검사가 나를 향해 돌아보더니 9일 기도가 어떻게 시작되었는지 묻는다. 누가 시작했으며, 어떻게 그 기도가 곳곳에서 동시에 일어날 수 있었는지.

나는 시간순으로 사건을 다시 되짚는다. 그래야 사건의 전개를 얘기하기가 훨씬 간단하기 때문이다. 그래서 그들에게 '살아 있는 묵주 기도회'에서 활동하는 한 어머니에 대해, 그분이 시작한 9일 기도에 대해, 아이가 하늘에 가게 될 때 아이를 지켜주시길 바라는 마음으로, 아이를 하느님의 손에 맡길 생각을 하면서 메일린이 받게 한 병자성사에 대해 말한다. 그 시절 우리에게 남아 있던 건 메일린이 우리를 떠나갈 때 하느님이 아이 곁을 지켜주실 거라는 확신뿐이었다. 우리가 정말이지 아이에게 그 이상의 무엇을 해줄 수 있었겠나?

서기는 내 이야기를 적느라 분주하다. 이따금 그는 내게 다시 말해달라고 요청한다. 내 말이 너무 빠르기 때문이다. 때로는 그 이야기가 아직도 너무 생생해서 여전한 고통에서 벗어나려고, 그리고 때로는 그 이후의 전개가 너무도 아름다워서 말이 빨라진 것이다. 이야기 도중에 검사가 몇몇 지점으로 되돌아가서 묻곤 해서 이따금 난감하다. 그는 좀 더 명확한 대답을 얻어내기 위해 종종 거짓 주장을 펼친다. 내가 이야기하는 것이 사실인지 확인하기 위해, 내 말이 나탈리가 그들에게 설명한 것과 일치하는지 확인하기 위해.

시간은 흘러가고, 나는 모두의 질문 사이에서 곡예를 한다. 이 절차의 방대한 규모를 오늘에 이르러서야 가늠하게 된다. 교회의 조사는 대단히 치밀했다. 각 사람의 직함은 단순한 직함에 그치지 않았고, 교회의 일원들은 저마다 완벽하게 제 역할을 해냈다. 내 대답들은 언제나 명료하고 단순했으며, 내 말에 임상적 문제가 끼어들 때는 신경과 전문의의 동의를 통해 사실이 확증되었다. 면담이 끝나간다고 생각될 즈음, 검사가 내게 단순히 물었다.

"트란 씨, 당신 생각엔 어떤가요, 기적이라 말할 수 있겠어요?"

"제 생각엔 의심의 여지가 없어요. 저는 메일린이 무엇을 겪었는지 알고, 그 시절 아이의 임상 상태에 대해서도 잘 알고 있으니까요. 나탈리와 저는 수명 종료 계획에 대해 듣고서 고통받았고, 그 후엔 아이의 재탄생을 지켜보았지요. 제게도 여러분이 눈앞에 가진 증거 외에 다른 어떤 증거도 없습니다!

"무슨 증거 말인가요?"

검사가 물었다.

"메일린이요! 아이가 바로 증거죠. 달리 입증할 게 없지 않나요?"

"…."

그는 아무 말이 없다.

"아이의 회복에 대해 모두가 저마다의 설명을 찾습니다. 어떤 이들은 그저 관객이 되어 이 이야기가 아름답다고 생각하죠. 그런 사람들은 메일린에게 헤아릴 길 없는 힘이 있다고 생각합니다. 또 어떤 이들은 기적을 말합니다. 다른 많은 상황에서도 쓸 수 있는 용어처럼 말이지요. 저는 이 기적을 처음부터 끝까지 경험했어요. 이것이 기적으로 인정되든 아니든 제겐 중요하지 않습니다. 저는 제가 겪은 것들을 알기에 이 일은 언제나 저에게 기적으로 남을 겁니다. 저는 하느님께 감사드리고, 물론 폴린 자리코님께도 감사드립니다. 그 암담한 날들 동안 저희는 아무것도 청하지 않았어요. 그저 나탈리와 루안과 저는 메일린 곁에서 고통만 받았지요. 데스케락 부인이 메일린을 위한 기도를 기획해도 좋겠느냐고 나탈리에게 물었지만, 저희는 저희 딸의 구원을 바라는 열의가 전 세계로 전파될 줄은 전혀 상상하지 못했어요. 그건 정말이지 있을 수도 없고, 믿기도 힘든 일이었으니까요. 공식적인 기적으로 인정받지 못한다 해도, 제게 이 일은 기적으로 남을 겁니다. 그 밖의 무엇도 제 삶을 바꿔놓지 못할 겁니다."

면담은 바티칸의 기적 인증 절차에 관한 다른 질문들로 이어진다. 그 문제에 대해서 나는 데스케락 부인이 메일린의 안부를 알고자 여러 차례 연락해와서 응대했을 뿐이라고 대답한다. 우리는 그저 의료기록만 보냈을 뿐이다. 우리가 이 절차에 참여한 걸 기쁘게 생각하는 건 이것이 폴린 자리코님에 대한 공정한 보상이라고 생각하기 때문이다.

면담이 끝나고 보니 시간이 한참 늦었다. 나의 면담도 공포와 광명의 7년을 되짚느라 두 시간을 훌쩍 넘겼다. 끔찍한 기억부터 더없이 전염성 강한 기쁨까지 다시 체험한 대단히 강렬한 시간이었다. 모든 게 잘 진행되었으니, 하느님 감사합니다! 나탈리는 나와 정말 다른 시간을 경험했다. 기적에 대해 어떻게 생각하는지 묻는 숙명적인 질문에 나탈리는 완전히 다르게 대답했다고 한다.

"나는 이렇게 말했지. 이것이 기적인지는 제가 말할 입장도 아닐 뿐더러, 기적을 선포할 권한이 제게 있다고 주장하지도 않는다고. 교회 사람들이야말로 그런 문제를 결정할 전문가들에게 둘러싸여 있지 않느냐고."

"어쨌든 우리는 같은 순간을 경험했고, 이 모든 일이 정말이지 기적적이라는 걸 잘 알잖아."

2019년 5월 20일

니스 주교관에서 면담이 있고 겨우 몇 달 뒤인 2019년 5월 20일에 우리는 여러 통의 메일과 전화를 받는다. 메일린의 기적적인 회복에 관한 모든 자료가 몇 주 전에 교황님께 전달되었다는 것이다. 저마다 분석을 내놓은 의사들도 이 기적의 성격을 딱히 규정짓지 못했다. 조사가 끝났으니 어떤 결과가 나오건 우리는 더 이상 들뜰 일이 없으리라고 생각했는데, 우리의 생각이 틀렸다.

퀴르블리에 신부님이 메일린에 관한 의학적 조사를 이어가기 위해 다시 연락해왔다. 절차는 온전히 인증되어야 하고, 무엇 하나 우연으로 남겨두지 말아야 하며, 어떤 모호한 영역이나 이의가 제기될 수 있는 영역도 남지 않아야 하기 때문이라는 것이다.

"트란 씨, 이해해주세요. 아직 몇 가지 조사와 검사를 더 해야 합니다. 되도록 시간을 많이 뺏지 않도록 애쓰겠지만, 조사를 로마에서 이어가려 합니다."

"로마에서요? 아 네, 그렇겠군요. 그래도 놀랍네요!"

"로마에 수준 높은 의료센터가 있는데, 그곳으로 메일린을 데려가서 몇 가지 검사를 받게 하고 싶어요."

"그렇지만 아이가 이탈리아어를 하지 못하는데요?"

"걱정하지 마세요. 프랑스어를 하는 의사들이 있어서 아무 문제 없이 메일린에게 검사를 받게 할 수 있을 겁니다."

추가 심사 절차에 조금 놀라긴 했지만 나는 말했다.

"신부님을 믿겠습니다. 저희야 따르겠습니다."

"폴린 자리코의 사례를 담당하는 부샤를라 드 샤조트 씨가 연락하실 겁니다. 여행 준비를 위해 선생님의 연락처를 건넸습니다."

이 통화로 놀랐던 마음이 서서히 진정되자 나는 메일린의 사례에 대한 조사를 이어간다는 바티칸의 의지를 나탈리에게 알렸다. 우리 둘은 놀란 채 이 일의 후속 조치를 위한 추가적인 정보를 기다렸다. 얼마 후 부샤를라 드 샤조트 씨가 연락했고, 우리는 메일린과 함께 로마로 가는 여행을 준비했다. 불행히도 루안은 학기말 무용 연습이 계속 강도 높게 이어져서 할아버지와 할머니의 집에 남아야 했다. 우리는 교황청 전교 기구에서 직접 관리하는 국제선교센터Centro Internazionale d'Animazione Missionaria에서 묵을 예정이었다. 전교 기구의 직원들과 수녀님들이 관리하는 집이었다.

우리는 다시 우리 능력을 벗어나는 계획의 중심에 놓였다. 한순간도 우리는 메일린의 사례를 둘러싸고 이런 소란이 일어나리라 상상해보지 못했다. 이 이야기가 아름다운 건 알았지만, 그것이 이토록 의문과 관심을 불러일으키는 건 우리의 예상을 벗어난 일이었다.

사실 9일 기도가 시작된 순간부터 모든 게 우리의 범위를 넘어섰다. 세계 곳곳에서 일어난 기도, 메일린이 받은 사랑, 유럽, 아시아, 아메리카에서 완전히 낯선 이들의 마음속에서 피어난, 거리를 초월한 사랑과 기도들. 이 모든 건 사랑이었다.

2019년 6월

이제 로마에 왔다. 우리는 바티칸 광장에서 퀴르블리에 신부님을 기다린다. 갑자기, 신부님이 두 팔 벌리고 다가와 마치 수년 동안 못 보다가 다시 만난 사이처럼 우리를 반갑게 맞아준다. 신부님은 놀라운 무언가를 발견한 사람처럼 메일린을 바라본다. 마치 메일린이 비현실적인 존재라도 되는 것처럼 거의 감격한 얼굴이다. 길 위에서 이런저런 얘기를 하기 시작하는데, 신부님이 함께 식사나 하자고 제안한다. 그렇게 레스토랑을 향해 걷다가 신부님은 은밀히 나를 돌아보며 말한다.

"놀랐어요. 이렇게 건강한 모습의 메일린을 보게 될 줄 몰랐어요!"

"아, 그럼요. 아이는 아주 건강하게 살아 있어요!"

신부님은 다시 몸을 돌려 메일린을 바라보며 거듭 말한다.

"정말 놀라워요."

우리는 전형적인 이탈리아 노포에서 멋진 시간을 보낸다. 벽에 걸린 자전거며 장식이며 모두 진짜다. 식사 후에는 시간을 허비하지 않고 바로 택시를 타고 의료센터로 향한다. 모든 게 숨 쉴 틈 없이 빨리 진행된다. 우리는 퀴르블리에 신부님을 따라서 꼬불꼬불 이어지는 복도를 지나 소아 신경과에 이른다. 거기서 두 전문의를 만난다. 그들은 인사를 하고 난 뒤 메일린과 검사를 할 수 있도록 우리에게 복도에서 기다려달라고 부탁한다. 이탈리아 의사들이지만 한 사람은 프랑스어를 거의 완벽하게 구사한다. 정말 다행이다. 전문의들이 프랑스어를 못했다면 심도 있는 조사가 되기 힘들었을 것이다. 메일린은 문 너머로 사라져서 오랜 시간 검사를 받는다. 1분 1분이 흐르고, 한 시간 한 시간이 흘러간다. 좁은 복도에서 기다리니 시간이 마냥 길게 느껴진다. 우리는 퀴르블리에 신부님과 함께 기다리면서 그 순간을 이용해 더 많은 얘기를 나눈다. 우리의 가족, 딸들, 일상의 삶, 그리고 물론, 메일린의 회복에 관해서도. 검사는 두 시간 넘게 이어진다. 메일린이 지쳤을 것 같은데, 나오는 걸 보니 그리 지쳐 보이지 않는다.

아이는 나오면서 우리에게 말한다.

"의사 선생님들이 프랑스어를 잘 못해서 다 못 알아들었어요."

프랑스어를 좀 더 잘하는 전문의가 말한다.

"메일린은 완벽했어요. 아주 잘해줬어요."

나는 메일린을 바라보면서 대답한다.

"아, 그랬군요. 브라보!"

퀴르블리에 신부님은 우리를 로마 시내 중심가로 데려가서 짐을 풀게 하고, 식사나 숙소에 관한 정보를 일러준다. 우리는 신부님과 헤어지면서 감사 인사를 한다. 다음 날은 멋진 하루가 예정되어 있다. 신부님이 당신을 찾아온 신부님의 가족과 함께 사적인 미사에 참석하겠냐고 우리에게 권한 것이다. 신부님이 교황 요한 바오로 2세의 무덤에서 집전하는 미사여서 우리에겐 또 하나의 믿기 힘든 사건이다.

이른 아침, 사제들이 오가는 출입구를 통해 성베드로대성당에 들어가 사제들이 미사 준비하는 걸 바라보고, 아직 어떤 방문객들도 들어서지 못한 성소를 돌아보는 것도 기억에 남을 특권인데, 미사에 참석하는 건 더더욱 귀

한 특혜다. 우리는 가장 내밀한 기도를 하느님의 선의에 내맡기고, 더없이 진지한 감사를 폴린 자리코님께 전하고는 도착할 때만큼이나 빨리 로마 여행을 마무리 짓는다. 루안을 다시 만나서 번개처럼 이루어진 이 여행에 대해 얘기해주기 위해서.

친애하는 아버님과 어머님께, 그리고 메일린에게,

여러분과 함께 몇 시간을 보낸 것이, 무엇보다 그토록 끔찍한 시련을 겪고 나서 아주 건강한 모습의 메일린을 만난 것이 제게는 큰 기쁨이었습니다. 여러분의 숙소에 초상화가 걸려 있던 폴린 자리코의 사례에 기여할 수 있기를 희망하고 이렇게 와주신 데 감사드립니다. 오늘 아침 요한 바오로 2세 성하께 여러분의 현재 의향을 맡겼으니 제 기도가 여러분께 힘이 되리라 믿습니다.

퀴르블리에 신부

2020년 5월 27일, 기적

코로나19로 인한 봉쇄도 이제 끝나간다. 손님이 없어 일하지 못했던 나날들의 그 끔찍한 분위기며 도시에 깔린 정적은 전례 없고, 기이하고, 놀라웠다. 심지어 멧돼지 한 마리가 칸의 크루아제트 거리에서 다리를 뻗고 쉴 여유를 가질 정도였다. 마침내 레스토랑을 다시 열 날이 왔다. 거리 두기를 준수하기 위해 테라스 식탁들의 간격을 벌리고 있는데, 레스토랑 전화기가 다시 울리기 시작한다. 손님들은 레스토랑이 언제 다시 문을 여는지 정보를 얻기 위해 매일 전화를 건다. 나는 일을 해야 해서 전화에는 이따금만 응답한다. 직원들이 단기 휴직 상태여서 내가 서빙과 안내와 레스토랑 매니저 역할까지 겸해야 한다. 고된 영업 재개다! 나는 한 걸음 뒤로 물러나서 거의 석 달째 비어 있었던 테라스 자리가 거리 두기를 유지하면서 손님을 최대한 받을 수 있도록 잘 배치되었는지 살핀다. 그때 전화가 울린다. 12시 14분이다. 마침 잠시 쉬는 시간이라 전화기를 꺼내든다. 모르는 번호다. 전화를 받는다. 전화를 건 사람은 자신을 가에탕 부샤를라드 샤조트라고 소개한다.

"안녕하세요, 트란 씨. 통화 괜찮으세요?"

"그럼요. 어떻게 지내십니까?"

"잘 지냅니다. 아주 잘 지내지요. 교황님께서 오랜 시간 연구하고 분석한 끝에 메일린을 위해 폴린 자리코가 행한 기적을 인정하셨습니다. 이제는 모든 일이 빨리 진행될 것이기에 알려드립니다."

"…."

이 소식이 나의 표현 능력을 완전히 틀어막아 한동안 아무 말이 나오지 않는다.

감정이 복받치면서 뜨거운 열기가 훅 올라온다. 전화도 놀랍고, 그 결정도 놀랍다. 혼란스러운 감정이 몰려온다. 메일린을 생각하면 행복하고, 폴린 자리코님을 생각하면 고마움과 묘한 안도감이 든다. 몇 년째 짊어져온 무게가 그 몇 마디 말에 우주 속으로 증발해 사라지는 듯하다. 눈물이 차오르는데, 이번에는 행복의 눈물이다. 나는 겨우 할 말을 되찾고, 부샤를라 드 샤조트 씨가 전한 소식에 응답한다. 우리는 닥쳐온 일을 겪었고, 보았다. 이제 그 일은 공식적으로 인정받았다. 이제 더는 누구도 우리

316

가 이 이야기를 미화한다고 말하지 못할 것이다. 나는 전화기를 귀에 댄 채 테라스에서 이리저리 서성인다. 이 소식 때문에 해야 할 일을 까맣게 잊어버렸다. 지금까지의 모든 여정과 지지해준 이들이 다시 떠오르고, 경이롭다!

교황청 전교 기구 사무총장과의 통화가 채 끝나기도 전에 또 다른 전화가 걸려 온다. 모르는 번호다. 나는 몰입해서 대화를 이어간다. 아직 시복 날짜는 알지 못하지만 그건 중요치 않다. 시복은 분명히 곧 진행될 것이다. 격앙된 감정으로 10분 동안의 통화를 끝내고 전화를 끊는다.

정신을 차리고 부재중전화에 응답하려고 통화 버튼을 누른다. 전화기 화면에 "로마 바티칸"이라고 뜬다. 신호음이 울린다. 이 전화번호 반대편에 누가 있을지는 전혀 짐작이 가지 않는다.

전화를 받은 사람은 시성부의 주교 대리이다.

"안녕하세요, 에마뉘엘. 소식 들으셨죠?"

"네, 부샤를라 씨와 통화했습니다."

다시 한번 똑같은 감동이 압도한다. 얼마나 멋진 소식인가!

"리옹에서 거행되든, 로마에서 거행되든, 시성식 때 저희를 잊지 말아주세요!"

아멘!

*

2020년 5월 26일, 프란치스코 교황은 메일린의 치유가 폴린 자리코의 전구에 힘입은 것으로 인정함으로써 시복의 길을 연다. 2021년 10월 4일, 교황청 전교 기구 사무총장은 리옹의 유렉스포에서 루이스 안토니오 타글레 추기경이 집전하는 미사 때 폴린 자리코가 2022년 5월 22일에 복자로 엄숙히 선포될 것임을 공식 발표한다.

믿음에 너무 늦은 때는 없다

이제 메일린은 열세 살이고, 국제자원봉사자협회 소속 자원봉사자의 도움을 받으며 중학교 1학년으로 학업을 이어가고 있다. 아이는 폴린 자리코의 전구로 구원받았다는 사실을 인지하고, 자기 리듬대로 조금씩 그분을 알아가고 있다. 안정성은 아직 부족하지만, 아이는 이제 좋아하는 승마에 몰두할 수 있다. 주위 아이들은 메일린이 어딘지 다르다고 생각하고, 그래서 메일린은 이따금 소외감을 느낄 때도 있다. 누구에게나 우정과 사랑을 쏟는 메일린은 소외감을 극복하는 법을 터득하면서 점차 새 친구들을 사귀고 있다. 메일린은 이 시련을 통해 한층 더 강해졌다. 가까운 사람들에게 아이는 삶의 고난에 맞서 싸우는 투쟁의 상징이 되었다. 우리는 자신의 남다른 점을 때로는 감수하고 받아들이는 아이의 강인한 성격에 감탄한다.

이 이야기는 보통의 이야기와 조금 다른 이야기다. 비극적이고 고통스러운 이야기가 아니다. 지속적이고 영구적인 고통, 삶의 가혹함을 끊임없이 일깨우는 이야기가 아니라, 정반대의 이야기다.

물론 더없이 난폭하고, 헤아릴 길 없이 격렬한 힘으로 천 분의 1초의 순간에 번개처럼 가해진 충격에서부터 시작된 이야기다. 그 무엇도 예고하지 않고, 어떤 징조도, 메시지도 없던 그런 사고. 사고는 그저 닥친다. 사고 자체가 최악의 참사는 아니었지만, 그 이후는 참담했다!

살아남기 위해서는 싸워야 한다. 구하기 위해서는 싸워야 한다. 자식을 위해서는 아낌없이 모든 걸 내놓아야 한다. 가족을 위해 싸워야 하고, 가족 중 누구도 포기하지 않아야 하고, 그 무엇도 놓아버리지 말아야 한다. 혈연관계가 극한의 시련에 처하거나 가족 한 사람을 돌이킬 수 없이 잃는 상황에 놓이더라도 말이다. 후자의 시기가 틀림없이 가장 살아내기 힘든 시기일 것이다. 당신의 체력, 저항, 정신력, 삶의 욕구를 깡그리 앗아가는 시기다. 우리는 모든 의미를 잃었고, 오직 메일린을 살리고 루안을 지키겠다는 것만을 목표로 삼았다. 다른 어떤 목표도 존재하지 않았다. 이런 상황에서 지지를 구하는 이들이 있고, 그렇지 않은 이들이 있다. 어떤 이들은 체념하고, 또 어떤 이들은 누군가 그려주는 길을 마냥 받아들이지 않는다. 어떤 이들은 포기하고, 또 어떤 이들은 기도한다.

　사랑이 부모에서 하느님으로 전이될 수 있을까? 모든 걸 줄 수 있는 이가 있다면, 그건 아이의 부모인 우리만큼 사랑할 수 있는, 바로 그분뿐이다. 딸의 목숨을 하느님의 의지에 맡긴 일이 세례 받지 않은 신자인 내게는 끝도, 포기도 아니었다. 그것은 내가 일평생 살면서 내놓은 가장 큰 신뢰의 증거였다. 나는 내가 할 수 있는 모든 걸, 딸을 구하기 위해 생각할 수 있었던 모든 걸 했다. 그렇지만 나는 무력했고, 메일린은 돌아오지 않았다. 그 이상 내가 할 수 있는 게 아무것도 없었다. 어쩌면 메일린은 혼수상태에 빠졌던 몇 주 동안 경이로운 무언가를 보았을지 모른다. 그 시절에 대한 기억이 내게는 앞으로도 그렇게 남을 것이다. 아이는 아마도 천사의 날개를 만지고, 살갗을 스치고, 그 품에 안겼을지도 모른다. 무척이나 안기길 좋아하는 아이다. 그러더니 아이는 돌아왔다.

　메일린의 귀래는 고래가 나비처럼 허공을 나는 게 가능하다고 상상하는 것만큼이나 믿기 힘든 사실이었다. 우리 자신도 믿을 수가 없었다! 누가 그걸 믿겠는가? 그러다 한 사람씩 그것이 사실이라는 걸 알게 되었다. 다른 사람보다 먼저 의사들이, 우리의 친구들이, 그리고 기도한 모든 이들이 알 수 있었다. 나아지길 바라는 무수한 기도들이 있고, 구제를 기다리는 숱한 고통들이 있고, 치유를 기다리는 무수한 질병들이 있다.

그런데, 왜 메일린일까? 그건 모르겠다.

연대 기도, 폴린 자리코의 전구를 통한 9일 기도로부터 모든 게 시작되었다. 왜 메일린일까? 다른 아이들도 많은데, 왜 메일린일까? 왜? 나는 이 질문을 접고, 그분의 선택을 받아들이기로 결심했다. '왜'를 묻기보다는 감사하기로 마음먹은 것이다. 선물은 그렇게 주어지는 게 아니던가. "감사하다"라는 말로 충분하지 않은가? 그렇다. 틀림없이 그렇다.

돌아온 메일린은 다시 우리 셋과 함께하기 위해 보여줬던 투쟁, 회복력, 타인들에 대한 사랑과 삶에 대한 욕구, 다른 아이들만큼 해내려는 무궁무진한 의지를 통해서 우리 삶을, 내 삶을 크게 바꿔놓았다.

겨우 여섯 살이던 루안은 동생이 곧 떠날 수 있다는 사실을 알고서 말없이 고통을 감내했다. 우리의 저녁과 밤까지 침묵으로 차갑게 얼어붙었으니까. 두 자매는 언제나 함께했다. 엄마의 가위로 즉흥적으로 머리를 잘랐던 일, 정원의 전나무 아래 오두막에서 나눈 이야기들, 식사 때마다 쏟아졌던 웃음, 인상 찌푸리기 경연 등. 루안의 삶도 단 몇 초 만에 무너졌다. 병원에서 돌아올 때마다 루안의 얼굴에서 두려움과 불안, 슬픔을 보는 것은 또 다른 고통이었다. 말이 가닿지 않는 고통이었다.

우리가 겪은 시련과 장애물이 제아무리 험난해도 언제나 어딘가에는 우리보다 더 고통받는 누군가가 있다. 보통의 아이들과 다른 점 때문에 고통받는 메일린이 종종 그 사실을 우리에게 환기한다. "산다는 게 힘들어요, 그렇죠!" 하지만 2초 후면 아이의 얼굴에서 피어나는 미소는 격려이자 삶의 영원한 교훈이다. 아이의 넘치는 사랑을 담을 만큼 큰 그릇이 없다. 그 사랑은 대가를 바라지 않고, 편견 없이, 조건 없이 모두에게 전파된다.

니스의 주교님은 내게 이렇게 말했다. "당신들이 아이를 구한 게 아니라, 아이가 당신들을 구했군요!" 이 말이 맞지 않을까? 이 사고로 나는 분명히 달라졌다. 모든 게 명료해졌으니 달라진 게 맞다. 너무도 명료해져서 여러 해가 지난 뒤 이 기적은 내가 세례를 받기로 결심하게 된 이유가 되었다. 아직 기적으로 공식적인 인정을 받기 한참 전인 2016년 4월에.

믿음에 너무 늦은 때도, 마음을 열기에 너무 늦은 때도 없다. 나는 친구들과 가족들이 메일린을 바라볼 때의 눈길을 기억한다. 그때 그들 머릿속에서 맴돌았을 물음들을 나는 보았다. 그러다 얼마 지나도 아무런 대답이 들리지 않자, 예외 없이 모두가 이 말을 우리에게 던졌다. "이건 기적이야!"

우리의 미소는 확신을 드러냈다. 하느님은 불가능한 일

을 이루셨다. 우리는 그저 감사드릴 수밖에 없었다. 그래서 주교님이 기적이 일어났다고 생각하는지 내게 물었을 때 조금도 의심할 수가 없었다. 메일린이 그 기적의 가장 아름다운 증거였고, 면담 때 나의 유일한 대답이었다.

이 사고는 인간이 가진 최고의 모습을 드러내주었다. 일상에 가려지고, 신기술이 끝없이 흐려놓아 사라질 지경에 처한 모습, 사랑과 연민이 폭발하듯 드러나는 모습 말이다. 모두를 하나로 잇는 끈, 우리를 하나의 인류로 묶는 끈은 여전히 존재한다. 우리는 시간, 도움의 손길, 기도, 사랑을 아낌없이 내놓는 사람들을 알게 되었다.

개중에는 일상에서 어떤 형태의 관계도 맺지 못한 채 스쳐 지났던 이들도 있고, 전혀 알지 못했던 이들도 있다. 우리는 친구들도 새로운 관점으로 다시 이해하게 되었다. 친구들과 더불어 우정이라는 말도 예전과 다른 의미를 띠게 되었다. 우정은 훨씬 예외적인 가치로, 최상급의 관계로, 궁극적으로 더없이 자연스러운 사랑의 의미로 변했다. 명백히 그렇다.

'살아 있는 묵주 기도회'는 변함없는 열정과 끈기로 우리가 알지 못했고, 결코 상상조차 못 했을 차원을 열어주었다. 그 모든 지지와 기도들을 통해서 말이다.

암담한 시간이 닥쳤을 때 용기 내어 손을 내밀어보세요. 당신을 도울 누군가는 언제나 있을 테고, 적어도 한 사람, 그분은 늘 곁에 있을 테니까요!

   사랑의 힘이 얼마나 강력한지 여러분은 상상하지 못할 겁니다. 그것은 회복하는 힘이고, 활력을 주는 힘입니다. 사랑을 한껏 쏟아내는 것을, 어떤 제한도 조건도 없이 사랑을 나누는 것을 망설이지 마세요. 그런 사랑을 받는 것 또한 망설이지 마세요.

옮긴이의 말

때론 운명처럼 책을 만나기도 한다. 지난여름, 프랑스의 안시에 머물고 있을 때 출판사 마음산책 대표의 연락을 받았다. 아주 중요한 책이라며, 이 책의 번역을 좀 맡아달라는 청이었다. 예정된 번역 일정이 빡빡했지만 고민하지 않고 맡겠다고 대답한 건 묘한 인연에 끌려서였다. 출판사의 번역 의뢰를 받기 얼마 전, 페이스북에서 한 친구의 글을 읽은 적이 있다. 그는 어느 소녀가 겪은 놀라운 이야기를 알게 된 뒤로 머리에서 지울 수가 없어 수소문 끝에 그 아이가 살고 있는 프랑스로 서둘러 날아가 만났다며 소녀와 함께 찍은 사진을 게시했다. 나는 자세한 사연은 모른 채 페이스북 친구의 열의에 감탄해 그의 포스팅에 공감을 표시했더랬다. 그 친구란 두산 그룹의 박용만 전 회장이고, 나는 그가 쓴 책『그늘까지도 인생이니까』를 읽고 내심 깊은 호감을 품고 있던 터였다. 그런데 바로 그가 만나려고 한달음에 달려간 그 소녀의 특별한 사연을 담은 책을 출판사에서 번역해달라고 청해온 것이다. 게다가, 그가 달려간 곳, 그러니까 책의 주인공인 소녀와 그 가족이 살고 있는 도시가 희한하게도 내가 좋아해서 거의 여름마다 머무는 안시였던 것. 그 많은 도시 가운데 하필 안시라니. 기분 좋은 우연이 겹겹이 이어준 이 특별한 책과의 만남을 운명처럼 느끼지 않을 수가 없었다.

『메일린의 기적』은 생생한 증언이다. 평온한 일상을 살아가던 한 가족에게 느닷없이 닥친 불행에 대한 증언이다. 작은 소시지 하나를 잘못 삼킨 세 살짜리 딸의 뇌가 돌이킬 수 없이 손상되어 영구히 식물상태로 살게 될 것이라는 진단을 받은 한 아버지가 쓴 가슴 저미는 증언이다. 혼수상태의 아이에게 영양공급을 중단하자고 제안하는 의료진 앞에서 아이의 생명을 포기하길 거부하고 절망의 시간을 살아낸 가족의 애절한 증언이다. 또한 아이의 놀라운 회복 과정을 들려주는 증언이기도 하다. 그래서 이 책을 멀찍이 거리를 두고 읽기가 어렵다. 아마도 독자는 아이를 잃을 두려움에 사로잡힌 부모의 불안과 막막함과 무력감을 고스란히 느끼며 아이의 회복을 애타게 기다리게 될 것이다. 그런 만큼, 의사들의 모든 절망적 예상을 뒤엎고 아이가 차츰 살아날 때, 아이가 힘겹게 일어서고, 한 발짝씩 걸어 맹렬히 삶으로 돌아올 때 열렬히 응원하며 이 가족의 순간순간을 좇게 될 것이다.

죽음의 문턱은 되돌아가는 길을 허용치 않는다. 거의

그렇다. 간혹, 아주 드물게, 누군가 죽음을 등지고 불가사의하게 삶으로 돌아오면 우리는 그걸 기적이라 부른다. 그 기적은 보는 이에 따라 선명하거나, 흐릿하거나, 캄캄해 보인다. 죽어가던 메일린의 경이로운 회복에 대해 의료진은 검사를 거듭하고도 아무런 설명을 내놓지 못했다. 그저 의학적으로는 설명할 길 없는, '비상한 회복'이라 결론지었다. 바티칸은 엄격한 검증 끝에 기적을 인정했다. 기적을 믿지 않는다고 단언하는 이도 죽음의 문턱에서 돌아온 메일린의 놀라운 이야기를 기적이 아닌 다른 말로 형용하기는 어려울 것 같다.

경이로운 건 기적적인 회복만이 아니다. 어린 메일린이 보여준 강철 같은 의지도 경이롭고 감탄스럽다. 메일린을 위해 응원의 메시지를 보내고 기도에 동참한 수많은 이들의 지지도 아름답고 놀랍다. 아이의 학교에서 시작된 기도는 프랑스 전역으로, 세계 곳곳으로 번졌다. 죽음을 눈앞에 둔 아이를 위해 낯선 이들이 간절히 마음을 모은 아름다운 연대의 다른 이름은 사랑이고, 기적이다. 이 연대의 끈이 책을 읽을 독자들에게로 이어질 게 틀림없다.

2025년 1월

백선희